劳动教育教程

林玲玲 温君慧 主 编
徐 楠 赵 洁 副主编

清华大学出版社
北 京

内 容 简 介

本书根据国家关于全面加强新时代大中小学劳动教育、根据学段特点设立劳动教育必修课程的要求，结合各院校劳动教育实际而编写。内容包括劳动教育性质和基本理念、劳动素养的修炼与提升、劳动法律权益和安全保护、家庭劳动情景式实践指导、学校劳动情景式实践指导、职场劳动情景式实践指导、尊重劳动者、尊重劳动成果等劳动教育必备知识，帮助学生理解和形成正确的劳动观，掌握基本的劳动能力，形成良好的劳动习惯。

本书具有通用性和实用性，既可以作为各类高等院校、职业院校劳动教育的首选教材，也可以为广大社会各类待业求职者提供有益的学习参考和指导。

本书封面贴有清华大学出版社防伪标签，无标签者不得销售。
版权所有，侵权必究。举报：010-62782989，beiqinquan@tup.tsinghua.edu.cn。

图书在版编目(CIP)数据

劳动教育教程/林玲玲，温君慧主编. —北京：清华大学出版社，2023.6
大学生素质教育系列教材　国民素质教育培训系列教材
ISBN 978-7-302-63729-5

Ⅰ. ①劳… Ⅱ. ①林… ②温… Ⅲ. ①劳动教育-高等学校-教材 Ⅳ. ①G40-015

中国国家版本馆 CIP 数据核字(2023)第 099782 号

责任编辑：田在儒
封面设计：傅瑞学
责任校对：袁　芳
责任印制：刘海龙

出版发行：清华大学出版社
　　　　网　　址：http://www.tup.com.cn, http://www.wqbook.com
　　　　地　　址：北京清华大学学研大厦 A 座　　　邮　编：100084
　　　　社 总 机：010-83470000　　　　　　　　　　邮　购：010-62786544
　　　　投稿与读者服务：010-62776969，c-service@tup.tsinghua.edu.cn
　　　　质量反馈：010-62772015，zhiliang@tup.tsinghua.edu.cn
　　　　课件下载：http://www.tup.com.cn,010-83470410
印 装 者：三河市龙大印装有限公司
经　　销：全国新华书店
开　　本：185mm×260mm　　　印　张：12.75　　　字　数：298 千字
版　　次：2023 年 8 月第 1 版　　　　　　　　　　印　次：2023 年 8 月第 1 次印刷
定　　价：39.00 元

产品编号：099544-01

教材编审委员会

主　　　任：牟惟仲

副　主　任：林　征　　王红兵　　林玲玲　　张建国　　鲁彦娟
　　　　　　周明生　　田小梅　　黑　岚　　于红梅　　李大军

委　　　员：林玲玲　　王海文　　马继兴　　罗元浩　　冯丽霞
　　　　　　商艳玲　　王　威　　呼东燕　　王瑞春　　刘东杰
　　　　　　汪永芝　　高　升　　温君慧　　王　洋　　范晓莹
　　　　　　冯春苗　　徐　楠　　孟祥越　　赵　洁　　刘雨琪
　　　　　　沈春美　　郭　亮　　高东京　　赵　贝　　郝丽莹
　　　　　　王思妍　　李珂瑶　　孙思佳　　杨佳闻　　邢丰丰

执 行 主 编：李大军

执行副主编：林玲玲　　王　威　　范晓莹　　高　升　　温君慧

专家组成员：王海文　　周明生　　梁　露　　马继兴　　汪永芝

前　言

劳动是人的存在方式和本质活动，劳动教育决定社会主义建设者和接班人的劳动精神面貌、劳动价值取向和劳动技能水平。

党的二十大报告提出，要坚持教育优先发展，落实立德树人根本任务，培养德智体美劳全面发展的社会主义建设者和接班人。劳动教育对新时代立德树人具有重要意义。

党的二十大报告中劳动教育的回归，就是要通过劳动教育，使学生能够理解和形成正确的劳动观，树立劳动最光荣、劳动最崇高、劳动最伟大、劳动最美丽的观念，体会劳动创造美好生活，体会劳动不分贵贱，热爱劳动，尊重普通劳动者，培养勤俭、奋斗、创新、奉献的劳动精神，具备满足生存发展需要的基本劳动能力，形成良好的劳动习惯。

本书共八章，以学习者劳动素质能力培养为主线，结合各类劳动教育实际案例，采用模块化、任务制、情景式写作方式，具体介绍劳动教育性质和基本理念、劳动素养的修炼与提升、劳动法律权益和安全保护、家庭劳动情景式实践指导、学校劳动情景式实践指导、职场劳动情景式实践指导、尊重劳动者、尊重劳动成果等劳动教育必备知识，并通过借鉴成功经验和情景式实践自我训练、提高劳动素质能力与技能。

由于本书遵循大学生成长教育规律，融入了劳动教育最新的实践教学理念，注重与时俱进，具有知识系统、内容丰富、案例经典、贴近实际等特点，体现了理论性与实用性相融合的特色。因此，本书既可作为各类高等院校、职业院校开展劳动教育实践、提升劳动素养的首选教材，也可为广大社会各类待业求职者提供有益的学习参考和指导。

本书由李大军筹划并具体组织，林玲玲和温君慧主编，林玲玲负责教材整体设计，温君慧统改稿，徐楠、赵洁为副主编，由牟惟仲教授主审。编者编写分工：赵洁编写第一章，林玲玲编写第二章，李珂瑶、杨佳闻编写第三章，高东京、孙思佳编写第四章，王思妍、郭亮编写第五章，刘雨琪、沈春美编写第六章，温君慧编写第七章，徐楠、邢丰丰、郝丽莹编写第八章，高东京、赵贝编写附录，李晓新负责文字和版式修改、制作课件。

在本书编写过程中，我们参阅了大量有关劳动教育的最新书刊、网站资料，以及教育部、人力资源部等历年颁布实施的劳动教育相关法规与管理规定，并得到有关专家教授的具体指导，在此一并致谢。本书为配合教学，备有电子课件，读者可以从清华大学出版社网站（www.tup.com.cn）免费下载使用。因劳动教育涉及实践教学内容多、编者能力水平有限，书中难免存在疏漏和不足，恳请专家、同行和读者批评、指正。

编　者

2023 年 3 月

目　录

第一章　劳动教育性质和基本理念 … 1
第一节　劳动的基本概念 … 2
一、劳动的定义 … 2
二、劳动的分类 … 2
第二节　劳动教育性质 … 5
一、价值引领性 … 5
二、目标改造性 … 6
三、综合育人性 … 6
四、实践性 … 7
第三节　新时代劳动教育观 … 8
一、新时代马克思劳动教育观的发展 … 8
二、新时代劳动教育观的内容 … 13
第四节　劳动教育基本理念 … 14
一、劳动教育的定义 … 14
二、新时代高等职业院校劳动教育的内涵 … 15

第二章　劳动素养的修炼与提升 … 18
第一节　劳动素养与劳动精神 … 19
一、提升劳动素养,促进职业发展 … 19
二、劳动精神的科学内涵与时代意义 … 30
第二节　劳动道德的内涵与基本要求 … 32
一、劳动道德的内涵 … 33
二、劳动道德的基本要求 … 34
第三节　工匠精神与技能成才 … 35
一、工匠精神的内涵与意义 … 37
二、以大国工匠为目标,增强高职学生的劳动精神 … 39
第四节　劳动意识与劳模精神 … 39
一、大学生劳动意识培育的意义 … 39

二、大学生劳动意识培育的现状 ……………………………………… 40
　　三、新时代劳模精神的内涵及时代价值 ………………………………… 45

第三章　劳动法律权益和安全保护 …………………………………………… 53

第一节　劳动安全和劳动保护的基本内容 ……………………………… 54
　　一、劳动安全的基本概念 ………………………………………………… 54
　　二、劳动保护的必要性 …………………………………………………… 54
　　三、如何做好劳动保护 …………………………………………………… 55

第二节　劳动安全常识 …………………………………………………… 57
　　一、劳动保护的一般常识 ………………………………………………… 57
　　二、常见事故的预防措施 ………………………………………………… 58

第三节　劳动法律法规体系 ……………………………………………… 59
　　一、劳动法的概念及主要内容 …………………………………………… 60
　　二、劳动法的基本原则 …………………………………………………… 60
　　三、权利与义务 …………………………………………………………… 61
　　四、劳动合同 ……………………………………………………………… 63

第四节　安全规程和劳动保护 …………………………………………… 64
　　一、安全规程 ……………………………………………………………… 64
　　二、劳动保护 ……………………………………………………………… 64
　　三、劳动保护的意义 ……………………………………………………… 65

第四章　家庭劳动情景式实践指导 …………………………………………… 69

第一节　自我服务劳动 …………………………………………………… 70
　　一、名词解释 ……………………………………………………………… 70
　　二、自我服务形式 ………………………………………………………… 71
　　三、自我服务案例 ………………………………………………………… 71

第二节　家常菜制作（京菜）……………………………………………… 73
　　一、了解中国八大菜系 …………………………………………………… 73
　　二、八大菜系口味 ………………………………………………………… 73
　　三、京菜的制作 …………………………………………………………… 74
　　四、动手实践体验烹饪的乐趣 …………………………………………… 74

第三节　家庭保洁 ………………………………………………………… 77
　　一、家庭保洁基础知识 …………………………………………………… 77
　　二、居室保洁 ……………………………………………………………… 83
　　三、家庭常见消毒方法 …………………………………………………… 88

第四节　家庭照护 ………………………………………………………… 91
　　一、家庭照护基础知识 …………………………………………………… 91
　　二、老人生活照护 ………………………………………………………… 94

三、老人安全保护 …………………………………………………… 96

第五章　学校劳动情景式实践指导 ………………………………………… 101

第一节　校园清洁与环保行动 ………………………………………… 102
　　一、校园清洁与环保行动的主要内容 ………………………………… 102
　　二、开展校园清洁与环保行动的意义 ………………………………… 104

第二节　义务劳动与勤工助学 ………………………………………… 106
　　一、义务劳动 …………………………………………………………… 106
　　二、勤工助学 …………………………………………………………… 107
　　三、义务劳动和勤工助学的意义 ……………………………………… 108

第三节　校内实训与劳动创意 ………………………………………… 110
　　一、校内实训 …………………………………………………………… 111
　　二、劳动创意 …………………………………………………………… 112

第四节　专业服务与劳动创造 ………………………………………… 115
　　一、专业服务 …………………………………………………………… 115
　　二、劳动创造 …………………………………………………………… 116

第六章　职场劳动情景式实践指导 ………………………………………… 121

第一节　顶岗实习须知 ………………………………………………… 121
　　一、顶岗实习的概念 …………………………………………………… 121
　　二、顶岗实习的特点 …………………………………………………… 122
　　三、顶岗实习的政策与规定 …………………………………………… 122
　　四、顶岗实习中的安全教育 …………………………………………… 125

第二节　顶岗实习场景呈现 …………………………………………… 130
　　一、顶岗实习场景呈现的原则 ………………………………………… 130
　　二、顶岗实习的场景分类与内容 ……………………………………… 130
　　三、顶岗实习中的角色转换与场景适应 ……………………………… 131
　　四、顶岗实习场景的具体操作 ………………………………………… 134

第三节　顶岗实习现场管理 …………………………………………… 138
　　一、顶岗实习的总体目标及作用 ……………………………………… 138
　　二、开展融合性生产劳动教育 ………………………………………… 139
　　三、顶岗实习现场管理内容 …………………………………………… 142
　　四、顶岗实习现场管理职责 …………………………………………… 144

第四节　顶岗实习创意创新 …………………………………………… 147
　　一、加强顶岗实习管理创新的意义 …………………………………… 147
　　二、顶岗实习创新手段 ………………………………………………… 147
　　三、顶岗实习管理改革创新模式 ……………………………………… 149

第七章　尊重劳动者 …… 154

第一节　树立职业意识 …… 155
一、职业意识的内涵 …… 155
二、职业意识的重要性 …… 156
三、职业意识的影响因素 …… 157
四、职业意识的提升途径 …… 158

第二节　承担职业责任 …… 159
一、职业责任的内涵 …… 159
二、职业责任的内容 …… 160
三、职业责任的影响因素 …… 161
四、职业责任的提升途径 …… 162

第三节　培养职业精神 …… 163
一、职业精神的含义 …… 163
二、职业精神培养的必要性 …… 165
三、职业精神的培养 …… 166

第四节　提升职业素养 …… 167
一、职业素养的内涵 …… 167
二、职业素养的特征 …… 169
三、新时代对劳动者的职业素质要求 …… 170
四、职业素养提升的途径 …… 171

第八章　尊重劳动成果 …… 176

第一节　劳动成果的形式和分类 …… 177
一、脑力劳动成果与体力劳动成果 …… 177
二、实物劳动成果与非实物劳动成果 …… 178
三、有效劳动成果与无效劳动成果 …… 179
四、建设性劳动成果与破坏性劳动成果 …… 180

第二节　尊重劳动成果 …… 180
一、尊重劳动成果就是要取之有度,用之有节 …… 180
二、尊重劳动成果就是要维护好他人的劳动成果 …… 183
三、尊重劳动成果就是要注意保护知识产权 …… 183

第三节　劳动教育成果评价 …… 184
一、劳动教育成果评价的作用 …… 184
二、劳动教育成果的评价内容 …… 185
三、劳动教育成果的评价要求和标准 …… 187
四、劳动教育成果的评价方法 …… 188
五、劳动教育成果的评价措施 …… 189

参考文献 …… 194

第一章 劳动教育性质和基本理念

学习目标

（1）通过本章的学习，了解劳动与劳动教育的基本理念。
（2）培养尊重劳动、热爱劳动的意识，树立正确的劳动观。

导入案例

北京百货大楼售货员张秉贵——平凡岗位上的"一团火"

今天，在北京百货大楼前依然矗立着一座雕像：雕塑的不是伟人，而是一位普通售货员——张秉贵（图 1-1）。他 1918 年出生，8 岁就跟着大人外出"打执事"，11 岁辍学当童工，吃苦受累还是填不饱肚子。新中国成立后，张秉贵成为北京百货大楼的售货员，在平凡的岗位上练就了令人称奇的"一抓准""一口清"技艺和"一团火"的服务精神，1979 年被国务院授予全国劳动模范称号。

在北京，卢沟晓月等"燕京八景"久负盛名，而张秉贵的售货艺术则被首都群众亲切地喻为"燕京第九景"。有位拄杖老人，常来欣赏他售货，"我是个病人，每天来看看您站柜台的精神劲儿，为人民服务的热情劲儿，我的病也仿佛好了许多"。一位音乐家赞叹："你的动作优美，富有节奏感，如果配上音乐，就是非常动人的旋律。"为了欣赏这"奇景"，热情的顾客们曾将百货大楼的玻璃柜台挤碎。

图 1-1　张秉贵

（资料来源：《人民日报》，有删减）

【案例分析】　普通售货员张秉贵因为在劳动岗位上用心工作、练就精湛的技艺，成为大家欣赏称赞的劳动模范。高尔基曾说："我们世界上最美好的东西，都是由劳动、由人的双手创造出来的。"张秉贵的案例告诉我们，劳动的技艺、热情、成果可以为他人带来幸福和快乐，劳动可以创造出世界上最重要、最美好的东西。

从先秦两汉元明清到现代，从长城到都江堰，一项项劳动成果无不向我们昭示这一理念。作为新时代的我们,要深刻领会到劳动是幸福的源泉。只有辛勤劳动,才能创造出更加美好、幸福的未来。

第一节　劳动的基本概念

一、劳动的定义

习近平总书记一直尊重劳动、关心劳动者,多次礼赞劳动创造。他在多个场合对劳动、劳动创造等内容进行了一系列深刻阐述。"劳动是财富的源泉,也是幸福的源泉。""劳动是一切成功的必经之路。""劳动是人类的本质活动,劳动光荣、创造伟大是对人类文明进步规律的重要诠释。""中华民族是勤于劳动、善于创造的民族。正是因为劳动创造,我们拥有了历史的辉煌;也正是因为劳动创造,我们拥有了今天的成就。"

什么是劳动?《现代汉语词典》中,劳动有三层含义:人类创造物质或精神财富的活动;专指体力劳动;进行体力劳动。

《辞海》中将劳动解释为:劳动是人们改变劳动对象使之适合自己需要的有目的的活动,即劳动力的支出或使用。

马克思在《资本论》中写道:"劳动首先是人和自然之间的过程,是人以自身的活动来引起、调整和控制人和自然之间的物质变换的过程。"

恩格斯在《劳动在从猿到人转变过程中的作用》一文中指出:在一定意义上说,"劳动创造了人本身"。

综上所述,所谓劳动是指人类特有的,有目的有意识地改造客观事物、创造物质财富和精神财富的活动。

小贴士

关于劳动的名人名言

热爱劳动吧!没有一种力量能像劳动,即集体、友爱、自由的劳动的力量那样使人成为伟大和聪明的人。——高尔基

劳动永远是人类生活的基础,是创造人类文化幸福的基础。——马卡连柯

二、劳动的分类

为了更好地理解劳动,可以根据不同的标准对劳动进行分类。

1. 生产劳动与非生产劳动

生产劳动是指工业、农业、建筑业、交通运输业和邮电业等生产、流通过程中创造物质财富的劳动。相对于生产劳动,非生产劳动是指直接或间接进行非物质生产的劳动,它是随着物质资料生产的发展和人们对精神生活、医疗、教育等各方面需求的不断增长而出现的。

生产劳动为人类社会及非生产劳动的存在与发展奠定了基础和条件,非生产劳动为生产劳动提供了精神动力和智力支持。非生产劳动与生产劳动一样,都是社会分工体系中不可缺少的部分。

2.体力劳动与脑力劳动

体力劳动是指以使用体力为主的劳动;脑力劳动是指以使用脑力为主的劳动。体力劳动是脑力劳动的基础,脑力劳动支配体力劳动,二者共同创造劳动价值。人的任何活动都是体力劳动和脑力劳动共同作用的结果,只是所占比例不同而已。

科技小院:隔三差五就有能人来

随着定植苗的完成,永乐店镇西槐庄村的大棚里一派生机盎然,远远望去,每个棚里都是绿油油一片。北京财贸职业学院旅游与艺术学院的师生们,抓住蜜蜂授粉的关键节点,最近几天一有空就扎进田间地头,抓拍幼苗的生长过程,为今后的直播带货积累视频及图像素材。

"上周我们也来过一次,在村里采集了一些镜头(图1-2),为接下来拍摄制作西槐庄村宣传片做准备。"北京财贸职业学院旅游与艺术学院影视专业系主任贾宁介绍,院村双方达成共建协议,就人才培养、技术创新、社会服务、文化传承等领域开展合作,从打造西槐IP、开展群众文娱活动、改善提升村容村貌、帮扶农产品销售等方面进行帮扶。

图1-2 学生在村里采集镜头

学生负责人赵三洁介绍,学院发动了多方力量,目前已经发出西槐庄LOGO征集号召,陆续收到了多位同学的设计投稿,公众号已经开始运营,抖音号也已经开始前期培育,积累人气。

(资料来源:《北京城市副中心报》)

【案例分析】 学校学生在村里抓拍幼苗、采集镜头,看似是扛着摄像机扎进田间地头,属于体力劳动,但是,如果想要拍摄出生动传神的宣传片,同样需要动脑筋,选好拍摄角度、捕捉精彩画面。这个案例告诉我们,在现实劳动中,既没有单纯的体力劳动,也没有单纯的脑力劳动。任何劳动都是脑力劳动与体力劳动的结合。

3. 简单劳动与复杂劳动

简单劳动是指无须经过特别训练,正常劳动者都能从事的劳动。复杂劳动是指包含较多技巧和知识运用,要经过专门训练,具有一定技术特长的劳动者才能从事的劳动,是加强版的简单劳动。

总之,劳动按照不同标准,可以有多种分类。按照生产产品的不同,劳动还可分为物质生产劳动和精神生产劳动;按照是否使用新知识、新技术、新方法,劳动还可分为常规劳动和创新劳动;按照属性和表现形式的不同,劳动还可分为具体劳动和抽象劳动;按照劳动者付出劳动的必要程度,劳动还可分为必要劳动和剩余劳动。

随着互联网、大数据、云计算等信息技术广泛应用,一批新经济、新技术、新产业在我国迅速发展,也催生了新的劳动形态、新的就业形态。

新就业形态为就业提质扩容

新就业形态是在数字经济快速发展和大众消费日益多元化的基础上,以服务业为主的一种新型工作模式。具体而言,新就业形态包括电商商户、网约车司机、微商、自媒体从业人员等(图1-3)。

新就业形态蓬勃发展

当前,新就业形态已成为我国吸纳就业的一个重要渠道。国家统计局相关数据显示,截至2021年年底,中国灵活就业人员已达2亿人,其中主播及相关从业人员160多万人,较2020年增加近3倍。

《"十四五"就业促进规划》专门列出了促进数字经济领域就业创业,支持多渠道灵活就业和新就业形态发展两项部署,并提出工作要求和相应举措。《关于支持多渠道灵活就业的意见》《关于支持新业态新模式健康发展 激活消费市场带动扩大就业的意见》等文件相继发布,进一步加大了对多渠道灵活就业和新就业形态就业的支持力度,进一步明确了就业创新增容的发展路径。

图1-3 新职业

《中国灵活用工发展报告(2022)》蓝皮书显示,2021年中国有61.14%的企业在使用灵活用工,比2020年增加5.46%。企业倾向于在一线生产工、服务员、快递员、保安、保洁等普通工人岗位采取灵活用工,比例达到56.53%;IT及其他技术人员的灵活用工比例也较高,达到 26.13%。可以看出,企业更倾向于扩大而非缩减灵活用工规模,我国灵活用工市场正呈现持续发展趋势,成为名副其实的就业"蓄水池"。

新就业形态孕育新岗位

与传统工作相比,新就业形态打破了以往"朝九晚五"的工作模式,微商、网络主播、文案写手等众多新职业应运而生,"斜杠青年"已成为当下许多青年人的代名词。他们的工作场所和时间不再固定,工作方式更加弹性化,工作内容和薪酬也随着用户需求的改变发生变化。近年来,人社部已陆续发布5批74个新职业,包括"网约配送员""互联网营销师""电子竞技员"在内的新兴职业被正式纳入我国"职业版图"。

新职业的出现改变了人们的生活,也打开了更多就业"风口",成为助推高质量发展的新赛道,受到年轻人的喜爱和追捧,也给有着更多知识储备和创新活力的大学生就业创业提供了无限可能。

根据全国高等学校学生信息咨询与就业指导中心数据统计,2020年和2021年全国高校毕业生的灵活就业率均超过16%。大学生在选择工作时,除了薪资以外,会更加注重诸如职业发展潜力、职业自由度和舒适度、职业成就感以及兴趣爱好等。

很多大学生会选择自由撰稿、网上翻译等工作;也有大学生利用直播平台,进行直播带货,开展线上营销;还有的大学生选择短视频制作、平面设计等行业自主创业,用自己的一技之长,借助平台广阔的空间,成就创业梦想。

(资料来源:"学习强国"学习平台)

第二节 劳动教育性质

新时代的高等职业院校坚持"立德树人"为根本任务,培养德智体美劳全面发展的高端技术技能人才。高等职业院校劳动教育,作为促进学生全面发展的重要内容,具有价值引领性、目标改造性、综合育人性和实践性的性质。

一、价值引领性

2020年3月20日,中共中央、国务院发布《关于全面加强新时代大中小学劳动教育的意见》(以下简称《意见》),指出劳动教育的指导思想是:"以习近平新时代中国特色社会主义思想为指导,全面贯彻党的教育方针,落实全国教育大会精神,坚持立德树人,坚持培育和践行社会主义核心价值观……促进学生形成正确的世界观、人生观、价值观。"将"把准劳动教育价值取向,引导学生树立正确的劳动观,崇尚劳动、尊重劳动,增强对劳动人民的感情,报效国家,奉献社会"作为基本原则之一。

《意见》还提出了劳动教育的总体目标,即"通过劳动教育,使学生能够理解和形成马克思主义劳动观,坚定树立劳动最光荣、劳动最崇高、劳动最伟大、劳动最美丽的观念;体会劳动创造美好生活,体认劳动不分贵贱,热爱劳动,尊重普通劳动者,培养勤俭、奋斗、创新、奉献的劳动精神;具备满足生存发展需要的基本劳动能力,形成良好劳动习惯"。

从《意见》确立的"指导思想""基本原则"和"总体目标"来看,高职院校的劳动教育本质就是劳动价值观教育,因此高职院校劳动教育的根本属性是价值引领性。高职院校劳动教育的重点就是促进学生形成正确的劳动价值观,引导学生在劳动教育中涵养劳动精神、提升劳动素养,成为担当民族复兴大任的时代新人。

二、目标改造性

习近平总书记非常重视高素质劳动者的培养,他认为,"劳动者素质对一个国家、一个民族的发展至关重要。劳动者的知识和才能积累越多,创造能力就越大。提高包括广大劳动者在内的全民族的文明素质,是民族发展的长远大计"。这句话既为我们明确了高素质的劳动者对于民族振兴发展的重要性,又让我们看到了高素质劳动者的产生必须依靠劳动教育的紧迫性。

近年来,一些青少年出现不想劳动、不会劳动、不珍惜劳动成果的现象,高职院校作为培养青年学生成长成才的重要阵地,需要借助劳动教育促进青年学生热爱劳动、尊重劳动、全面发展。

具体而言,劳动教育需要纳入学校人才培养方案,使劳动教育贯穿学生三年的学习生活中,促进学生德智体美全面的发展。在劳动实践中培育学生工匠精神、劳动精神,以劳固德;向学生传授劳动知识、劳动技能,以劳增智;引导学生进行劳动实践锻炼,以劳强体;引导学生在劳动实践中,用自己的双手创造劳动成果,以劳育美。

三、综合育人性

高职院校的劳动教育,既是"五育"的一个方面,又在更高层次、更大程度上吸纳了德、智、体、美各方面内容。因此,高职院校的劳动教育具有综合育人的特性。

劳动教育与德育教育之间的关系十分密切。高职院校的劳动教育,包括引导学生参加志愿服务、社会实践等活动,有利于学生树立健康的思想品德。学生在亲身劳动实践中,流汗出力,认识到自己的劳动可以给他人带来帮助,可以为学校、家庭、社会做出贡献,体会到劳动带来的自豪感、成就感。在此过程中,也培育了学生乐于助人的品质、吃苦耐劳的意志,增强了劳动成果来之不易、珍惜劳动成果的意识。

劳动教育可以提高学生的智力水平。高职院校的劳动教育,不单是让学生进行体力劳动,还会让学生在具体实践场景中认真观察、积极思考,将知识与实践结合,融入脑力劳动,与此同时,通过具体劳动实践活动,可以帮助学生增长见识、领悟道理,开发智力。

劳动教育也是体育的一种表现形式。高职院校的劳动教育,可以锻炼学生的身体素质。学生在社会实践、志愿服务、顶岗实习、校园劳动中,可以增强自己的脚力、臂力、耐力等各方面体能。

马克思认为,劳动创造了美。高职院校的劳动教育,可以优化学生的审美观念。高职院校注重培养学生动手能力,学生在实习实训课上,按照课程任务,动手操作学习、动手制作技艺作品,在体会到成就感的同时,也感悟到了劳动的魅力。

四、实践性

高职院校劳动教育的主要活动形式,包括日常性劳动、社会实践、实习实训或顶岗实习等,可见高职院校的劳动教育是基于实践的教育活动。因此,高职院校劳动教育还具有实践性。

案例品读

开展四项劳动实践,多维度推进体悟式劳动教育实践

一是开展劳动教育周,实现以劳树德、以劳增智、以劳强体、以劳育美的育人效果。学院开展以"体悟劳动、洁净校园、记录美好"为主题的劳动实践教育周活动,设置"爱我校园——校园卫生大清扫""劳动我先行——校内职业体验劳动""与劳动者同行——易班短视频制作"3个劳动实践项目,旨在把劳动能力培养、劳动习惯养成贯穿立德树人全过程。

二是开展专业体验式劳动,展现劳动精神、工匠精神、劳模精神。学院围绕职业教育专业特色,积极打造专业体验式劳动,提升对职业的认可度,强化劳动品质培养。学院充分利用校内现有资源开展3D打印技术、无人机测绘、导游职业体验3个专业体验劳动项目,2021年参加学生达800余人,学生们通过在真实的劳动环境中体验不同职业的劳动过程,体悟精益求精的工匠精神,树立正确的职业观,成效十分明显。

三是开展农业生产劳动实践,体认劳动价值、感悟劳动意蕴、尊重劳动创造。农业生产劳动是人类社会赖以生存和发展的基础,是人类最基本的实践活动。通过开展农业劳动教育,使学生树立正确的劳动观念和劳动态度,热爱劳动和劳动人民,懂得劳动的伟大意义,尊重劳动,珍惜劳动成果。学院有效利用校园周边资源,与呼和浩特市同行青少年实践教育基地签订合作协议,每学期至少组织开展3次农业生产劳动(图1-4),专门研究开设了识农具和农作物、播种、收割、学做农家饭等农业生产劳动项目,让学生们亲临田间地头参与农业生

图1-4 农业生产劳动

产劳动,深刻体会"粒粒皆辛苦",树立劳动最光荣、劳动最崇高、劳动最伟大、劳动最美丽的思想观念。

四是开展专项性"双创"劳动教育,培育创新意识,培养创造思维,增强创新能力。大学生创新创业教育是劳动教育的重要组成部分,学院积极培养学生创新创业意识,让学生在创新中展现聪明才智、在创业中实现人生价值。学院通过开展校园文化技能艺术节、举办各级各类创新创业大赛、顶岗实习等教育载体,提升学生创新创业劳动教育质量。学院举办的校园文化技能艺术节成为自治区校园文化品牌活动,学院学生参加自治区级、国家级创新创业大赛获奖达200多项,学院入选全国职业院校"实习管理50强",创新创业劳动教育取得丰硕成果。

(资料来源:中国教育新闻网,有删减)

【案例分析】 从举办劳动实践教育周活动到举办各级各类创新创业大赛、开展校园卫生大清扫、专业体验劳动项目、农业生产劳动实践,内蒙古机电职院坚持开展劳动教育,让学生掌握劳动技能的同时形成良好的劳动习惯,引导学生崇尚劳动、尊重劳动,树立劳动最光荣、劳动最崇高、劳动最伟大、劳动最美丽的劳动观念,促进学生德智体美劳全面发展。同时佐证了劳动教育具有综合育人的性质,以及劳动教育对促进学生全面发展的功能意义。

第三节 新时代劳动教育观

一、新时代马克思劳动教育观的发展

马克思关于劳动和教育方面的经典论述形成了马克思主义关于劳动教育的基本观点。在不同的历史阶段,中国共产党人围绕党的中心任务确定劳动教育的内容,在社会主义建设事业中不断发展马克思主义的劳动教育观。

在新时代背景下,以习近平同志为核心的党中央围绕党在新时代的中心任务——"实现社会主义现代化和中华民族伟大复兴",对马克思主义的劳动教育观进行新的解读,逐步形成了新时代的马克思主义劳动教育观,即通过劳动教育培育新时代中国特色社会主义建设者和接班人的理论。

中共中央　国务院
关于全面加强新时代大中小学劳动教育的意见

(2020年3月20日)

为构建德智体美劳全面培养的教育体系,现就加强新时代大中小学劳动教育提出如下意见。

一、充分认识新时代培养社会主义建设者和接班人对加强劳动教育的新要求

（一）重大意义

劳动教育是中国特色社会主义教育制度的重要内容，直接决定社会主义建设者和接班人的劳动精神面貌、劳动价值取向和劳动技能水平。长期以来，各地区和学校坚持教育与生产劳动相结合，在实践育人方面取得了一定成效。同时也要看到，近年来一些青少年中出现了不珍惜劳动成果、不想劳动、不会劳动的现象，劳动的独特育人价值在一定程度上被忽视，劳动教育正被淡化、弱化。对此，全党全社会必须高度重视，采取有效措施切实加强劳动教育。

（二）指导思想

以习近平新时代中国特色社会主义思想为指导，全面贯彻党的教育方针，落实全国教育大会精神，坚持立德树人，坚持培育和践行社会主义核心价值观，把劳动教育纳入人才培养全过程，贯通大中小学各学段，贯穿家庭、学校、社会各方面，与德育、智育、体育、美育相融合，紧密结合经济社会发展变化和学生生活实际，积极探索具有中国特色的劳动教育模式，创新体制机制，注重教育实效，实现知行合一，促进学生形成正确的世界观、人生观、价值观。

（三）基本原则

——把握育人导向。坚持党的领导，围绕培养担当民族复兴大任的时代新人，着力提升学生综合素质，促进学生全面发展、健康成长。把准劳动教育价值取向，引导学生树立正确的劳动观，崇尚劳动、尊重劳动，增强对劳动人民的感情，报效国家，奉献社会。

——遵循教育规律。符合学生年龄特点，以体力劳动为主，注意手脑并用、安全适度，强化实践体验，让学生亲历劳动过程，提升育人实效性。

——体现时代特征。适应科技发展和产业变革，针对劳动新形态，注重新兴技术支撑和社会服务新变化。深化产教融合，改进劳动教育方式。强化诚实合法劳动意识，培养科学精神，提高创造性劳动能力。

——强化综合实施。加强政府统筹，拓宽劳动教育途径，整合家庭、学校、社会各方面力量。家庭劳动教育要日常化，学校劳动教育要规范化，社会劳动教育要多样化，形成协同育人格局。

——坚持因地制宜。根据各地区和学校实际，结合当地在自然、经济、文化等方面的条件，充分挖掘行业企业、职业院校等可利用资源，宜工则工、宜农则农，采取多种方式开展劳动教育，避免"一刀切"。

二、全面构建体现时代特征的劳动教育体系

（四）把握劳动教育基本内涵

劳动教育是国民教育体系的重要内容，是学生成长的必要途径，具有树德、增智、强体、育美的综合育人价值。实施劳动教育重点是在系统的文化知识学习之外，有目的、有计划地组织学生参加日常生活劳动、生产劳动和服务性劳动，让学生动手实践、出力流汗，接受锻炼、磨炼意志，培养学生正确劳动价值观和良好劳动品质。

（五）明确劳动教育总体目标

通过劳动教育，使学生能够理解和形成马克思主义劳动观，牢固树立劳动最光荣、劳动

最崇高、劳动最伟大、劳动最美丽的观念；体会劳动创造美好生活，体认劳动不分贵贱，热爱劳动，尊重普通劳动者；培养勤俭、奋斗、创新、奉献的劳动精神；具备满足生存发展需要的基本劳动能力，形成良好劳动习惯。

（六）设置劳动教育课程

整体优化学校课程设置，将劳动教育纳入中小学国家课程方案和职业院校、普通高等学校人才培养方案，形成具有综合性、实践性、开放性、针对性的劳动教育课程体系。

根据各学段特点，在大中小学设立劳动教育必修课程，系统加强劳动教育。中小学劳动教育课每周不少于1课时，学校要对学生每天课外校外劳动时间作出规定。职业院校以实习实训课为主要载体开展劳动教育，其中劳动精神、劳模精神、工匠精神专题教育不少于16学时。普通高等学校要明确劳动教育主要依托课程，其中本科阶段不少于32学时。除劳动教育必修课程外，其他课程结合学科、专业特点，有机融入劳动教育内容。大中小学每学年设立劳动周，可在学年内或寒暑假自主安排，以集体劳动为主。高等学校也可安排劳动月，集中落实各学年劳动周要求。

根据需要编写劳动实践指导手册，明确教学目标、活动设计、工具使用、考核评价、安全保护等劳动教育要求。

（七）确定劳动教育内容要求

根据教育目标，针对不同学段、类型学生特点，以日常生活劳动、生产劳动和服务性劳动为主要内容开展劳动教育。结合产业新业态、劳动新形态，注重选择新型服务性劳动的内容。

小学低年级要注重围绕劳动意识的启蒙，让学生学习日常生活自理，感知劳动乐趣，知道人人都要劳动。小学中高年级要注重围绕卫生、劳动习惯养成，让学生做好个人清洁卫生，主动分担家务，适当参加校内外公益劳动，学会与他人合作劳动，体会到劳动光荣。初中要注重围绕增加劳动知识、技能，加强家政学习，开展社区服务，适当参加生产劳动，使学生初步养成认真负责、吃苦耐劳的品质和职业意识。

普通高中要注重围绕丰富职业体验，开展服务性劳动、参加生产劳动，使学生熟练掌握一定劳动技能，理解劳动创造价值，具有劳动自立意识和主动服务他人、服务社会的情怀。中等职业学校重点是结合专业人才培养，增强学生职业荣誉感，提高职业技能水平，培育学生精益求精的工匠精神和爱岗敬业的劳动态度。

高等学校要注重围绕创新创业，结合学科和专业积极开展实习实训、专业服务、社会实践、勤工助学等，重视新知识、新技术、新工艺、新方法应用，创造性地解决实际问题，使学生增强诚实劳动意识，积累职业经验，提升就业创业能力，树立正确择业观，具有到艰苦地区和行业工作的奋斗精神，懂得空谈误国、实干兴邦的深刻道理；注重培育公共服务意识，使学生具有面对重大疫情、灾害等危机主动作为的奉献精神。

（八）健全劳动素养评价制度

将劳动素养纳入学生综合素质评价体系，制定评价标准，建立激励机制，组织开展劳动技能和劳动成果展示、劳动竞赛等活动，全面客观记录课内外劳动过程和结果，加强实际劳动技能和价值体认情况的考核。建立公示、审核制度，确保记录真实可靠。把劳动素养评价结果作为衡量学生全面发展情况的重要内容，作为评优评先的重要参考和毕业依据，作为高一级学校录取的重要参考或依据。

三、广泛开展劳动教育实践活动

（九）家庭要发挥在劳动教育中的基础作用

注重抓住衣食住行等日常生活中的劳动实践机会，鼓励孩子自觉参与、自己动手，随时随地、坚持不懈进行劳动，掌握洗衣做饭等必要的家务劳动技能，每年有针对性地学会1至2项生活技能。鼓励学校（家委会）和社区等组织开展学生生活技能展示活动。学生参加家务劳动和掌握生活技能的情况要按年度记入学生综合素质档案。鼓励孩子利用节假日参加各种社会劳动。家庭要树立崇尚劳动的良好家风，家长要通过日常生活的言传身教、潜移默化，让孩子养成从小爱劳动的好习惯。

（十）学校要发挥在劳动教育中的主导作用

学校要切实承担劳动教育主体责任，明确实施机构和人员，开齐开足劳动教育课程，不得挤占、挪用劳动实践时间。明确学校劳动教育要求，着重引导学生形成马克思主义劳动观，系统学习掌握必要的劳动技能。根据学生身体发育情况，科学设计课内外劳动项目，采取灵活多样形式，激发学生劳动的内在需求和动力。

统筹安排课内外时间，可采用集中与分散相结合的方式。组织实施好劳动周，小学低中年级以校园劳动为主，小学高年级和中学可适当走向社会、参与集中劳动，高等学校要组织学生走向社会、以校外劳动锻炼为主。

（十一）社会要发挥在劳动教育中的支持作用

充分利用社会各方面资源，为劳动教育提供必要保障。各级政府部门要积极协调和引导企业公司、工厂农场等组织履行社会责任，开放实践场所，支持学校组织学生参加力所能及的生产劳动、参与新型服务性劳动，使学生与普通劳动者一起经历劳动过程。

鼓励高新企业为学生体验现代科技条件下劳动实践新形态、新方式提供支持。工会、共青团、妇联等群团组织以及各类公益基金会、社会福利组织要组织动员相关力量，搭建活动平台，共同支持学生深入城乡社区、福利院和公共场所等参加志愿服务，开展公益劳动，参与社区治理。

四、着力提升劳动教育支撑保障能力

（十二）多渠道拓展实践场所

大力拓展实践场所，满足各级各类学校多样化劳动实践需求。充分利用现有综合实践基地、青少年校外活动场所、职业院校和普通高等学校劳动实践场所，建立健全开放共享机制。农村地区可安排相应土地、山林、草场等作为学农实践基地，城镇地区可确认一批企事业单位和社会机构，作为学生参加生产劳动、服务性劳动的实践场所。

建立以县为主、政府统筹规划配置中小学（含中等职业学校）劳动教育资源的机制。进一步完善学校建设标准，学校逐步建好配齐劳动实践教室、实训基地。高等学校要充分发挥自身专业优势和服务社会功能，建立相对稳定的实习和劳动实践基地。

（十三）多举措加强人才队伍建设

采取多种措施，建立专兼职相结合的劳动教育师资队伍。根据学校劳动教育需要，为学校配备必要的专任教师。高等学校要加强劳动教育师资培养，有条件的师范院校开设劳动教育相关专业。设立劳模工作室、技能大师工作室、荣誉教师岗位等，聘请相关行业专业人士担任劳动实践指导教师。

把劳动教育纳入教师培训内容,开展全员培训,强化每位教师的劳动意识、劳动观念,提升实施劳动教育的自觉性,对承担劳动教育课程的教师进行专项培训,提高劳动教育专业化水平。建立健全劳动教育教师工作考核体系,分类完善评价标准。

(十四)健全经费投入机制

各地区要统筹中央补助资金和自有财力,多种形式筹措资金,加快建设校内劳动教育场所和校外劳动教育实践基地,加强学校劳动教育设施标准化建设,建立学校劳动教育器材、耗材补充机制。学校可按照规定统筹安排公用经费等资金开展劳动教育。可采取政府购买服务方式,吸引社会力量提供劳动教育服务。

(十五)多方面强化安全保障

各地区要建立政府负责、社会协同、有关部门共同参与的安全管控机制。建立政府、学校、家庭、社会共同参与的劳动教育风险分散机制,鼓励购买劳动教育相关保险,保障劳动教育正常开展。各学校要加强对师生的劳动安全教育,强化劳动风险意识,建立健全安全教育与管理并重的劳动安全保障体系。

科学评估劳动实践活动的安全风险,认真排查、清除学生劳动实践中的各种隐患特别是辐射、疾病传染等,在场所设施选择、材料选用、工具设备和防护用品使用、活动流程等方面制定安全、科学的操作规范,强化对劳动过程每个岗位的管理,明确各方责任,防患于未然。制定劳动实践活动风险防控预案,完善应急与事故处理机制。

五、切实加强劳动教育的组织实施

(十六)加强组织领导

在党委统一领导下,各级政府要把劳动教育摆上重要议事日程,出台相关政策措施,切实解决劳动教育实施过程中的重大问题,做好督促落实。省级政府要加强劳动教育工作的统筹协调,明确市地级、县级政府及有关部门加强劳动教育的职责,推动建立全面实施劳动教育的长效机制。

(十七)强化督导检查

把劳动教育纳入教育督导体系,完善督导办法。对地方各级政府和有关部门保障劳动教育情况以及学校组织实施劳动教育情况进行督导,督导结果向社会公开,同时作为衡量区域教育质量和水平的重要指标,作为对被督导部门和学校及其主要负责人考核奖惩的依据。开展劳动教育质量监测,强化反馈和指导。

(十八)加强宣传引导

引导家长树立正确劳动观念,支持配合学校开展劳动教育。加强劳动教育科学研究,宣传推广劳动教育典型经验。积极宣传企事业单位和社会机构提供劳动教育服务的先进事迹。注重挖掘在抗疫救灾等重大事件中涌现出来的典型人物和事迹,大力宣传不畏艰难、百折不挠、敢于担当的高尚品格。鼓励和支持创作更多以歌颂普通劳动者为主题的优秀作品,大力宣传辛勤劳动、诚实劳动、创造性劳动的典型人物和事迹,弘扬劳动光荣、创造伟大的主旋律,旗帜鲜明地反对一切不劳而获、贪图享乐、崇尚暴富的错误观念,营造全社会关心和支持劳动教育的良好氛围。

二、新时代劳动教育观的内容

新时代的劳动教育观主要包括"新时代的劳动意义和重要性""新时代的劳动观念和精神""新时代的劳动保障体制与机制建设"等三个方面。

1. 关于"新时代的劳动意义和重要性"

习近平总书记指出:"人民创造历史,劳动开创未来。劳动是推动人类社会进步的根本力量。幸福不会从天而降,梦想不会自动成真。"由此可见,劳动是实现中华民族伟大复兴的中国梦、完成新时代中心任务的根本路径。

新时代劳动教育既要符合新时期国家发展的需要,又要满足人民对美好生活的需求。而建成社会主义现代化强国、实现民族复兴只能依靠劳动,所以必须提高劳动者的综合素质和劳动效率。并且,随着物质生活水平的提高,人们对精神层面的需求日益增加,劳动可以使劳动者实现个人的社会价值,增强幸福感、成就感和获得感。正如习近平总书记所说:"幸福都是奋斗出来的。"

2. 关于"新时代的劳动观念和精神"

习近平总书记在全国教育大会上强调:"我国是中国共产党领导的社会主义国家,这就决定了我们的教育必须把培养社会主义建设者和接班人作为根本任务。""要努力构建德智体美劳全面培养的教育体系,形成更高水平的人才培养体系。""要在学生中弘扬劳动精神,教育引导学生崇尚劳动、尊重劳动,懂得劳动最光荣、劳动最崇高、劳动最伟大、劳动最美丽的道理,长大后能够辛勤劳动、诚实劳动、创造性劳动。"并提出了"培养德智体美劳全面发展的社会主义建设者和接班人"的教育目标。

这些进一步突显了劳动教育不单指教会学生劳动知识、劳动技能,还要教育学生树立崇尚劳动、尊重劳动、辛勤劳动、诚实劳动、创造性劳动的理念,使其具备奋斗精神、创新精神,不断弘扬劳动精神。

案例品读

电影《抗旱曲》(图 1-5)劳动人民的抗旱歌歌词

哎,哗啦啦的水车呀到处转哎

好像那蛟龙浪里翻哎

不怕老天不下雨呀

英雄们决定要抗旱

一滴滴水来一把把汗哎

要叫那粮食堆成山哎

公社领导大家干啊

移山倒海也不难

(资料来源:"学习强国"学习平台)

图 1-5 电影《抗旱曲》

【案例分析】 在 1960 年上映的电影《抗旱曲》中,1960 年年初,陕西省境内旱情严重,省委号召全民抗旱,姚宝成被从水库工地调回公社领导群众抗旱,日夜战斗在抗旱的第一线,同各种困难搏斗,冒着生命危险在塌方的机井中保护井壁。他的事迹被人们传颂。歌词展示了大家努力奋斗的劳动精神。新时代劳动教育观认为,"要在学生中弘扬劳动精神",高职院校要贯彻党的教育方针,开展丰富形式的劳动实践,在劳动实践中培育学生传承、弘扬劳动精神。

3. 关于"新时代的劳动保障体制与机制建设"

由于过去我国教育长期"唯分数论"的影响,在一定程度上弱化了劳动教育的实施。因此,新时代劳动教育的实施需要顶层设计更为系统的劳动教育制度体系,整体部署劳动教育的发展方向,注重加强劳动教育实施过程中教育资源的优化配置,避免人才发展不全面、地区教育不公平等问题。

对此,习近平总书记强调:"我国有着全世界最大的教育体系,同时情况也非常复杂,城乡区域发展不平衡,人民群众教育需求也存在很大差异……必须深化办学体制和教育管理改革,推进教育领域治理能力和水平现代化。深化教育体制改革,目的是提高教育质量。"

2020 年 3 月 20 日,《意见》指出,要"积极探索具有中国特色的劳动教育模式,创新体制机制",进一步明确了在新时代背景下,开启探索中国特色劳动教育模式的各方面要求。

综上所述,理解新时代劳动教育观要从认清"新时代"的内涵出发,把握"劳动教育围绕党的中心任务"这一核心思路,站在"国家发展、民族振兴的新时代需要和人民美好生活的新时代需求"的高度进行理解;要把握其价值内涵,明确劳动教育是中国特色社会主义教育制度的重要内容;要以系统化的角度明确党对劳动教育的要求,我国的劳动教育是一项系统工程,需要在构建中国特色劳动教育模式、创新体制机制的视角下加以认识。

第四节 劳动教育基本理念

一、劳动教育的定义

2020 年 3 月 20 日,中共中央和国务院颁布的《意见》强调劳动教育是中国特色社会主义教育制度的重要内容,关乎培养人才的劳动精神风貌、劳动价值取向和劳动技能水平。要加强对人才的劳动教育,就必须厘清劳动教育是什么,并把握好新时代高等职业院校劳动教育的内涵。

《辞海》中给劳动教育下的定义是:对学生进行热爱劳动和劳动人民、珍惜劳动成果、树立正确的劳动观点和劳动态度、通过日常生活培养劳动习惯和技能的教育活动。

《教育大辞典》中解读劳动教育为:劳动教育是劳动、生产、技术和劳动素养方面的教育。

结合工具书,可以看出劳动教育是向学生传授生产技术知识、培养学生获得正确劳动观念、劳动习惯、劳动精神、劳动技能,促进学生全面发展的综合性育人活动。

案例品读

全国劳动模范岳丽华:让小沙棘变成农民致富"金豆豆"

研究出新技术、新工艺 17 项,开发出沙棘新产品 6 种;获得国家授权的发明专利 4 项;获得河北省知识产权优势培育工程专利优秀奖 1 项、河北省科技成果 8 项、河北省承德市科技成果 3 项……翻开岳丽华的履历表,人们看到的是一串闪光的足迹。

2007 年,岳丽华从河北科技大学环境工程专业毕业,本有留在大城市发展的机会,但一想到家乡围场更需要科技人才,她毅然回乡,来到承德宇航人高山植物应用技术有限责任公司当起了技术员。当时沙棘产品在围场刚刚起步,公司既没有拳头产品,也没有稳定的销路,发展举步维艰。为了研究分离提取沙棘果油、沙棘果酸的技术,岳丽华每天与轰鸣的机器、复杂的数据为伴。

经过 3 年不间断的实验,该技术终于研发成功,填补了沙棘产业在这个技术领域的空白,也使企业在激烈的竞争中站稳了脚跟。脱贫攻坚战打响后,岳丽华主动请缨,带领公司的研发团队,将研究改良的优质高产大果沙棘等种苗新品种向周边农民推广。

如今,在围场满族蒙古族自治县,示范种植优质高产大果沙棘种苗已经达到 5.6 万亩,带动 2000 余户贫困户脱贫、2.6 万户农户增收。经过 15 年不懈奋斗,岳丽华先后获得全国五一劳动奖章、全国青年岗位能手、全国劳动模范等荣誉称号,2022 年光荣当选中国共产党第二十次全国代表大会代表……岳丽华不负青春,用汗水赢得了社会尊重和认可。

(资料来源:"学习强国"学习平台)

【案例分析】 岳丽华凭着创新、钻研的精神,为沙棘产业发展、农民致富做出了许多贡献。成功来源于岳丽华个人的不懈奋斗,当然也离不开她所受的教育。

二、新时代高等职业院校劳动教育的内涵

中国特色社会主义进入新时代,高等职业院校劳动教育的内涵更加深刻且丰富。2021 年 4 月,习近平总书记对职业教育工作作出重要指示,强调"优化职业教育类型定位……培养更多高素质技术技能人才、能工巧匠、大国工匠"。

2022 年新修订的《中华人民共和国职业教育法》指出,实施职业教育应当弘扬社会主义

核心价值观,对受教育者进行思想政治教育和职业道德教育,培育劳模精神、劳动精神、工匠精神,传授科学文化与专业知识,培养技术技能,进行职业指导,全面提高受教育者的素质。

可见,职业教育是类型教育,应当培育学生劳模精神、劳动精神、工匠精神。

因此,高等职业院校劳动教育的内涵是高职院校为培养德智体美劳全面发展的高素质技术技能人才而开展的有关劳动观念、劳动技能、劳动实践和劳动精神等方面的职业性劳动教育。

职业院校的劳动教育　不是吃苦流汗那么简单

近期,中国就业培训技术指导中心公布新一季"最缺工"的100个职业排行表,生产制造及有关人员、社会服务和专业技术人员的缺口最大,而这正是职业院校着重培养的对象。这再次引发有关专家的忧虑,"职业院校学生毕业后专业对口率没有我们预期的高,对口就业后学生跳槽率却比我们预期的高"。专家认为,破解"两高"问题的一大抓手,是职业院校的劳动教育。

其实,相比中小学和普通高校,职业院校在开展劳动教育方面有着独特优势。职业教育肇始于劳动实践,传承职业劳动技能与职业劳动精神,与劳动教育一脉相承。与此同时,职业院校有着更加丰富的劳动教育资源,不仅有实训基地等适合开展劳动教育的实践场所、实践平台,还有适合开展劳动教育的"双师型"教师以及行业企业的支持,其厚实的劳动教育实践资源,是普通中小学和普通高校所不具备的。

(资料来源:"学习强国"学习平台)

【思考题】 为什么说职业院校的劳动教育,不是吃苦流汗那么简单?请结合实际,谈一谈你对劳动教育的理解。目前,所在学校的劳动教育是怎样的?有什么特别有趣的课程、活动吗?

一、选择题

1.【单选题】按照生产产品的不同,劳动还可分为(　　)。
　　A. 物质生产劳动、精神生产劳动　　　　B. 具体劳动、抽象劳动
　　C. 必要劳动、剩余劳动　　　　　　　　D. 常规劳动、创新劳动

2.【单选题】新时代的高等职业院校坚持"立德树人"为根本任务,培养德智体美劳全面发展的(　　)。
　　A. 技术人才　　　　　　　　　　　　　B. 高级技工
　　C. 高端技术技能人才　　　　　　　　　D. 劳动者

3.【单选题】高职院校劳动教育的重点就是促进学生形成正确的(　　),引导学生在劳动教育中涵养劳动精神、提升劳动素养,成为担当民族复兴大任的时代新人。
　　A. 劳动教育观　　B. 劳动价值观　　C. 劳动实践观　　D. 劳动幸福观

4.【单选题】高职院校劳动教育的根本属性是(　　)。
　　A. 综合育人性　　B. 目标改造性　　C. 实践性　　D. 价值引领性
5.【多选题】要在学生中弘扬劳动精神,教育引导学生(　　),懂得劳动最光荣、劳动最崇高、劳动最伟大、劳动最美丽的道理。
　　A. 崇尚劳动　　B. 辛勤劳动　　C. 诚实劳动　　D. 尊重劳动

二、判断题(请判断对错,正确的打√,错误的打×)

1. 劳动首先是人和自然之间的过程,是人以自身的活动来引起、调整和控制人和自然之间的物质变换的过程。(　　)
2. 劳动创造了人本身。(　　)
3. 劳动是指人类特有的,有目的有意识地改造客观事物、创造物质财富的活动。(　　)
4. 高职院校的劳动教育,就是教育学生进行体力劳动。(　　)
5. 新时代劳动教育观要从认清"新时代"的内涵出发,把握"劳动教育围绕党的中心任务"这一核心思路,站在"国家发展、民族振兴的新时代需要和人民美好生活的新时代需求"的高度进行理解。(　　)

三、实践场景

实践探索新时代高职院校劳动教育的地位、目标和主要内容

1. 实践目的
(1) 以问题式实践探究引导学生正确认识高职院校的劳动教育。
(2) 以小组任务形式有效提升学生语言表达能力、团结协作素养。
2. 实践准备
以小组为单位,每组5人,开展实践讨论。探索回答新时代高职院校劳动教育的地位、目标、主要内容是什么?
3. 实践流程
(1) 分组开展实践讨论。
(2) 教师提出问题。
(3) 每个小组进行内部讨论,形成观点。
(4) 每个小组选出一位代表讲述小组观点,其他小组可以提出疑问。
(5) 教师进行分析、总结,引导学生深刻认识高职院校劳动教育的内涵。
(6) 教师根据各组表现给出评价。
4. 实践要求
每个小组进行实践讨论的时限为10分钟;讲述小组观点时,要有条理、有逻辑、有依据、有结论。

第二章 劳动素养的修炼与提升

 学习目标

（1）通过本章的学习，理解劳动素养的内涵和提升劳动素养的意义。
（2）理解劳模精神、劳动精神、工匠精神的内涵，并在实践中努力践行。

导入案例

大力弘扬劳模精神、劳动精神、工匠精神

我们党的百年奋斗史，书写了劳模精神、劳动精神、工匠精神形成发展的光辉历程。劳模精神、劳动精神、工匠精神孕育于革命战争年代，形成于社会主义革命和建设时期，发展于改革开放新时期，光大于中国特色社会主义新时代，成为中国共产党人精神谱系的重要组成部分。

早在 20 世纪 30 年代，为发展生产、武装自己，党在苏区开展了热火朝天的生产运动。20 世纪 40 年代，党在陕甘宁边区开展了"大生产运动""新劳动者运动"，涌现出"边区工人一面旗帜"赵占魁、"兵工事业开拓者"吴运铎等先进人物。中华人民共和国成立后，在轰轰烈烈的爱国主义劳动竞赛中，涌现出"高炉卫士"孟泰、"铁人"王进喜等劳动模范。改革开放后，"蓝领专家"孔祥瑞、"金牌工人"窦铁成等一大批劳动模范和先进工作者，积极投身改革开放和社会主义现代化建设，为国家和人民建立了杰出功勋。

进入新时代，我国工人阶级在劳模精神、劳动精神、工匠精神的激励和感召下，在实现中国梦伟大进程中拼搏奋斗、争创一流、勇攀高峰，为决胜全面建成小康社会、决战脱贫攻坚发挥了主力军作用，为全国抗疫斗争取得重大战略成果，统筹疫情防控和经济社会发展工作取得积极成效作出了突出贡献，用智慧和汗水营造了劳动光荣、知识崇高、人才宝贵、创造伟大的社会风尚，谱写了"中国梦·劳动美"的新篇章，涌现出巨晓林、高凤林、李万君等一大批劳动模范和先进典型。劳模精神、劳动精神、工匠精神在激发人民力量、振奋民族精神方面发挥着重要作用。

劳模精神、劳动精神、工匠精神跨越时空，历久弥新，必将继续激励和鼓舞包括工人阶级在内的全体人民不懈奋斗。当前，全党全国各族人民正在意气风发地向着第二个百年奋斗目标进军，中华民族伟大复兴展现出无比光明的前景。同时，世界百年未有之大变局加速演进，国际形势继续发生深刻复杂的变化，国内改革发展稳定任务艰巨繁重。

进入新发展阶段,无论是贯彻新发展理念、构建新发展格局、推动高质量发展,还是促进全体人民共同富裕,归根到底要依靠辛勤劳动、诚实劳动、创造性劳动。新征程上,我们比以往任何时候都更加需要大力弘扬劳模精神、劳动精神、工匠精神,充分发挥工人阶级主力军作用,带动全社会一起拼搏、一起奋斗,为赢得全面建设社会主义现代化国家新胜利汇聚强大正能量。

(资料来源:浙江工人日报网)

【案例分析】 习近平总书记指出,"在长期实践中,我们培育形成了爱岗敬业、争创一流、艰苦奋斗、勇于创新、淡泊名利、甘于奉献的劳模精神,崇尚劳动、热爱劳动、辛勤劳动、诚实劳动的劳动精神,执着专注、精益求精、一丝不苟、追求卓越的工匠精神",强调大力弘扬劳模精神、劳动精神、工匠精神。

新时代新征程上,我们要深入学习贯彻习近平总书记重要讲话精神,深刻认识到劳模精神、劳动精神、工匠精神是中国共产党人精神谱系的重要组成部分,跨越时空、历久弥新,在新时代新征程上展现出巨大引领价值。作为新时代的大学生,要学习劳模、尊崇劳模,深刻理解劳模精神、劳动精神、工匠精神的内涵,提升劳动素养,立志成为合格的社会主义建设者和接班人。

第一节　劳动素养与劳动精神

一、提升劳动素养,促进职业发展

(一)劳动素养的内涵

劳动素养是指学生在学习与劳动实践过程中逐步形成的适应个人终身发展和社会发展需要的正确价值观、必备品格和关键能力,是劳动课程育人价值的集中体现,主要包括劳动观念、劳动能力、劳动习惯和品质、劳动精神。

劳动观念是指让大学生在劳动实践中逐步形成对劳动、劳动者、劳动成果等的正确认知,形成积极的劳动态度和情感。培养大学生的劳动观念,一要丰富实践体验,突出知行合一。只有让大学生直接体验和亲身参与,观察探究,手脑并用,才能逐步形成正确的劳动观念,形成热爱劳动、热爱劳动者、珍惜分享劳动成果的认识、态度和情感。二要注重培根铸魂,厚植家国情怀。让大学生进一步理解劳动对个人、家庭、社会、国家和人类发展所具有的重大意义和价值,懂得劳动创造人、劳动创造财富、劳动创造美好生活的道理。三要深化劳动情感,树牢劳动观念。教育大学生崇尚劳动,牢固树立劳动最光荣、劳动最崇高、劳动最伟大、劳动最美丽的观念。

劳动能力是胜任劳动任务的综合能力。大学生的劳动能力是在日常生活劳动、生产劳动和服务性劳动等三类劳动中淬炼形成的。通过处理衣、食、住、行、用等个人生活事务的日常生活劳动,培养大学生的自理、自立、自强能力;通过符合时令特点和区域产业特色的生产劳动,培养大学生进行生产劳动的关键技术和能力;通过力所能及的公益劳动、现代服务业劳动、民族传统手工劳动以及新形态、新技术、新工艺等劳动,培养大学生的创造发明意识和能力。

劳动习惯和品质是大学生在日常劳动实践中形成的稳定行为倾向和品格特征。通过劳动教育,重在培养大学生辛勤劳动、有始有终、吃苦耐劳、勤劳节俭、艰苦奋斗、坚忍不拔、自律自强、诚实守信、团结合作、认真负责、勇于担当等良好习惯和品质。

劳动精神是在劳动观念、劳动能力、劳动习惯和品质的培养过程中形成和发展的,蕴含于劳动实践中的关于劳动的理想信念信仰和人格特质。劳动教育要重视大学生劳动精神的培育,教育大学生领会"劳动创造幸福"的深层内涵,传承中华民族勤俭节约、兢兢业业的优良传统,秉持精益求精、追求卓越的工匠精神,培育艰苦奋斗、百折不挠、奉献牺牲的革命精神,弘扬开拓创新、砥砺奋进的时代精神。

劳动素养是不同素养相辅相成、有机联系的整体,不可能一蹴而就,需要循序渐进、日积月累、久久为功才能实现。提升劳动素养是劳动教育的灵魂,是劳动教育的根本追求和旨趣。

在校大学生在不同的时期会呈现出不同的劳动素养水平,每个人的水平也不尽相同。随着劳动教育的实施,越来越多的大学生积极参与各类劳动实践,其劳动素养呈上升的趋势。大学生应该主动地提升个人劳动素养,为未来职业发展打下良好的基础;同时锻炼出良好的劳动心理和品质,塑造积极、乐观、认真的劳动精神风貌,为参与全面建设社会主义现代化国家做好准备。

(二)劳动素养促进职业发展

一个人的职业发展呈现出多种可能性,不同的发展方向取决于多种因素,但是劳动素养的提升对职业发展的促进是毋庸置疑的,并将影响职业发展的最终结果。

职业发展存在阶段性,不同时期个人的职业发展需求不同,企业对员工的职业技能诉求也不尽相同。企业非常看重员工的劳动技能、劳动态度、劳动品质等这些特征,因为企业招聘员工、重用员工,就是要让员工参与生产劳动,为企业创造财富。新时代的职业更加注重劳模精神、劳动精神和工匠精神,因此提升劳动者的素养对个人职业发展将起到积极的促进作用。

1. 劳动观点决定了职业发展方向

任何的职业选择都存在着价值取向。价值观在职业发展中起到了决定性作用。劳动观点就是对劳动、劳动者、劳动关系的基本看法和认识,是个人价值观的重要组成部分。正确积极的价值观对于个人职业发展有着极大的影响,甚至超越了经济回报的层面。热爱劳动、尊重劳动者、珍惜劳动成果,才是积极、正确的劳动观念,才会让高职学生在未来的职场上走得更远。

2. 劳动习惯和品质奠定职业发展基础

良好的劳动习惯和品质是劳动的基础,新时代的工作要求劳动者具备较强的协作沟通能力、抗压能力和情绪控制能力,这些也将助力职业的发展,为职业发展奠定基础。

3. 劳动能力促进职业发展水平

新时期的劳动形态发生了巨大的变化,脑力劳动的比重空前增多,服务性劳动在 GDP

中的占比远超第一、第二产业,创造性劳动变得无比重要,复合性劳动成为常态。职业劳动的要求不断提升,劳动能力成为新时期劳动者职业发展的关键性因素。现实生活中,可以看到高级技师成了行业的抢手人才,这充分说明劳动能力已经成为决定职业发展水平的核心因素。

个人的职业生涯能达到何种高度,取决于个人如何开局、起步。良好的劳动素养,合理的职业发展规划,可以为职业生涯打下良好的基础,有助于走好人生的第一步。没有劳动素养做基础的员工,再怎么规划个人职业发展,也可能会一事无成。

(三) 提升劳动素养的途径与方法

劳动素养对大学生未来职业发展起到了巨大的作用,也在一定程度上决定了国家未来的发展方向。因此提高大学生劳动素养成为当前迫切的教育任务。

1. 树立正确的劳动观

劳动是一切财富、价值的源泉。劳动者是国家的主人,一切劳动和劳动者都应该得到鼓励和尊重。我们倡导通过诚实劳动创造美好生活、实现人生梦想,反对一切不劳而获、崇尚暴富、贪图享乐的错误思想和观点。过去一段时间,学习文化知识成为在校大学生的主要任务,劳动实践育人的作用被忽视,劳动教育被弱化,因此,建立起对劳动、劳动者、劳动实践正确的认识是提升劳动素养的首要任务。大学生树立热爱劳动、尊重劳动者、珍惜劳动果实的劳动观是构建劳动精神世界的基础。

2016年4月26日,习近平总书记在知识分子、劳动模范、青年代表座谈会上指出:"人类是劳动创造的,社会是劳动创造的。劳动没有高低贵贱之分,任何一份职业都很光荣。"更新劳动认知观念,树立正确的劳动观是培养劳动素养的第一步。

2. 积极参加劳动实践

任何劳动素养都需要通过实践锻炼来培养。大学生应该从在校时期就积极参与劳动实践,明确学习目标,保持良好的学习心态,更重要的是不断践行正确的劳动观。劳动实践的类型和方式多种多样,传统的有参与志愿服务、寒暑假社会实践等,现在更多的是发挥大学生自身的优势和专业特长,通过服务社会和校园来提高劳动能力,如开展助农扶贫网络直播、农村信息化技术辅导培训、公益创新创业项目等。

3. 培养良好的劳动习惯

劳动习惯的养成也是劳动素养形成的重要影响因素。每种习惯的养成都需要长期坚持和努力,劳动习惯也一样。只有长期坚持,才能让习惯变成自身的内在需要。大学生可以结合自身习惯的养成,从日常生活的小事做起,如收拾整理个人内务就是培养习惯的好方法,在好习惯养成之后就可以将其向劳动习惯迁移。

劳动习惯的养成还与心理情绪有很大的关系,如果心理素质强、富有耐心,具有自我调整能力,保持积极乐观的心态,则劳动习惯就容易养成;如果耐心差,缺乏自我调节能力,尤其是一遇到困难就烦躁、失去自我约束,往往会导致毅力缺失,最后无法养成良好的劳动习惯。

教育部关于印发《大中小学劳动教育指导纲要（试行）》的通知

（教材〔2020〕4号）

各省、自治区、直辖市教育厅（教委），新疆生产建设兵团教育局，有关部门（单位）教育司（局），部属各高等学校、部省合建各高等学校：

为深入贯彻习近平总书记关于教育的重要论述，全面贯彻党的教育方针，落实《中共中央 国务院关于全面加强新时代大中小学劳动教育的意见》，加快构建德智体美劳全面培养的教育体系，我部组织研究制定了《大中小学劳动教育指导纲要（试行）》，现印发给你们，请认真贯彻落实。

教育部

2020年7月7日

大中小学劳动教育指导纲要（试行）

为深入贯彻习近平总书记关于教育的重要论述，全面贯彻党的教育方针，落实《中共中央 国务院关于全面加强新时代大中小学劳动教育的意见》，加快构建德智体美劳全面培养的教育体系，制定本指导纲要。

一、劳动教育性质和基本理念

（一）劳动教育性质

劳动是创造物质财富和精神财富的过程，是人类特有的基本社会实践活动。劳动教育是发挥劳动的育人功能，对学生进行热爱劳动、热爱劳动人民的教育活动。当前实施劳动教育的重点是在系统的文化知识学习之外，有目的、有计划地组织学生参加日常生活劳动、生产劳动和服务性劳动，让学生动手实践、出力流汗，接受锻炼、磨炼意志，培养学生正确劳动价值观和良好劳动品质。

劳动教育是新时代党对教育的新要求，是中国特色社会主义教育制度的重要内容，是全面发展教育体系的重要组成部分，是大中小学必须开展的教育活动。它具有鲜明的思想性，必须将马克思主义劳动观贯彻始终，强调劳动是一切财富、价值的源泉，劳动者是国家的主人，一切劳动和劳动者都应该得到鼓励和尊重；倡导通过诚实劳动创造美好生活、实现人生梦想，反对一切不劳而获、崇尚暴富、贪图享乐的错误思想。

具有突出的社会性，必须加强学校教育与社会生活、生产实践的直接联系，发挥劳动在个人与社会之间的纽带作用，引导学生认识社会，增强社会责任感；同时注重让学生学会分工合作，体会社会主义社会平等、和谐的新型劳动关系。具有显著的实践性，必须面向真实的生活世界和职业世界，引导学生以动手实践为主要方式，在认识世界的基础上，获得有积极意义的价值体验，学会建设世界，塑造自己，实现树德、增智、强体、育美的目的。

（二）劳动教育基本理念

（1）强化劳动观念，弘扬劳动精神。将劳动观念和劳动精神教育贯穿人才培养全过程，贯穿家庭、学校、社会各方面。注重让学生在学习和掌握基本劳动知识技能的过程中，领悟劳动的意义价值,形成勤俭、奋斗、创新、奉献的劳动精神。

（2）强调身心参与,注重手脑并用。把握劳动教育的根本特征,让学生面对真实的个人生活、生产和社会性服务任务情境,亲历实际的劳动过程,善于观察思考,注重运用所学知识解决实际问题,提高劳动质量和效率。

（3）继承优良传统,彰显时代特征。在充分发挥传统劳动、传统工艺项目育人功能的同时,紧跟科技发展和产业变革,准确把握新时代劳动工具、劳动技术、劳动形态的新变化,创新劳动教育内容、途径、方式,增强劳动教育的时代性。

（4）发挥主体作用,激发创新创造。关注学生劳动过程中的体验和感悟,引导学生感受劳动的艰辛和收获的快乐,增强获得感、成就感、荣誉感。鼓励学生在学习和借鉴他人丰富经验、技艺的基础上,尝试新方法、探索新技术,打破僵化思维方式,推陈出新。

二、劳动教育目标和内容

（一）总体目标

准确把握社会主义建设者和接班人的劳动精神面貌、劳动价值取向和劳动技能水平的培养要求,全面提高学生劳动素养,使学生:

树立正确的劳动观念。正确理解劳动是人类发展和社会进步的根本力量,认识劳动创造人、劳动创造价值、创造财富、创造美好生活的道理,尊重劳动,尊重普通劳动者,牢固树立劳动最光荣、劳动最崇高、劳动最伟大、劳动最美丽的思想观念。

具有必备的劳动能力。掌握基本的劳动知识和技能,正确使用常见劳动工具,增强体力、智力和创造力,具备完成一定劳动任务所需要的设计、操作能力及团队合作能力。

培育积极的劳动精神。领会"幸福是奋斗出来的"内涵与意义,继承中华民族勤俭节约、敬业奉献的优良传统,弘扬开拓创新、砥砺奋进的时代精神。

养成良好的劳动习惯和品质。能够自觉自愿、认真负责、安全规范、坚持不懈地参与劳动,形成诚实守信、吃苦耐劳的品质。珍惜劳动成果,养成良好的消费习惯,杜绝浪费。

（二）主要内容

主要内容包括日常生活劳动、生产劳动和服务性劳动中的知识、技能与价值观。日常生活劳动教育立足个人生活事务处理,结合开展新时代校园爱国卫生运动,注重生活能力和良好卫生习惯的培养,树立自立自强意识。

生产劳动教育要让学生在工农业生产过程中直接经历物质财富的创造过程,体验从简单劳动、原始劳动向复杂劳动、创造性劳动的发展过程,学会使用工具,掌握相关技术,感受劳动创造价值,增强产品质量意识,体会平凡劳动中的伟大。服务性劳动教育让学生利用知识、技能等为他人和社会提供服务,在服务性岗位上见习实习,树立服务意识,实践服务技能;在公益劳动、志愿服务中强化社会责任感。

（三）学段要求

1. 小学

低年级:以个人生活起居为主要内容,开展劳动教育,注重培养劳动意识和劳动安全意识,使学生懂得人人都要劳动,感知劳动乐趣,爱惜劳动成果。指导学生:

（1）完成个人物品整理、清洗,进行简单的家庭清扫和垃圾分类等,树立自己的事情自己做的意识,提高生活自理能力。

（2）参与适当的班级集体劳动，主动维护教室内外环境卫生等，培养集体荣誉感。

（3）进行简单手工制作，照顾身边的动植物，关爱生命，热爱自然。

中高年级：以校园劳动和家庭劳动为主要内容开展劳动教育，体会劳动光荣，尊重普通劳动者，初步养成热爱劳动、热爱生活的态度。指导学生：

（1）参与家居清洁、收纳整理，制作简单的家常餐等，每年学会1~2项生活技能，增强生活自理能力和勤俭节约意识，培养家庭责任感。

（2）参加校园卫生保洁、垃圾分类处理、绿化美化等，适当参加社区环保、公共卫生等力所能及的公益劳动，增强公共服务意识。

（3）初步体验种植、养殖、手工制作等简单的生产劳动，初步学会与他人合作劳动，懂得生活用品、食品来之不易，珍惜劳动成果。

2. 初中

兼顾家政学习、校内外生产劳动、服务性劳动，安排劳动教育内容，开展职业启蒙教育，体会劳动创造美好生活，养成认真负责、吃苦耐劳的劳动品质和安全意识，增强公共服务意识和担当精神。让学生：

（1）承担一定的家庭日常清洁、烹饪、家居美化等劳动，进一步培养生活自理能力和习惯，增强家庭责任意识。

（2）定期开展校园包干区域清洁和美化，以及助残、敬老、扶弱等服务性劳动，初步形成对学校、社区负责任的态度和社会公德意识。

（3）适当参与包括金工、木工、电工、陶艺、布艺等项目在内的劳动及传统工艺制作过程，尝试家用器具、家具、电器的简单修理，参与种植、养殖等生产活动，学习相关技术，获得初步的职业体验，形成初步的生涯规划意识。

3. 普通高中

注重围绕丰富职业体验，开展服务性劳动和生产劳动，理解劳动创造价值，接受锻炼、磨炼意志，具有劳动自立意识和主动服务他人、服务社会的情怀。指导学生：

（1）持续开展日常生活劳动，增强生活自理能力，固化良好劳动习惯。

（2）选择服务性岗位，经历真实的岗位工作过程，获得真切的职业体验，培养职业兴趣。积极参加大型赛事、社区建设、环境保护等公益活动、志愿服务，强化社会责任意识和奉献精神。

（3）统筹劳动教育与通用技术课程相关内容，从工业、农业、现代服务业以及中华优秀传统文化特色项目中，自主选择1~2项生产劳动，经历完整的实践过程，提高创意物化能力，养成吃苦耐劳、精益求精的品质，增强生涯规划的意识和能力。

4. 职业院校

重点结合专业特点，增强职业荣誉感和责任感，提高职业劳动技能水平，培育积极向上的劳动精神和认真负责的劳动态度。组织学生：

（1）持续开展日常生活劳动，自我管理生活，提高劳动自立自强的意识和能力。

（2）定期开展校内外公益服务性劳动，做好校园环境秩序维护，运用专业技能为社会、为他人提供相关公益服务，培育社会公德，厚植爱国爱民的情怀。

（3）依托实习实训，参与真实的生产劳动和服务性劳动，增强职业认同感和劳动自豪感,提升创意物化能力,培育不断探索、精益求精、追求卓越的工匠精神和爱岗敬业的劳动态度,坚信"三百六十行,行行出状元",体认劳动不分贵贱,任何职业都很光荣,都能出彩。

5. 普通高等学校

强化马克思主义劳动观教育,注重围绕创新创业,结合学科专业开展生产劳动和服务性劳动,积累职业经验,培育创造性劳动能力和诚实守信的合法劳动意识。使学生:

(1)掌握通用劳动科学知识,深刻理解马克思主义劳动观和社会主义劳动关系,树立正确的择业就业创业观,具有到艰苦地区和行业工作的奋斗精神。

(2)巩固良好日常生活劳动习惯,自觉做好宿舍卫生保洁,独立处理个人生活事务,积极参加勤工助学活动,提高劳动自立自强能力。

(3)强化服务性劳动,自觉参与教室、食堂、校园场所的卫生保洁、绿化美化和管理服务等,结合"三支一扶""大学生志愿服务西部计划""青年红色筑梦之旅""三下乡"等社会实践活动开展服务性劳动,强化公共服务意识和面对重大疫情、灾害等危机主动作为的奉献精神。

(4)重视生产劳动锻炼,积极参加实习实训、专业服务和创新创业活动,重视新知识、新技术、新工艺、新方法的运用,提高在生产实践中发现问题和创造性解决问题的能力,在动手实践的过程中创造有价值的物化劳动成果。

三、劳动教育途径、关键环节和评价

(一)劳动教育途径

将劳动教育纳入人才培养全过程,丰富、拓展劳动教育实施途径。

1. 独立开设劳动教育必修课

在大中小学设立劳动教育必修课程。中小学劳动教育课平均每周不少于1学时,用于活动策划、技能指导、练习实践、总结交流等,与通用技术和地方课程、校本课程等有关内容进行必要统筹。职业院校开设劳动专题教育必修课,不少于16学时;主要围绕劳动精神、劳模精神、工匠精神、劳动组织、劳动安全和劳动法规等方面设计。

普通高等学校要将劳动教育纳入专业人才培养方案,明确主要依托的课程,可在已有课程中专设劳动教育模块,也可专门开设劳动专题教育必修课,本科阶段不少于32学时;课程内容应加强马克思主义劳动观教育,普及与学生职业发展密切相关的通用劳动科学知识,并经历必要的实践体验。

2. 在学科专业中有机渗透劳动教育

中小学道德与法治(思想政治)、语文、历史、艺术等学科要有重点地纳入劳动创造人本身、劳动创造历史、劳动创造世界、劳动不分贵贱等马克思主义劳动观,纳入歌颂劳模、歌颂普通劳动者的选文选材,纳入阐释勤劳、节俭、艰苦奋斗等中华民族优良传统的内容,加强对学生辛勤劳动、诚实劳动、合法劳动等方面的教育。数学、科学、地理、技术、体育与健康等学科要注重培养学生劳动的科学态度、规范意识、效率观念和创新精神。

职业院校要将劳动教育全面融入公共基础课,要强化马克思主义劳动观、劳动安全、劳动法规教育。专业课在进行职业劳动知识技能教学的同时,注重培养"干一行爱一行"的敬业精神,吃苦耐劳、团结合作、严谨细致的工作态度。

普通高等学校要将劳动教育有机纳入专业教育、创新创业教育,不断深化产教融合,强

化劳动锻炼要求,加强高等学校与行业骨干企业、高新企业、中小微企业紧密协同,推动人才培养模式改革。专业类课程主要与服务学习、实习实训、科学实验、社会实践、毕业设计等相结合开展各类劳动实践,注重分析相关劳动形态发展趋势,强化劳动品质培养。在公共必修课中,要进一步强化马克思主义劳动观教育、劳动相关法律法规与政策教育。

3. 在课外校外活动中安排劳动实践

将劳动教育与学生的个人生活、校园生活和社会生活有机结合起来,丰富劳动体验,提高劳动能力,深化对劳动价值的理解。

中小学每周课外活动和家庭生活中劳动时间,小学1至2年级不少于2小时,其他年级不少于3小时;职业院校和普通高等学校要明确生活中的劳动事项和时间,纳入学生日常管理工作。

大中小学每学年设立劳动周,采用专题讲座、主题演讲、劳动技能竞赛、劳动成果展示、劳动项目实践等形式进行。小学以校内为主,小学高年级可适当安排部分校外劳动;普通中学、职业院校和普通高等学校兼顾校内外,可在学年内或寒暑假安排,以集体劳动为主,由学校组织实施。高等学校也可安排劳动月,集中落实各学年劳动周要求。

4. 在校园文化建设中强化劳动文化

学校要将劳动习惯、劳动品质的养成教育融入校园文化建设之中。要通过制订劳动公约、每日劳动常规、学期劳动任务单,采取与劳动教育有关的兴趣小组、社团等组织形式,结合植树节、学雷锋纪念日、五一劳动节、农民丰收节、志愿者日等,开展丰富的劳动主题教育活动,营造劳动光荣、创造伟大的校园文化。

要举办劳模大讲堂、大国工匠进校园、优秀毕业生报告会等劳动榜样人物进校园活动,组织劳动技能和劳动成果展示,综合运用讲座、宣传栏、新媒体等,广泛宣传劳动榜样人物事迹,特别是身边的普通劳动者事迹,让师生在校园里近距离接触劳动模范,聆听劳模故事,观摩精湛技艺,感受并领悟勤勉敬业的劳动精神,争做新时代的奋斗者。

(二)劳动教育关键环节

各地和学校要注重围绕劳动教育的目标和内容要求,从提高劳动教育的效果出发,把握劳动教育任务的特点,抓住关键环节,选择适宜的劳动教育方式。

1. 讲解说明

围绕劳动为什么、是什么问题,有重点地进行讲解,让学生懂得劳动的意义和价值。加强劳动观念、劳动纪律、劳动相关法律法规的正面引导,指明轻视劳动特别是轻视普通劳动的危害,让学生明辨是非。加强劳动知识技能的讲解,让学生认清事理,掌握实践操作的基本原理、程序、规则,正确使用工具的方法和技术。讲解要与启发思考、示范、练习等结合起来。

2. 淬炼操作

围绕如何做的问题,注重示范与练习,让学生会劳动。强化规范意识,注重从最基本的程序学起,严守规则,避免主观随意。强化质量意识,注重引导学生关注细节,每个步骤、环节都要精准到位。强化专注品质,注重引导学生对操作行为的评估与监控,做到眼到手到心到,有始有终。

3. 项目实践

围绕劳动能力的培养,让学生完成真实、综合任务,经历完整劳动过程。注重劳动价值体认,引导学生从现实生活中发现需求,选择和确定劳动项目。强化规划设计意识,充分发挥学生的主动性、积极性、创造性,引导学生对项目实践进行整体构思,综合运用所学知识、技术,不断优化行动方案。强化身体力行,锤炼意志品质,敢于在困难与挑战中完成行动任务。

4. 反思交流

围绕劳动价值意义的建构,引导学生总结、交流,促进学生形成反思交流习惯。指导学生思考劳动过程和结果与社会进步、个体成长的关联,避免停留在简单的苦乐体验上。组织学生交流分享劳动的体验和收获,肯定具有积极意义的认识,纠正观念上的偏差。将反思交流与改进结合起来,使学生在劳动中成长。

5. 榜样激励

围绕劳动的精神追求,树立典型,激发劳动热情。注意遴选、树立多类型榜样,不仅要有大国工匠、劳动模范,还要有身边劳动表现优异的普通劳动者和同学。指导学生从榜样的具体事迹中领悟他们的高尚精神和优良品质。明确要求学生在日常劳动实践中努力向榜样看齐。

(三)劳动教育评价

将劳动素养纳入学生综合素质评价体系。以劳动教育目标、内容要求为依据,将过程性评价和结果性评价结合起来,健全和完善学生劳动素养评价标准、程序和方法,鼓励、支持各地利用大数据、云平台、物联网等现代信息技术手段,开展劳动教育过程监测与纪实评价,发挥评价的育人导向和反馈改进功能。

1. 平时表现评价

要在平时劳动教育实践活动中及时进行评价,以评价促进学生发展。要覆盖各类型劳动教育活动,明确学年劳动实践类型、次数、时间等考核要求。关注学生在劳动教育活动中的实际表现,注重从行为表现中分析把握劳动观念形成情况。以自我评价为主,辅以教师、同伴、家长、服务对象、用人单位等他评方式,指导学生进行反思改进。要指导学生如实记录劳动教育活动情况,收集整理相关制品、作品等,选择代表性的写实记录,纳入综合素质档案,作为学生学年评优评先的重要参考。

2. 学段综合评价

学段结束时,要依据学段目标和内容,结合综合素质档案分析,兼顾必修课学习和课外劳动实践,对劳动观念、劳动能力、劳动精神、劳动习惯和品质等劳动素养发展状况进行综合评定。建立诚信机制,实行写实记录抽查制度,对弄虚作假者在评优评先方面一票否决,性质严重的应依法依规严肃处理。在高中和大学开展志愿者星级认证。高中学校和高等学校要将考核结果作为毕业依据之一。推动将学段综合评价结果作为学生升学、就业的重要参考。

3. 开展学生劳动素养监测

将学生劳动素养监测纳入基础教育质量监测、职业院校教学质量评估和普通高等学校本科教学质量评估。可委托有关专业机构,定期组织开展关于学生劳动素养状况调查,注重学生劳动观念、劳动能力、劳动精神、劳动习惯和品质等的监测。发挥监测结果的示范引导、反馈改进等功能。

四、学校劳动教育的规划与实施

(一)整体规划劳动教育

学校是劳动教育的实施主体,应根据国家相关规定,结合当地和本校实际情况,对劳动教育进行整体设计、系统规划,形成劳动教育总体实施方案。方案要明确劳动教育目标内容、课时安排、主要劳动实践活动安排、劳动教育过程组织与指导及考核评价办法等。同时要基于学生的年段特征、阶段性教育要求,研究制订"学校学年(或学期)劳动教育计划",对学年、学期劳动教育实践活动作出具体安排,特别是规划好劳动周等集中劳动,细化有关要求。使总体实施方案和学年(或学期)活动计划相互配套、衔接,形成可持续开展的劳动教育实施方案。

学校在劳动教育规划时要注意处理以下几个方面的关系。

1. 理论学习和实践锻炼的关系

理论学习和实践锻炼都是劳动教育的必要内容。理论学习重在让学生理解和掌握"劳动创造了人本身""劳动创造世界"等历史唯物主义基本理论主张以及劳动相关法律、法规、政策,作为行动的指南。实践锻炼重在将所学知识转化为真正有用的实际本领,形成良好的劳动习惯,弘扬劳动精神。规划劳动教育时,要两者兼顾,坚持以实践锻炼为主,切实保证每一个学生都有必要的劳动实践经历,不能只是口头上喊劳动、课堂上讲劳动。要通过学生实践前的计划构想、实践中的观察思考和实践后的反思交流,加深对有关思想理论、法规政策的理解,实现理论学习和实践锻炼的统一。

2. 劳动教育与其他教育活动的关系

在开足专门劳动教育必修课的同时,中小学劳动教育必修课实践环节中与综合实践活动的社会服务、设计制作、职业体验重叠部分,可整合实施。职业院校、普通高等学校劳动教育中学生生产劳动和服务性劳动可以通过专业实习、实训、创新创业等实践环节完成,日常生活劳动可以通过学生管理落实。

3. 劳动的传统形态与新形态的关系

将日常生活劳动教育贯穿大中小学始终。在安排生产劳动和服务性劳动项目时,中小学要以使用传统工具、传统工艺的劳动为主,引导学生体会劳动人民的艰辛与智慧,传承中华优秀传统文化,兼顾使用新知识、新技术、新工艺、新方法的劳动。职业院校、普通高等学校要注重结合产业新业态、劳动新形态,选择现代农业、工业、服务业项目,提升创造性劳动能力。

(二)劳动教育的组织实施

1. 实施机构和人员

学校要建立健全劳动教育组织实施的工作机制。明确主管校领导,设置机构或明确相关部门负责劳动教育的规划设计、组织协调、资源整合、师资培训、过程管理、总结评价等。

要建立专兼职相结合的劳动教育教师队伍。根据学校劳动教育需要,明确劳动教育责任人,进行劳动教育规划、组织实施、评价等,配齐劳动教育必修课教师,保持教师队伍的相对稳定性。充分发挥教职员工特别是班主任、辅导员、导师的作用,利用少先队、共青团、党组织以及学生社团等各方面的力量,合力开展劳动教育实践活动。充分利用家长及当地人力资源,聘请相关行业专业人士担任劳动实践指导教师。

2. 劳动安全风险防范与管理

学校要把劳动安全教育与管理作为组织实施的必要内容,强化劳动安全意识,建立健全安全教育与管理并重的劳动安全保障体系。

要依据学生身心发育情况,适度安排劳动强度、时长,切实关注劳动任务及场所设施的适宜性。科学评估劳动实践活动的安全风险,认真排查、清除学生劳动实践中的各种隐患。在场所设施选择、材料选用、工具设备和防护用品使用、活动流程等方面制订安全、科学操作规范,强化劳动过程每个岗位的管理,明确各方责任,防患于未然。

制订劳动实践活动风险防控预案,完善应急与事故处理机制。要特别关注劳动过程中的卫生隐患,按照疾控、卫生健康部门及行业有关规定,采取相应措施,切实保护学生的身心健康。鼓励购买劳动教育相关保险。

3. 建立协同实施机制

中小学要推动建立以学校为主导、家庭为基础、社区为依托的协同实施机制,形成共育合力。学校要通过家长会、家长学校、社区宣讲、网络媒体等途径,引导家长树立正确的劳动观;明确家长的劳动教育责任,让家长主动指导和督促孩子完成家庭、社区劳动任务;学校要与相关社会实践基地共同开发并实施劳动教育课程。

职业院校、普通高等学校要建立学校负责规划设计,行业企业社会机构主要负责业务指导,双方共同管理的劳动教育实施机制。通过建立劳模工作室、技能大师工作室,设置荣誉教师、实务导师岗位等,多渠道引入社会力量参与学校劳动教育。要联合社会力量,共建共享稳定的劳动实践基地、校外实习实训基地、各类型创新创业孵化平台,多渠道拓展劳动实践场所。

五、劳动教育条件保障与专业支持

地方教育行政部门要切实加强对劳动教育工作的组织领导,明确机构和人员承担区域推进劳动教育的职责任务,切实加强条件保障、专业支持和督导评估,整体提高大中小学劳动教育质量和水平。

(一) 条件建设

1. 丰富和拓展劳动实践场所

地方教育行政部门要统筹规划和配置劳动教育实践资源,满足学校多样化劳动实践需求。充分利用现有综合实践基地、青少年校外活动场所、职业院校和普通高等学校劳动实践场所,建立健全开放共享机制,特别是充分利用职业院校实训实习场所、设施设备,为普通中小学和普通高等学校提供所需要的服务。

可安排一批土地、山林、草场等作为学农实践基地,认定一批厂矿企业作为学工实践基地,认定一批城乡社区、福利院、医院、博物馆、科技馆、图书馆等事业单位、社会机构、公共场所作为服务性劳动基地。推动学校充分利用校内学习、生活有关场所,逐步建好配齐劳动技术实践教室、实训基地,丰富劳动教育资源。

2. 加强师资队伍建设

要明确劳动课教师管理要求,保障劳动课教师在绩效考核、职称评聘、评先评优、专业发展等方面与其他专任教师享受同等待遇。推动中小学、职业院校与普通高等学校建立师资交流共享机制,发挥职业院校教师的专业优势,承担普通学校劳动教育教学任务。建立劳动课教师特聘制度,为学校聘请具有实践经验的社会专业技术人员、劳动模范等担任兼职教师创造条件。

高等学校要加强劳动教育师资培养,有条件的院校开设劳动教育相关专业。把劳动教育纳入教育行政干部、校长、教师、辅导员培训内容,开展全员培训,强化劳动意识、劳动观念,提升劳动教育的自觉性。对承担劳动教育课程的教师进行专项培训,提高劳动育人意识和专业化水平。

3. 健全经费投入机制

各地要统筹中央补助资金和自有财力,多种形式筹措资金,加快建设校内劳动教育场所和校外劳动教育实践基地,加强学校劳动教育设施建设,建立学校劳动教育器材、耗材补充机制。学校可按照规定统筹安排公用经费等资金开展劳动教育,可采取政府购买服务方式,吸引社会力量提供劳动教育服务。

(二) 加强专业研究和指导

1. 加强劳动教育研究与指导

在全国教育科学规划、教育部人文社会科学研究项目中支持劳动教育研究。地方教育行政部门鼓励和支持相关机构设立劳动教育研究项目。设立一批试验区或试验学校,注重开展跟踪研究、行动研究。举办论坛讲座,营造良好的学术氛围。

各级中小学教研机构要配备劳动教育教研员,组织开展专题教研、区域教研、网络教研,通过协同创新、校际联动、区域推进,提高劳动教育整体实施水平。鼓励高等学校依托有关专业机构开展劳动教育教学研究。

2. 组织开展劳动教育课程资源研发

基于劳动教育教学的实际需要,省级教育行政部门明确中小学劳动实践指导手册编写要求,体现"一纲多本",满足不同地区学校的多样化需求,负责组织审查。职业院校可组织编写劳动精神、劳模精神、工匠精神专题读本,由编写院校或委托专业机构进行审查。鼓励学校、学术团体、专业机构等收集整理反映劳动先进人物事迹和精神的影视资料,组织研发展示劳动过程、劳动安全要求的数字资源,梳理遴选来自教学一线的典型案例和鲜活经验,形成分学段、分专题的劳动教育课程资源包,促进优质资源的共享与使用。

(三) 督导评估与激励

1. 加强对学校劳动教育实施情况的督查

把劳动教育纳入教育督导体系,完善督导办法。对地方各级人民政府和有关部门保障劳动教育情况进行督导。对学校劳动教育开课率、学生劳动实践组织的有序性,教学指导的针对性,保障措施的有效性等进行督查和指导。督导结果要向社会公开,作为衡量区域教育质量和水平的重要指标,作为对被督导部门和学校及其主要负责人考核奖惩的依据。

2. 建立健全劳动教育激励机制

在国家级、省级教学成果奖励中,将劳动教育教学成果纳入评奖范围,对优秀成果予以奖励。依托有关专业组织、教科研机构等开展劳动教育经验交流和成果展示活动,激发广大教师实践创新的潜能和动力。积极协调新闻媒体传播劳动光荣、创造伟大思想,大力宣传劳动教育先进学校、先进个人。

二、劳动精神的科学内涵与时代意义

劳动是人类特有的一种有意识有目的的社会实践活动,是人类生存发展的前提基础。劳动精神伴随劳动实践而产生,是关于劳动的理念认知、价值追求、劳动状态和行为实践的集中体现。在长期实践中,人们培养了"崇尚劳动、热爱劳动、辛勤劳动、诚实劳动"的劳动精神。

（一）科学内涵

"崇尚劳动"是指树立推崇提倡劳动的正确价值观。崇尚劳动就是充分认识到"劳动最光荣、劳动最崇高、劳动最伟大、劳动最美丽"的价值理念，从而因尊重而推崇提倡劳动，实现劳动者渴望劳动、"想干"劳动。

"热爱劳动"是指培养强烈喜爱劳动的劳动态度。促进劳动者能够自觉自愿、积极主动地参加劳动、"爱干"劳动。

"辛勤劳动"是指坚持勤劳而努力的劳动状态。是对劳动过程及其强度的充分肯定，表明充分遵循劳动的客观规律以及要达到的劳动强度。功崇惟志、业广惟勤。无论是体力劳动的辛劳和汗水，还是脑力劳动的智慧和心血，都是"苦干"劳动的体现。

"诚实劳动"是指对劳动者诚信踏实的劳动品德的客观要求。体现在劳动过程、劳动态度和成果中，即在遵纪守法、遵循道德、遵守公序良俗和良知的前提下，以良善与"实干"的劳动态度和劳动行为进行劳动。

劳动精神包含了劳动价值观、劳动态度、劳动过程、劳动品德四个方面的丰富内涵，提倡正确的劳动观、劳动态度、劳动过程、劳动品德，实现"想干"劳动、"爱干"劳动、"苦干"劳动和"实干"劳动有机统一。

（二）时代意义

劳动创造了人、创造了人的本质，也创造了物质财富与精神财富。"劳动是推动人类社会进步的根本力量。"无数历史证明，劳动精神是中华民族赖以生存与发展的精神纽带，也是推进党和国家事业兴旺发达的精神动力，弘扬劳动精神具有时代价值。

1. 促进人的本质呈现，推动人的全面发展

人只有在劳动中才能自由地彰显和发挥自身智力和体力、意志和情感，从而实现自我价值的印证和发展。劳动形成并呈现人的本质，人的本质是经由劳动不断发展的过程。马克思第一次把人的本质与生活世界这一人类活动产物统一起来。人的本质就是"实际生活过程"的展开，这其中的社会关系总和也将随着人实践的扩大和丰富而呈现一种社会性和历史性。

生产劳动对于个人具有决定性的意义。劳动与人的关系是一种未完成的过程关系，人的本质也是未完成的、具有发展性和指向未来的动态可能性，劳动本质就是人的主体力量的外化过程。马克思认为："个人怎样表现自己的生命，他们自己就是怎样。因此，他们是什么样的，这同他们的生产劳动是一致的，既和他们生产什么一致，又和他们怎样生产一致。"

恩格斯在《致康·施密特》中指出："谁肯认真地工作，谁就能做出许多成绩，就能超群出众。"在劳动过程中，劳动者能够增进友谊、培养感情，能够体会到生命的真实感、价值感，能够感受到人生真谛，在劳动中发挥才能和激发潜力，不断提升自我，实现个人价值，并得到全面的发展。

2. 体验劳动幸福，引领劳动风尚

中华民族自古以来就以热爱劳动、崇尚劳动、辛勤劳动、吃苦耐劳闻名于世。新时代

背景下，中国人民将源远流长的传统劳动与改革开放、现代化建设的伟大实践相结合，实现劳动的传统民族性、时代创新性、劳动丰富性相融合。把握和理解劳动精神的科学内涵，营造劳动光荣、创造伟大的时代风尚，让辛勤劳动、诚实劳动，创造性劳动观蔚然成风。

辛勤劳动是中华民族的传统美德。中国人有着浓郁深厚的劳动情怀和辛勤劳动的优良传统。中国古代以农耕劳动为主，勤劳、苦干坚韧不拔，是农耕文明最宝贵的品格，是延续几千年来中华民族精神内核最为生动的象征。老子的"天地不仁，以万物为刍狗"，说的就是要生存就得靠自己，不能靠苍天。这比"神爱世人"更现实。每个文明在初期都是有神论，但唯独我们的文明不畏惧神，所以我们的祖先从不把生存的希望寄托于神的眷顾，5000年的中华民族信仰"劳动"。千百年来，中国人民延续了劳动致富和创业致富的传统美德。这不仅是一种朴素的美德和简约的真理，更是中华民族优秀品质的传承。

诚实劳动是社会规范的基本要求。诚实的劳动回报合法合理合情。合理是道德公认程度，合法是制度规范尺度，合情是符合情感接受与常情规则。诚实劳动得到全社会的认可和鼓励，通俗地说就是劳动中不投机取巧、不要奸溜滑、不破坏劳动工具、遵守劳动纪律。诚实劳动就是不造假、不喧哗，是踏实行动、注重品质与服务。

创造性劳动是新时代底色。在全面深化改革开放的进程中，生产已经从粗放型向集约型的绿色经济转型发展。劳动从简单劳动向复杂劳动、智能化劳动转变，从体力劳动主导向精英式现代化劳动转换，从"差不多"先生向劳模工匠精神提升。创造性劳动正是这一切转变、转换的内驱力。

大学生们要深刻体会劳动精神的科学内涵与时代意义，认识到劳动是手段和目的的统一。享受劳动成果和劳动创造的过程是享受幸福的过程，劳动创造才能获得最真实的幸福和最美好的未来。在全面建设社会主义现代化国家、全面实现中华民族伟大复兴的新征程上，劳动是个人实现全面发展的手段，是实现全体人民共同富裕的根本所在。

第二节　劳动道德的内涵与基本要求

 拓展阅读

让劳动成为校园里的必修课

在上海崇明长兴镇潘石村的稻田里，上海交通大学的同学们正认真听取收割稻谷的动作要点。之后，大家戴上手套，双脚分开站立，弯下腰，左手抓住两三束稻子，右手执镰刀割下，每个人都身处"谷雨"之中，拍打声回荡在空中。

结束田间劳作后，同学们走进农户家中砍柴生火。"劳动实践之前，我并不是很清楚稻谷的具体生长方式和形态，也不知道它是如何走到餐桌上的。这次社会实践，让我真正把手放在大地上，切身感受到农业生产劳作的不易。"上海交大安泰经济与管理学院2019级本科生高婕说。

自中共中央、国务院印发《意见》以来，各高校采取多种形式开展劳动教育，促进劳动价

值取向、劳动技能水平、劳动精神面貌"三位一体"发展。通过完善培养方案和课程、组织校园活动和实践,高校劳动教育呈现出新的气象。

《意见》明确要求"在大中小学设立劳动教育必修课程,系统加强劳动教育",对职业院校更是提出了"以实习实训课为主要载体开展劳动教育,其中劳动精神、劳模精神、工匠精神专题教育不少于16学时"的要求。

"热爱劳动,认真劳动,梦想才能成真。"毕业于扬州工业职业技术学院的"90后"丁蓉蓉,是一名劳动主播培训项目的"金牌讲师",她的培训对象是海南省五指山市的农民企业家们。随着时代的发展,新技术条件催生了劳动新样态,丰富了劳动教育的内涵。

在学校的帮扶和指导下,丁蓉蓉回家乡创业搞种植,成功培育出冰草新品种,打破了国外垄断,建成了江苏省最大的冰草种植和销售企业。在依靠自己的劳动创造美好生活的同时,她还不忘乡亲们,带动当地35户131人就业致富。

"《意见》指出,劳动教育要'体现时代特征'。劳动主播是新直播业态下的一种技能,为的是满足农产品企业对专业化、职业化、高素质的直播电商类人才的需求。学校将进一步创新方式方法,持续开展好劳动主播培训等新样态劳动教育,培养更多能扎扎实实贡献社会的时代新人。"扬州工业职业技术学院党委书记刘金存表示。

"高校培养学生的'终端'已经突破校园,延伸进了社会。作为新时代的社会主义建设者和接班人,大学生需要成为能够胜任社会发展新动态新需求的高端劳动者,因此,高校劳动教育需要具备务实、与社会生产实践相结合的特征。"中国教科院副研究员郭元婕说,"人类通常的学习是对自然真实习得的一种抽象,但以往被剥离掉的一线生产生活实践其实很重要。强调劳动教育,就是强调在真实完整的场域中解决问题,这也就是劳动教育独特的价值所在。"

(资料来源:《光明日报》)

一、劳动道德的内涵

1. 人应该劳动是一条简单易懂的基本道德公理

劳动是人生活的第一需要,这是共产主义的劳动道德,社会主义也把劳动作为每个人应尽的义务。"不劳动者不得食"。任何主观上的寄生性生存方式都是不道德的。当人具备了劳动能力,就理所应当参加劳动。这个产生于世世代代私有制野蛮统治下的劳动人民意识深处的思想,用列宁的话说是"极其简单明了的真理",成为社会主义劳动道德的一个极其主要的方面。热爱劳动也就成为社会主义道德的基本要求之一。

2. 劳动是促使一个人良好道德形成的最根本的手段

社会主义道德的培养有很多方法和手段。劳动作为做人的基本准则,是促使一个人去恶向善的最根本的机制。一个人只有劳动才能理解到劳动的光荣崇高,才能认识到劳动人民的伟大,培养与劳动人民的感情,获得劳动人民的价值观念、思想情操和共同语言。一个人也只有劳动,才能真正认识社会、了解国情、增强社会责任感,培养自己勤劳、守规、自制、节约、顽强、坚持等基本品质,培养热爱祖国、无私奉献的集体主义道德思想。

3. 劳动是个人实现其社会价值的唯一手段

在社会主义制度下，个人的社会价值则是指社会对个人的尊重和满足，以及个人对集体、对社会的责任和贡献。个人只有全心全意为人民服务，为共产主义事业而献身，才能称得上是一个有价值的人。在今天，个人的社会价值就体现在为社会主义物质文明和精神文明建设做贡献，为实现中华民族伟大复兴的中国梦做贡献，而这一切又只有通过个人劳动才能实现。

4. 心理取向和物质取向的统一是社会主义劳动道德的基本特点

社会主义劳动道德除了具有共产主义道德内涵之外，还有其内在的本质特征：社会主义劳动道德是劳动者心理取向和物质取向的统一。

劳动道德的心理取向是指劳动者通过劳动实现自己的心理需求，满足自己为社会、为集体做贡献的感情需要，满足自己得到社会认可、赞扬的人格需要。

心理取向使得劳动者的劳动会以社会需要为出发点，甚至对于笨重的、单调的劳动也会采取认真忘我的态度。这是劳动领域中道德的较高表现，是自我献身的共产主义劳动态度的体现。

物质取向是指获得个人利益和想得到物质报酬的愿望激励着劳动者去劳动，在这种情况下，劳动被看作是获得个人福利的手段。

劳动的心理取向和物质取向是相互联系、相互补充的。如果把心理取向和物质取向对立起来，把它们理解为善与恶的对立，那就犯了形而上学的错误。如果说物质取向的出发点是劳动的个人利益、个人成果，那么心理取向的出发点就是劳动的社会效益和社会结果。劳动道德的心理取向应有物质基础，而物质取向应保证其道德效果，二者相互联系、密不可分。

二、劳动道德的基本要求

1. 勤俭自强、敬业奉献

勤奋、节俭是中华民族的传统美德，也是社会主义劳动道德的一个基本方面。社会主义制度下劳动道德要求劳动者遵守劳动纪律、履行职业道德，把对社会的义务和责任落实到为社会诚实劳动、无私奉献的行动上，同时也为自己获取必要的物质利益，提高自己的生活水平。

2. 崇尚科学、勇于创新

马克思把科学看成是历史的有力杠杆，看成是最高意义的革命力量。劳动者要想取得优势，就必须掌握科学知识和科学技能，提高劳动的熟练程度和科技含量。同时在劳动的过程中，要解放思想、勇于创新，通过改变劳动方式提高劳动效率。

3. 积极竞争、合法致富

竞争是当今时代的主题，国家支持和鼓励各种形式的合法竞争。劳动者要想获得较多的物质利益，可以在国家法律法规的许可范围内，遵循价值规律，通过合法经营得以致富。要坚决反对投机钻营、坑蒙拐骗等不道德的发财途径。

4. 以义为本、社会优先

国家鼓励人们通过诚实劳动和合法经营获取正当物质利益。作为劳动者,应树立把国家和人民利益放在首位而又充分尊重公民个人合法利益的社会主义义利观。要坚决反对不顾社会利益而单纯追求个人利益的自私行为。

5. 致富思源、共同富裕

社会主义的本质是实现人们的共同富裕。社会主义的劳动道德应坚持注重效率和维护公平的协调统一。通过诚实劳动富裕起来的人们应积极承担自己应尽的社会责任,给还未富起来的人们传授劳动技能、提供劳动机会、传播致富途径,以此来促进经济发展,保持社会稳定。

第三节　工匠精神与技能成才

拓展阅读

弘扬工匠精神　干出不凡业绩

习近平总书记强调:"我国经济要靠实体经济作支撑,这就需要大量专业技术人才,需要大批大国工匠。""激励更多劳动者特别是青年一代走技能成才、技能报国之路,培养更多高技能人才和大国工匠,为全面建设社会主义现代化国家提供有力人才保障。"

干一行、爱一行、钻一行。"五一"国际劳动节期间,各行各业的劳动者坚守岗位、脚踏实地,以实际行动践行执着专注、精益求精、一丝不苟、追求卓越的工匠精神,努力在平凡岗位上干出不平凡的业绩。

勤奋工作　执着专注

从一枚螺丝钉、一根电缆的打磨,到高铁等大国重器的锻造,技术工人队伍是支撑中国制造、中国创造、中国建造的重要基础。

5月1日一大早,青藏铁路格尔木电务段信号检修车间继电器工区内,工长何增梅一手拿着测压计,一手扳动着继电器衔铁,细心调整着衔铁和铁芯之间的距离,"继电器是铁路电务系统的'中枢神经',任何一点问题都可能影响铁路安全运输,必须确保没有隐患"。

中建一局海口国际免税城项目机电安装工牛红阳和500多名假期值守的工人一起赶往项目工地。配线、做管、装灯、确认……一套动作,要循环往复一整天。当天最高气温达30摄氏度,牛红阳的工作服很快被汗水浸透。完成一处,他便赶忙和工友前往下一个施工地段。

5月1日早上7点,江西省萍乡市安源煤矿井口,下夜班的矿工们陆续升井,走在最后面的是安源煤矿采掘二区副区长张来清。从前一天晚上9点进矿开调度会,到与40多名矿工一起下井落煤,张来清一直全力以赴。"作为一名下井矿工,专注是我的职责和本分。"

"注意控制焊接温度和风力。"一大早,中建二局高级工程师罗资奇来到一处项目现场,提醒完焊工班组,又去查看重要部件的监测情况。小到一道焊缝,大到一个结构荷载重量,每一项罗资奇都反复核检,确保没有误差。

"1号充电桩触屏良好,网络信号和参数正常。"5月1日早上,湖北黄石高速路口旁的一座充电站内,电力工人汪雄和李玮正忙着检查设备情况。"五一"假期前,国网黄石供电公司就对辖区内21座充电站127个充电桩进行了隐患排查整治和环境综合治理,确保市民有良好的绿色出行体验。

"谢谢你们,晚上出门不用摸黑啦。"国家电网四川电力(成都)连心桥共产党员服务队队员王建平、王国明来到成都市锦江区东糠市街3号院等小区,认真检修、安装路灯和楼道照明灯,居民们纷纷向他们表达谢意。相关行动开展以来,他们先后义务安装楼道照明灯133盏、院落路灯6盏、电表20只,惠及500余户居民。

言传身教 精益求精

工匠精神,在言传身教中不断传承。"描线要用笔的中锋,上色要用侧锋。"4月30日,北京市昌平区的一间工作室内,国家级非遗项目泥塑(北京兔儿爷)代表性传承人双彦通过笔谈,耐心指点一名听障学员,"他学会了一技之长,日后可以自食其力"。多年来,双彦带着"兔儿爷"走进学校、社区,既传授制作技艺,还讲解民俗知识。"我最近新收了两个徒弟,都是研究生呢!"

"壮锦需要传承,更要创新。"工作室里,年轻的纺织工双手飞快地在织机上舞动;年近七旬的广西壮锦代表性传承人谭湘光拿起剪刀,不一会儿,手中的壮锦就被裁剪成不同形状……这些壮锦布片将用来装饰手提包、手机袋等产品。

"小秦,用望远镜看杆塔上是否有瓷瓶破损?"5月2日,天蒙蒙亮,国网甘肃省临洮县供电公司城关供电所副所长王庆临准备好工具包,带上徒弟秦永童开始巡检辖区线路。在供电一线32年,王庆临始终坚持创新工作方法,在他和团队成员的努力下,配电台区单个抢修恢复供电时间平均缩短了1.5小时。

"这个板子倒角浅了,螺钉塞不进去,下次加工时一定要注意,做到不差毫厘。"5月1日,安徽省铜陵市文一三佳科技股份有限公司车间里,加工中心班组长朱荣林在检验半导体装备样品的同时叮嘱同事:"以前我们加工精确到小数点后两位数,现在要精确到小数点后三位数。"

一丝不苟 追求卓越

"卢师傅,变电站设备好像出了故障,一直没找到原因……"假期第一天,南方电网贵阳供电局变电检修工卢兴福接到求助电话。"别慌,先说说具体情况。"电话那头说完,卢兴福迅速开出"处方";不到20分钟,铃声再次响起,"不愧是专家,故障排除了!"

5月1日早上6点,哈电集团哈尔滨锅炉厂有限责任公司重容分厂内,电弧四闪,电焊组组长白岩身着隔热服,汗流浃背地进行着焊接作业。"只要设好参数,如今电焊也能半自动化作业。"白岩操作的自动焊机是由他改进推广的技术装备,将作业效率提升近1倍。

5月1日上午,一架多旋翼巡检无人机从220千伏江苏无锡梁溪变电缆隧道起点站起飞,朝着隧道深处飞去……原来,隧道内的摄像头发现有裂缝渗水现象,国网无锡供电公司高级工程师何光华立即带领团队前往现场,通过无人机发回的照片及时排除了隧道隐患。

"完美!"5月1日早上9点10分,在河钢集团石钢公司新区轧钢车间,一根12米长的橘红色铸坯从加热炉缓缓移出……智能化室电气工程师张振亚松了口气。这次订单是被誉为绿色钢种的易切削非调质钢,端部遇水容易裂纹变形,为保证产品一次合格入库,张振亚与产线工艺技术人员一起,提前制订生产预案,全程跟踪生产。

(资料来源:《人民日报》)

【思考题】 党的二十大报告中提出,要加快建设国家战略人才力量,努力培养造就更多大国工匠、高技能人才。坚持把发展经济的着力点放在实体经济上,加快建设制造强国。高职院校的学生在校期间该怎样培养工匠精神?

一、工匠精神的内涵与意义

(一)工匠精神的起源

工匠精神起源于神性敬畏。在原始人类的能力无法与自然抗衡的初期,利用工具可以使人们摆脱与世隔绝的状态。因此,后来善"备物致用,立功成器"者,利用"上天神灵赋予的造物技能"制作工具,带领人类改造世界,摆脱了与世隔绝的状态,他们也被奉为得道圣人,如工圣鲁班、茶圣陆羽、医圣张仲景等。

沿袭得道圣人,普通匠人劳作时也要像巫者通神那样,在工作之前先要有宗教仪式进行身心兼顾的神秘修炼,以期获得超凡的技能。时至今日,这种匠艺仪式依旧广泛存在,各行各业都有大型祭拜活动,来缅怀鼻祖的不朽功绩、传承其精神,督促后继者谨遵鼻祖的示范行为。

工匠精神成形于技术祛魅。随着蒸汽机等近现代技术的广泛使用,现代社会的理性官僚制组织大量增加,打破了仅在血缘族亲内部传承技艺的传统,越来越多的世俗人学习技艺,从事匠艺活动。

如何通过自己所掌握的技艺来谋求尽可能多的经济利益、稳定自身社会地位、巩固社会关系,是工匠凭借其技艺立足社会后所必须面对的问题。匠人不敢懈怠于产品制造的工艺,不敢落后于技术更新的速度,希望自己的产品得到同行业界和消费群体的认可,因为产品的质量和声誉是匠人从果腹到致富飞跃的砝码。

但是"劳动困兽"们重复机械动作,只需要知道"怎么做",不会提出"为什么",从而最大限度地发挥其工具性价值。功利驱动的劳作,人性之恶很容易被释放。

各行各业利用抄袭、模仿、诋毁等手段抢占先机、攫取资源的现象屡见不鲜,浮躁心态难以专注制器,何来的精益求精。因此,工匠精神再次被提及,并被视为超越重复劳动、机械性劳作、异化劳动的非功利性精神,也是消解劳动过程中目的与手段冲突、工具与价值分裂、形式和内容矛盾的重要途径。工匠精神已不再局限于特定的社会阶层或分工群体,而成为全社会各行各业应遵循的价值准则。

从精美的陶瓷、丝绸,到宏伟的长城、故宫,都蕴含着中华民族能工巧匠的工匠精神,"技进乎道""道技合一"更是无数"通于天地者"毕生追求的人生目标。

(二)新时代工匠精神内涵

2016年,李克强总理在《政府工作报告》中提及工匠精神,随后,政府部门、舆论媒体、教育学术界等都在热议工匠精神。习近平总书记多次多处提到工匠精神,并于2020年精辟概括工匠精神的内涵精髓,即:在从业过程中"执着专注、精益求精、一丝不苟、追求卓越"的职业精神。工匠精神体现了从业者在从业过程中形成的职业素养与职业品质,是优秀传统文化在物质生产中的转化与创新,展现劳动者独特的精神风貌和独有的技艺。

"执着专注"是精神状态,是时间上的坚持、精神上的聚焦。"心心在一艺,其艺必工;心心在一职,其职必举",执着专注突显劳动者全身心投入、认真尽责的做事态度和行为习惯,选准方向、聚焦用力,很多工匠是一生仅投身一门工艺。

"精益求精"是品质追求,是技术上的极致、质量上的完美。将"手中活"练得更精,把"必杀技"练得更强。重细节、求完美是工匠精神的关键要素,也对劳动者素质提出更高的要求。如大国工匠高凤林是我国火箭发动机焊接第一人,能把焊接误差控制在0.16毫米之内,焊接停留时间从0.1秒缩短到0.01秒,是精益求精的突出代表。

"一丝不苟"是自我要求,是注重细节精度的严谨,是追求完美的坚守。天下大事,必做于细,精准原则源自消灭"一丝一毫的偏差""一分一秒的疏忽""一举一动的失误"的一丝不苟的好习惯,小事做细、大事出彩。可见,一丝不苟是着眼于细节、执着、坚持的精神特质。

"追求卓越"是理想信念,是理想上的远大、目标上的高远。"出手必出色,完成即完美"的高标准和高要求,以创新精神为核心,"于细微之处彰显卓越",是"山登绝顶我为峰"的高远追求,是锲而不舍地迈向目标,做最好的"螺丝钉"的坚定选择。

"执着专注、精益求精、一丝不苟、追求卓越"包含了精神态度、品质追求、自我要求、理想目标四个方面的丰富内涵。通俗地讲,就是会干、巧干、干好、干得完美,把品质的好坏看作自己人格和荣誉的象征。

工匠精神也体现着一种劳动精神,是对生产技艺的大胆革新、对行业技艺的突破性贡献,是生产技艺水平提升的生产过程和精神面貌。新时代大力弘扬工匠精神,建设一支重知识、善技能、创新型的产业大军,对于建设社会主义现代化国家具有重大意义。

(三)工匠精神的时代意义

不同时代和地域的工匠精神虽各具时代特征、民族特色和表现形式,但古今中外的工匠精神也具有相通之处,即都具有促进个人的全面发展,提高经济竞争力以及传承和发展民族文化等重要作用。

1. 增强国家综合竞争力的精神资源

工匠精神对产业、职业、专业的专注与创新要求,推动了行业的发展与技术升级,推动实体行业从"制造"到"智造"的转变,精益求精、自主创新能力推动经济可持续发展。在中国进入高质量发展、新发展格局和创新驱动阶段的关键期,从从业者的高素质能力到产业结构的高品质升级,再到国家从制造大国到制造强国的升级,工匠精神是推动我国制造品质与水平提升的重要环节,加速推进社会主义现代化建设新步伐。

2. 坚定民族文化自信的精神纽带

民族发展的血脉和传承通过民族文化体现出来。文化自信是指对自身文化价值的充分肯定,对自身文化生命力的坚定信念,对既有文化优良传统的肯定与坚持。工匠精神是中国优秀传统文化的重要组成部分,是中华民族的精神传统。

例如庄子的"庖丁解牛"、秦国李冰父子修建都江堰等,弘扬工匠精神有利于推动中华优秀传统文化的传承、社会主义核心价值观的培育和践行、文化的交流和传播,有利于推动对中华民族的文化认同,增强社会责任担当意识,进一步坚定文化自信。

3.培育高素质劳动者的助推器

工匠精神是一种职业精神,包含着职业信念和职业目标。增强个体的职业认同感和使命感,以勤学苦练、精益求精、久久为功的专业知识积累和职业素养训练,铸就劳动者的全面发展和高素质人才培育。职业态度层面养成的持续专注,精益求精的坚守与习惯也推动着劳动者"大国工匠"的基本素养和信仰型人格的形成。

二、以大国工匠为目标,增强高职学生的劳动精神

面对百年未有之大变局,中国想要实现从"制造大国"向"制造强国"的跨越,必然离不开大批高素质技术技能型的大国工匠。因此,高职院校的人才培养要以大国工匠为目标,进一步把工匠精神、劳模精神和劳动精神融入人才培养的全过程,培养学生具备成熟的职业人所具有的专注踏实、勇于创新、精益求精的态度和精神,进一步提升人才培养质量。

高职院校要以培养大国工匠为目标,从制度层面把大国工匠必须具备的工匠精神、劳模精神和劳动精神写入学校的各项制度中,在顶层设计和办学理念方面给予保障。

高职院校要进一步创新"校企合作,工学结合"的人才培养模式,让企业深度参与到高职院校人才培养的过程中来,形成以"人才共育、过程共管、成果共享、责任共担"为特点的人才培养模式,把劳动精神和大国工匠的培育融入人才培养的全过程,促使高等职业教育提升质量。

工匠精神、劳模精神和劳动精神培育的重点在于引导学生树立对职业的敬畏感、对工作极度负责的执着追求、对产品不断追求完美的态度。因此,高职院校要充分依托"产教融合,校企合作"的育人模式,让学生深入企业一线实习锻炼,在具体工作中培养学生的工匠精神和劳动精神。

高职院校要充分吸收中华优秀传统文化、行业文化和企业文化等,构建以工匠精神和劳动精神为核心的校园文化体系,大力弘扬大国工匠的先进事迹,使工匠精神、劳模精神和劳动精神成为高职院校师生的自觉追求和永恒目标。

第四节 劳动意识与劳模精神

一、大学生劳动意识培育的意义

在新时代背景下,大学生作为社会发展进步的储备人才扮演着重要的角色。同样,在社会高度繁荣和多元发展的框架下,大学生既面临着新机遇也面对着新挑战。为此,高校在教

育教学中要注重时代精神教育和社会价值目标的实现,既要注重学生专业素养的发展,也要兼顾学生完美品质和高尚人格的培育,以此推动大学生的全面发展,承担起中华民族伟大复兴的时代使命。劳动教育作为大学生综合素质的重要组成部分,与时代发展和国家进步有着相同的目标导向。

一方面,大学生劳动意识培育有利于促进学生的全面发展,实现成为德智体美劳统筹进步的时代新人的目标,这也是中国特色社会主义建设对于人才的内在要求。同时,劳动意识的培育有利于大学生形成正确的劳动认知和情感认同,促进学生养成正确的劳动习惯。

另一方面,在实现中国梦的伟大征程中,劳动意识培育能够增强学生的时代精神,利于大学生成长为一个有责任、有担当、有理想的时代新人,"国家富强、民族振兴、人民幸福"的梦想为学生提供了奋斗的价值导向,推动学生不断增强本领,以实干才干积极为中华民族伟大复兴贡献力量。

二、大学生劳动意识培育的现状

1. 大学生劳动意识淡薄化

近年来,在社会经济快速发展、文化交流日益频繁的背景下,社会对于劳动教育的特殊价值重视不够,一些大学生的思想素质和价值信念受到了多元文化背景下错误思潮不同程度的影响,甚至在一定程度上影响到了本身的价值判断,某些学生把自己简单划分为"佛系青年"等一族,对于劳动的思想意识淡薄、劳动的作为匮乏。

另外,由于家庭和学校过度追求成绩而忽略了劳动素质教育,导致大学生的劳动意识欠缺、劳动能力不足,出现了不愿劳动、不会劳动、不珍惜劳动成果的现象。

如今,大学生家庭经济和生活水平普遍比较优越,在家庭成长过程中收获了更多的关爱,很多几乎没有经历过生活磨难,生活便利、衣食无忧的成长环境和社会上存在的享乐主义、铺张浪费等消极思想,助长了其"懒惰无妨、满足性消费、及时行乐"的不正心态,不用劳动的"多劳动是白费力气的无用功"论调充斥在大学生耳边。

同时,学生在学校期间往往更侧重于"成绩单",加之劳动教育场所、实践平台、方法等相对匮乏,导致其很少接受劳动教育,难以体会到从劳动获得的真实的快乐和满足,也难以意识到劳动的重要性。主体意识的淡薄和个体容易依赖、从易弃难本性,使得大学生缺少艰苦奋斗、吃苦耐劳的品质,无法对劳动价值做出客观正确的评判,难以从思想深处重建起重视劳动、热爱劳动、劳动有用的劳动价值观。

2. 大学生劳动认知片面化

现阶段,有些大学生对于劳动的认知存在片面化倾向。从劳动自身而言,劳动本身既有自然属性,又有社会属性。换而言之,"人"的本质即劳动,人通过劳动来改造世界。在劳动过程中,人与自然、人与人之间也在发生着变化。然而,现在大学生对于劳动认知不够全面,没有考虑到劳动的双重属性,片面理解劳动内涵,未能掌握劳动的本质。部分学生认为劳动是存在差别的,这种差别体现在劳动环境、劳动待遇和社会尊重度等方面。

他们认为,脑力劳动价值大于体力劳动,体力劳动相比脑力劳动更为辛苦,体力劳动的收入少、地位低,其劳动价值和获得的精神、物质两方面劳动报酬也更低。有些同学则认为,劳动本质上等同于"挣钱",挣钱则是为了享受。显然以上关于劳动的认知是肤浅的,对劳动本质的理解也是片面的,劳动认知的模糊和片面直接导致了学生理想信念和价值取向的非主流和非正确性,有悖于劳动本质的价值回归和人们尊重劳动热爱劳动的初心使命。

3. 大学生劳动价值取向功利化

在互联网浪潮发展日新月异的背景下,互联网经济对于大学生的价值观造成了冲击。"一夜暴富""网红""主播"等词汇频繁出现在大学生视野中,影响着大学生的价值取向,互联网经济催生的新兴职业误导了大学生的就业去向选择。据有关数据分析,大学生对于"网红"充满了羡慕,有些学生甚至直言"当网红比当科学家更有意义"。低成本、低投入及高收入的行业特点,已经影响到了大学生的价值判断,也充分反映出大学生群体劳动价值功利化的现象。这种功利化的倾向已经严重影响了学生的择业观。

同时,由于近两年经济下行社会压力较大,就业形势不容乐观,毕业生群体中甚至出现了"啃老""躺平"的现象,这些学生认为"只要有钱花就不需要劳动""能挣着大钱的工作才是好工作,值得的工作",显然,这也从侧面反映了学生缺乏端正的劳动态度,渐失吃苦耐劳、脚踏实地、一分耕耘换取一分收获的劳动精神,其劳动价值取向日趋功利化。

教育部关于职业院校专业人才培养方案制订与实施工作的指导意见

(教职成〔2019〕13号)

各省、自治区、直辖市教育厅(教委),各计划单列市教育局,新疆生产建设兵团教育局:

专业人才培养方案是职业院校落实党和国家关于技术技能人才培养总体要求,组织开展教学活动、安排教学任务的规范性文件,是实施专业人才培养和开展质量评价的基本依据。党的十八大以来,职业教育教学改革不断深化,具有中国特色的国家教学标准体系框架不断完善,职业院校积极对接国家教学标准,优化专业人才培养方案,创新人才培养模式,办学水平和培养质量不断提高。但在实际工作中还一定程度存在着专业人才培养方案概念不够清晰、制订程序不够规范、内容更新不够及时、监督机制不够健全等问题。为落实《国家职业教育改革实施方案》,推进国家教学标准落地实施,提升职业教育质量,现就职业院校专业人才培养方案制订与实施工作提出如下意见。

一、总体要求

(一)指导思想

以习近平新时代中国特色社会主义思想为指导,深入贯彻党的十九大精神,按照全国教育大会部署,落实立德树人根本任务,坚持面向市场、服务发展、促进就业的办学方向,健全德技并修、工学结合育人机制,构建德智体美劳全面发展的人才培养体系,突出职业教育的类型特点,深化产教融合、校企合作,推进教师、教材、教法改革,规范人才培养全过程,加快培养复合型技术技能人才。

(二)基本原则

——坚持育人为本,促进全面发展。全面推动习近平新时代中国特色社会主义思想进教材进课堂进头脑,积极培育和践行社会主义核心价值观。传授基础知识与培养专业能力并重,强化学生职业素养养成和专业技术积累,将专业精神、职业精神和工匠精神融入人才培养全过程。

——坚持标准引领,确保科学规范。以职业教育国家教学标准为基本遵循,贯彻落实党和国家在课程设置、教学内容等方面的基本要求,强化专业人才培养方案的科学性、适应性和可操作性。

——坚持遵循规律,体现培养特色。遵循职业教育、技术技能人才成长和学生身心发展规律,处理好公共基础课程与专业课程、理论教学与实践教学、学历证书与各类职业培训证书之间的关系,整体设计教学活动。

——坚持完善机制,推动持续改进。紧跟产业发展趋势和行业人才需求,建立健全行业企业、第三方评价机构等多方参与的专业人才培养方案动态调整机制,强化教师参与教学和课程改革的效果评价与激励,做好人才培养质量评价与反馈。

二、主要内容及要求

专业人才培养方案应当体现专业教学标准规定的各要素和人才培养的主要环节要求,包括专业名称及代码、入学要求、修业年限、职业面向、培养目标与培养规格、课程设置、学时安排、教学进程总体安排、实施保障、毕业要求等内容,并附教学进程安排表等。学校可根据区域经济社会发展需求、办学特色和专业实际制订专业人才培养方案,但须满足以下基本要求。

(一)明确培养目标

依据国家有关规定、公共基础课程标准和专业教学标准,结合学校办学层次和办学定位,科学合理确定专业培养目标,明确学生的知识、能力和素质要求,保证培养规格。要注重学用相长、知行合一,着力培养学生的创新精神和实践能力,增强学生的职业适应能力和可持续发展能力。

坚持把立德树人作为根本任务,不断加强学校思想政治工作,持续深化"三全育人"综合改革,把立德树人融入思想道德教育、文化知识教育、技术技能培养、社会实践教育各环节,推动思想政治工作体系贯穿教学体系、教材体系、管理体系,切实提升思想政治工作质量。

(二)规范课程设置

课程设置划分为公共基础课程和专业(技能)课程两类。

1. 严格按照国家有关规定开齐开足公共基础课程

中等职业学校应当将思想政治、语文、历史、数学、外语(英语等)、信息技术、体育与健康、艺术等列为公共基础必修课程,并将物理、化学、中华优秀传统文化、职业素养等课程列为必修课或限定选修课。高等职业学校应当将思想政治理论课、体育、军事课、心理健康教育等课程列为公共基础必修课程,并将马克思主义理论类课程、党史国史、中华优秀传统文化、职业发展与就业指导、创新创业教育、信息技术、语文、数学、外语、健康教育、美育课程、职业素养等列为必修课或限定选修课。

全面推动习近平新时代中国特色社会主义思想进课程,中等职业学校统一实施中等职业学校思想政治课程标准,高等职业学校按规定统一使用马克思主义理论研究和建设工程思政课、专业课教材。结合实习实训强化劳动教育,明确劳动教育时间,弘扬劳动精神、劳模精神,教育引导学生崇尚劳动、尊重劳动。推动中华优秀传统文化融入教育教学,加强革命文化和社会主义先进文化教育。深化体育、美育教学改革,促进学生身心健康,提高学生审美和人文素养。

根据有关文件规定开设关于国家安全教育、节能减排、绿色环保、金融知识、社会责任、人口资源、海洋科学、管理等人文素养、科学素养方面的选修课程、拓展课程或专题讲座(活动),并将有关知识融入专业教学和社会实践中。学校还应当组织开展劳动实践、创新创业实践、志愿服务及其他社会公益活动。

2. 科学设置专业(技能)课程

专业(技能)课程设置要与培养目标相适应,课程内容要紧密联系生产劳动实际和社会实践,突出应用性和实践性,注重学生职业能力和职业精神的培养。一般按照相应职业岗位(群)的能力要求,确定6~8门专业核心课程和若干门专业课程。

(三)合理安排学时

三年制中职、高职每学年安排40周教学活动。三年制中职总学时数不低于3000学时,公共基础课程学时一般占总学时的1/3;三年制高职总学时数不低于2500学时,鼓励学生自主学习,公共基础课程学时应当不少于总学时的1/4。中、高职选修课教学时数占总学时的比例均应当不少于10%。一般以16~18学时计为1个学分。鼓励将学生取得的行业企业认可度高的有关职业技能等级证书或已掌握的有关技术技能,按一定规则折算为学历教育相应学分。

(四)强化实践环节

加强实践性教学,实践性教学学时原则上占总学时数50%以上。要积极推行认知实习、跟岗实习、顶岗实习等多种实习方式,强化以育人为目标的实习实训考核评价。学生顶岗实习期一般为6个月,可根据专业实际,集中或分阶段安排。推动职业院校建好用好各类实训基地,强化学生实习实训。统筹推进文化育人、实践育人、活动育人,广泛开展各类社会实践活动。

(五)严格毕业要求

根据国家有关规定、专业培养目标和培养规格,结合学校办学实际,进一步细化、明确学生毕业要求。严把毕业出口关,确保学生毕业时完成规定的学时学分和教学环节,结合专业实际组织毕业考试(考核),保证毕业要求的达成度,坚决杜绝"清考"行为。

(六)促进书证融通

鼓励学校积极参与实施"1+X"证书制度试点,将职业技能等级标准有关内容及要求有机融入专业课程教学,优化专业人才培养方案。同步参与职业教育国家"学分银行"试点,探索建立有关工作机制,对学历证书和职业技能等级证书所体现的学习成果进行登记和存储,计入个人学习账号,尝试学习成果的认定、积累与转换。

(七)加强分类指导

鼓励学校结合实际,制订体现不同学校和不同专业类别特点的专业人才培养方案。对退役军人、下岗职工、农民工和新型职业农民等群体单独编班,在标准不降的前提下,单独编制专业人才培养方案,实行弹性学习时间和多元教学模式。实行中高职贯通培养的专业,结合实际情况灵活制订相应的人才培养方案。

三、制订程序

(一) 规划与设计

学校应当根据本意见要求,统筹规划,制定专业人才培养方案制(修)订的具体工作方案。成立由行业企业专家、教科研人员、一线教师和学生(毕业生)代表组成的专业建设委员会,共同做好专业人才培养方案制(修)订工作。

(二) 调研与分析

各专业建设委员会要做好行业企业调研、毕业生跟踪调研和在校生学情调研,分析产业发展趋势和行业企业人才需求,明确本专业面向的职业岗位(群)所需要的知识、能力、素质,形成专业人才培养调研报告。

(三) 起草与审定

结合实际落实专业教学标准,准确定位专业人才培养目标与培养规格,合理构建课程体系、安排教学进程,明确教学内容、教学方法、教学资源、教学条件保障等要求。学校组织由行业企业、教研机构、校内外一线教师和学生代表等参加的论证会,对专业人才培养方案进行论证后,提交校级党组织会议审定。

(四) 发布与更新

审定通过的专业人才培养方案,学校按程序发布执行,报上级教育行政部门备案,并通过学校网站等主动向社会公开,接受全社会监督。学校应建立健全专业人才培养方案实施情况的评价、反馈与改进机制,根据经济社会发展需求、技术发展趋势和教育教学改革实际,及时优化调整。

四、实施要求

(一) 全面加强党的领导

加强党的领导是做好职业院校专业人才培养方案制订与实施工作的根本保证。职业院校在地方党委领导下,坚持以习近平新时代中国特色社会主义思想为指导,切实加强对专业人才培养方案制订与实施工作的领导。职业院校校级党组织会议和校长办公会要定期研究,书记、校长及分管负责人要经常性研究专业人才培养方案制订与实施。职业院校党组织负责人、校长是专业人才培养方案制订与实施的第一责任人,要把主要精力放到教育教学工作上来。

(二) 强化课程思政

积极构建"思政课程+课程思政"大格局,推进全员全过程全方位"三全育人",实现思想政治教育与技术技能培养的有机统一。结合职业院校学生特点,创新思政课程教学模式。强化专业课教师立德树人意识,结合不同专业人才培养特点和专业能力素质要求,梳理每一门课程蕴含的思想政治教育元素,发挥专业课程承载的思想政治教育功能,推动专业课教学与思想政治理论课教学紧密结合、同向同行。

(三) 组织开发专业课程标准和教案

要根据专业人才培养方案总体要求,制(修)订专业课程标准,明确课程目标,优化课程内容,规范教学过程,及时将新技术、新工艺、新规范纳入课程标准和教学内容。要指导教师准确把握课程教学要求,规范编写、严格执行教案,做好课程总体设计,按程序选用教材,合理运用各类教学资源,做好教学组织实施。

（四）深化教师、教材、教法改革

建设符合项目式、模块化教学需要的教学创新团队,不断优化教师能力结构。健全教材选用制度,选用体现新技术、新工艺、新规范等的高质量教材,引入典型生产案例。总结推广现代学徒制试点经验,普及项目教学、案例教学、情境教学、模块化教学等教学方式,广泛运用启发式、探究式、讨论式、参与式等教学方法,推广翻转课堂、混合式教学、理实一体教学等新型教学模式,推动课堂教学革命。加强课堂教学管理,规范教学秩序,打造优质课堂。

（五）推进信息技术与教学有机融合

适应"互联网+职业教育"新要求,全面提升教师信息技术应用能力,推动大数据、人工智能、虚拟现实等现代信息技术在教育教学中的广泛应用,积极推动教师角色的转变和教育理念、教学观念、教学内容、教学方法以及教学评价等方面的改革。加快建设智能化教学支持环境,建设能够满足多样化需求的课程资源,创新服务供给模式,服务学生终身学习。

（六）改进学习过程管理与评价

严格落实培养目标和培养规格要求,加大过程考核、实践技能考核成绩在课程总成绩中的比重。严格考试纪律,健全多元化考核评价体系,完善学生学习过程监测、评价与反馈机制,引导学生自我管理、主动学习,提高学习效率。强化实习、实训、毕业设计(论文)等实践性教学环节的全过程管理与考核评价。

五、监督与指导

国务院教育行政部门负责定期修订发布中职、高职专业目录,制订发布职业教育国家教学标准,宏观指导专业人才培养方案制订与实施工作。省级教育行政部门要结合区域实际进一步提出指导意见或具体要求,推动国家教学标准落地实施;要建立抽查制度,对本地区职业院校专业人才培养方案制订、公开和实施情况进行定期检查评价,并公布检查结果。

市级教育行政部门负责指导、检查、监督本地区中等职业学校专业人才培养方案制订与实施工作,并做好备案和汇总。充分发挥地方职业教育教研机构的研究咨询作用,组织开展有关交流研讨活动,指导和参与本地区职业院校专业人才培养方案制订工作。鼓励产教融合型企业、产教融合实训基地等参与专业人才培养方案的制订和实施,发挥行业、企业、家长等的作用,形成多元监督机制。

《教育部关于制订中等职业学校教学计划的原则意见》(教职成〔2009〕2号)、《关于制订高职高专教育专业教学计划的原则意见》(教高〔2000〕2号)自本意见印发之日起停止执行。

三、新时代劳模精神的内涵及时代价值

（一）新时代劳模精神的内涵

劳模即劳动模范的简称,指在社会主义建设事业中成绩卓著的劳动者,经职工民主评选、有关部门审核和政府审批后被授予的荣誉称号。劳模精神,就是劳动模范体现出的精神。

劳动模范分为全国劳动模范与省、部委级劳动模范,有些市、县和大企业也评选劳动模

范。"劳",表示劳动,这是劳模的基本前提。"模",体现了"示范"和"楷模"的价值导向,具有可近、可来、可信、可学的榜样作用。

劳模是旗帜、是火炬、是形象、是标杆、是品牌、是导向,劳模是珍贵的精神财富,能够引导全社会的劳动者热爱劳动,创造更多的社会财富。每一时期的劳模都具有不同的工作内容和特点,但他们的共同点是主人翁的责任感和艰苦创业的精神。

劳动是劳模精神的基石,劳动者是劳模精神的主体。劳模精神是引领中华民族时代发展先进的、科学的、文明的思想道德和价值取向。劳模精神是一种人文精神,代表的是一个时代的价值观、道德观,展示的是中华民族顽强拼搏、自强不息的崇高品格,体现的是中华民族与时俱进、开拓创新的精神风貌。

劳模精神也在时代发展中不断被赋予新的内涵,新中国成立前是"革命加拼命、苦干加巧干"的革命型,新中国成立初期是"不怕苦、不怕死"的老黄牛型,后来发展为更加注重"知识型、技能型、创新型"的多元化类型。新时代"劳模精神",是劳动者把追求自我实现融入奉献社会的洪流中,是完成最高层次的"自我实现"后的社会反哺,通过个体在工作中的优异表现与强烈的亲社会行为,从而促进社会向和谐有序、生机蓬勃的方向发展,集中表现为爱岗敬业、争创一流,艰苦奋斗、勇于创新,淡泊名利、甘于奉献的精神。

小贴士

亲社会行为又叫利社会行为,是指符合社会希望并对行为者本身无明显好处,而行为者却自觉自愿给行为的受体带来利益的一类行为。亲社会行为可以分为利他行为和助人行为。

新中国成立以来,各行各业涌现出大量的劳动模范。劳模精神作为时代精神,虽然在不同的时代有不同的内容,但劳模精神的主旋律始终不变。

1. 爱岗敬业、争创一流的内涵要义

爱岗敬业、争创一流是劳模精神的本质特征。其中,爱岗敬业是对做好工作的基本要求,争创一流是对先进性的不懈追求。爱岗,概括来说就是热爱自己的工作岗位,热爱自己的本职工作;敬业,概括来说就是以极端负责的态度对待自己的工作。

争创一流,就是在高起点上继续求高,在新起点上继续求新,表现为一种积极奋发的精神风貌。劳动模范是中国梦的领跑人,他们用自身的模范行为带动广大群众立足本职、尽职尽责、精益求精,在平凡的工作岗位上不断追求一流的技术水平,干出一流的工作业绩,创造一流的工作效率,打牢实现中国梦的坚实根基。

2. 艰苦奋斗、勇于创新的内涵要义

艰苦奋斗、勇于创新是劳模精神的品质体现。其中,艰苦奋斗是不畏艰难困苦、坚持奋发进取的工作作风;勇于创新是敢于创新、善于创新的使命担当,是劳模精神的核心。劳动模范是辛勤劳动、创新劳动的实践者,他们把自己先进的工作理念和技术技能传授给普通群众,带动广大群众拓宽新视野、掌握新知识、增强新本领,为实现中国梦凝聚力量。

3. 淡泊名利、甘于奉献的内涵要义

淡泊名利、甘于奉献是劳模精神的优秀品格。其中,淡泊名利是轻视外在名声与利益的崇高境界;甘于奉献是对自己的事业无私奉献不求回报的主动修为。劳模有强烈的事业心和高度的责任感,对党和人民极端负责,如雷锋、焦裕禄、王进喜和孔繁森等。他们默默地为祖国和人民奉献一切,从不计较名利得失,吃苦在前,享受在后。

(二)劳模精神的时代价值

1. 有助于凝聚建设社会主义现代化强国的磅礴力量

中华人民共和国成立以来,尽管每个劳模所处的环境和岗位不同,各自的业绩和贡献也不同,但是他们都用自己的汗水和智慧,为祖国的发展和建设作出了突出贡献。20世纪50年代,以张秉贵、王崇伦、时传祥、向秀丽、郝建秀等为代表的普通劳动者,在平凡的工作岗位上以高度的主人翁责任感和艰苦创业精神,带动了整整一代人为中华人民共和国奠基。

20世纪六七十年代,以铁人王进喜为代表的石油工人,面对天灾人祸,以自力更生、奋发图强的精神,打出了一口口油井,为全国人民树立了榜样。20世纪八九十年代,以陈景润、邓稼先、蒋筑英、罗健夫等为代表的科学家劳模,通过自己的模范行为和骄人业绩为当时的经济发展和社会进步作出了不可磨灭的贡献。20世纪90年代,以孔繁森、李素丽、徐虎为代表的劳动楷模,激励着人们崇尚先进、敬业爱岗,唱响了时代的最强音。

21世纪是一个开拓未来、创造历史的年代,时代在变化,劳模的评判标准和人员构成也在不断变化,但是劳模的本质没有变化。邓建军、牛玉儒、周国知、马祖光、林毅夫等来自不同行业的劳动模范,为全面建成小康社会,推动社会主义政治建设、经济建设、文化建设、社会建设、生态建设及党的建设作出了巨大贡献。

当今,随着小康社会的全面建成,我国将开启全面建设富强民主文明和谐美丽的社会主义现代化国家的新征程,我们正站在实现社会主义现代化和中华民族伟大复兴的新的历史起点上。"行百里者半九十。中华民族伟大复兴,绝不是轻轻松松、敲锣打鼓就能实现的。"需要全国各族人民团结起来,共同为这一目标的实现付出艰苦的努力。

我们在新时代弘扬劳模精神,就是倡导所有劳动者要发扬主人翁责任感和艰苦奋斗精神,以忘我的劳动热情和无私的奉献精神,强烈的开拓进取意识和创新求实精神,良好的职业道德和爱岗敬业精神,集体担负起对职业、对社会、对国家的道德感、责任感、使命感,凝心聚力朝着党中央确定的目标奋勇前行。

2. 有助于增强人民群众对劳动观的正确认识

随着经济全球化不断加深、市场经济观念不断冲击,一些诸如功利主义、享乐主义、消费主义、个人主义等不良价值倾向肆意冲击着人们的道德观和劳动观,一些人妄图不劳而获却不愿勤劳致富、只愿投机钻营却不愿脚踏实地、只求个人利益却不愿为他人和社会奉献。这些思想和行为的存在,在一定程度上阻碍了社会的进步与发展。为使劳动成为个体劳动社会化的需求、成为人的自由全面发展的根本需求、成为构建和谐劳动关系的需求,就需要在全社会大力弘扬劳模精神。

小贴士

劳动社会化是指孤立、狭小的劳动转变为由紧密的大规模分工和协作联系起来的共同劳动过程，主要包括生产资料使用的社会化、劳动操作过程的社会化、劳动成果的社会化。

人的全面发展最根本的是指人的劳动能力的全面发展，即人的智力和体力的充分、统一的发展。同时，也包括人的才能、志趣和道德品质的多方面发展。

和谐劳动关系是指劳动过程中的主体与客体之间的和谐关系，包括人与人、人与物（自然环境劳动条件等）的关系。

劳模和劳模精神是劳模群体先进性的高度浓缩，是时代的产物。随着社会不断地向前发展，就需要有想在先、干在先的带头人。我国开展劳模评选活动，本身就是一种激励形式，目的就是要树立榜样，让所有人都向榜样看齐。榜样是最好的说服，一个劳动典型，就是一面旗帜、一根标杆、一个楷模。通过树立劳模，提倡什么、反对什么、弘扬什么、摒弃什么，一目了然。

劳模在工作中表现出来的职业精神、工作创新精神和高尚品德的连锁效应，价值远远超过了劳模在本职岗位上所做出的成绩本身，而这正是劳模精神重要的社会价值。因此，弘扬劳模精神，有助于进一步阐释新时代劳模精神的科学内涵、历史定位、价值评判，以促进人民的理性认同；有助于让"劳动光荣"的价值理念深入人心，让勤于劳作、敢于担当、忠于奉献的业绩观全面武装人们的价值防线；有助于让工匠精神深入人心，以崇尚技艺、崇尚传承、崇尚创新的价值观念扭转当前社会中投机取巧、好大喜功、急于求成的浮躁之风，通过提高从业者的技艺水平与职业素养进一步提升产品质量、完善供需结构。

3. 有助于传承创新和发展中国特色社会主义文化

中国特色社会主义文化，源自中华民族五千多年文明历史所孕育的中华优秀传统文化，熔铸于党领导人民在革命、建设、改革中创造的革命文化和社会主义先进文化，植根于中国特色社会主义伟大实践。以劳模精神为核心的劳模文化是中华民族优秀传统文化和时代精神的融合，体现着中国先进生产力和生产关系的发展要求，反映着中国最广大人民群众的利益愿望，昭示着时代前进的方向，是广大劳动人民的价值追求与奋斗方向，是中国特色社会主义先进文化和中华文明的重要组成部分。

当今时代，知识经济快速发展，劳模是企业和社会宝贵的无形资产，通过他们的影响力和感召力，可以号召、鼓舞、引领企事业单位广大职工和人民群众投入以情感认同为基础、以理性共识为选择、以道德标准为规约的劳动实践过程，从而为国家和社会多做贡献。

（三）培育当代大学生劳模精神的重大意义

在高校开展劳模精神教育，有利于大学生以劳模为榜样，自觉感悟劳模身上那种对职业、对社会、对国家的道德感、责任感和使命感，以及强烈的主人翁意识、艰苦创业精神、忘我的劳动热情、无私奉献的精神、良好的职业道德和爱岗敬业精神，进而产生向劳模看齐的强烈愿望。

1. 对于培育当代大学生践行社会主义核心价值观具有重要作用

劳模精神作为民族精神与时代精神的重要内容，是社会主义核心价值观的具象化、人格化和现实化。

一方面，劳模是遵循社会主义核心价值观的典范样本，是社会主义核心价值观的模范实践者、生动传播者和最有说服力的检验者；另一方面，劳模之所以能够生成劳模精神，能够成为全社会学习的典范,原因就在于其主动自觉地遵循并践行了社会主义核心价值观。

针对培育当代大学生践行社会主义核心价值观的重大意义,习近平总书记曾指出:"青年的价值取向决定了未来整个社会的价值取向,而青年又处于价值观形成和确立的时期,抓好这一时期的价值观养成十分重要。人生的扣子从一开始就要扣好。"无疑,学习劳模事迹,践行劳模精神,有助于引导当代大学生以劳模为标杆,在劳模精神的指引下,加强道德修养,提升思想境界。

劳模精神与社会主义核心价值观的内在联系

劳模精神与社会主义核心价值观在文化传承方面,均植根于中华优秀传统文化和社会主义先进文化的沃土。

在爱国情怀方面,"热爱国家"是劳模评选的首要条件,是社会主义核心价值观的第一个基本理念,二者体现着共同的价值导向。在道德提升方面,劳模精神包含的"敬业、创新、奉献"品质,与社会主义核心价值观倡导的公民基本道德标准,以及公民德育教育的目标定位具有一致性,二者都是高校德育教育的重要内容。

在教育导向方面,劳模精神在不同的历史时期都起到了调动社会情绪、整合社会力量、增添人民信心、鼓舞人民斗志的积极作用,社会主义核心价值观则是当代中国精神的集中体现,凝结着全体人民共同的价值追求,二者都是社会主义核心价值体系的重要内容,具有共同的文化整合功能和教育导向功能。

众多实践证明,榜样的力量是无穷的。当代大学生通过了解掌握劳动模范的先进事迹和生动案例,近距离感知和领悟劳模精神,可以实现润物无声、潜移默化的自我教育,同时也能为大学生自觉践行社会主义核心价值观提供学习素材和精神支撑,进而促进其勤奋学习、勤于钻研、勤勉敬业,争做践行社会主义核心价值观的典范。

2. 对于深化当代大学生的爱国情怀具有重要作用

新时代的爱国主义,不只在枪林弹雨中辉煌,也不只在惊涛骇浪前闪光;不只在飞船卫星上凝聚,也不只在紧急危难时高扬。在平凡普通的岗位上,处处都能体现爱国情怀,如爱岗敬业同样可以升华和弘扬爱国精神。

岗位上的无私奉献是劳模精神的主旋律,从革命战争时期革命根据地兵工事业的开拓者吴运铎,到社会主义建设探索时期的掏粪工人时传祥、刀具工人马学礼、石油工人王进喜,再到改革开放时期的技术工人孔祥瑞、光学科学家蒋筑英等,历代劳动模范和先进工作者都彰显着深厚的爱国情怀。

弘扬劳模精神,有助于大学生正确地理解甘于奉献的含义,正确地认识个人与集体和国家的关系、理想与现实的关系,从而激励当代大学生志存高远,在国家发展和民族复兴中规划青春、奋力拼搏、奉献自我,将个人梦想融入国家和民族的事业中,用奋斗书写无愧于时代的青春之歌和精彩人生。

3. 对于培养当代大学生的奋斗精神具有重要作用

奋斗精神作为中国精神的有机组成部分,有着深厚的价值内涵和深远的时代意蕴。习近平总书记在全国教育大会发表重要讲话时特别强调:"要在培养奋斗精神上下功夫,教育引导学生树立高远志向,历练敢于担当、不懈奋斗的精神,具有勇于奋斗的精神状态、乐观向上的人生态度,做到刚健有为、自强不息。"中国特色社会主义新时代是奋斗者的时代,一个伟大的时代,总要有奋发向上的精神引领和令人感奋的创造激情。

劳动模范是民族的精英、国家的栋梁、社会的中坚,他们身上涌动着创造、创新、创业的激情,并以炽热的报国情怀、精湛的专业技能在各自岗位上建功立业,托举起了一个国家、一个民族的梦想。当代大学生在校期间弘扬劳模精神,学习劳模先进事迹,有利于正确看待体力劳动和脑力劳动的分工,正确看待不同职业之间的收入差异,正确理解付出与回报的辩证关系,从而自觉地把人生理想、家庭幸福融入国家富强和民族复兴的伟业之中。

同时,一些新时代劳模的事迹和精神,还能够帮助大学生理性地面对求职就业、职业发展、创新创业中遇到的困难挫折,激发大学生攻坚克难的斗志,为将来成长为知识型、技能型、创新型劳模奠定基础。

结尾案例

"时代楷模"——张桂梅

张桂梅,女,满族,1957年6月出生,中共党员,云南省丽江华坪女子高级中学党支部书记、校长,华坪县儿童福利院院长。曾荣获"时代楷模""全国优秀共产党员""全国先进工作者""全国师德标兵""全国最美乡村教师""全国脱贫攻坚楷模""感动中国2020年度人物"等荣誉称号。

张桂梅同志坚守教育报国初心,牢记立德树人使命,扎根贫困地区40多年,立志用教育扶贫斩断贫困代际传递,倾力建成全国第一所全免费女子高中,让1600余名贫困山区女学生圆梦大学,托举起当地群众决战决胜脱贫攻坚的信心希望。

张桂梅同志坚守初心、对党忠诚,响应党的号召,毅然到云南支援边疆建设,跨越千里、辗转多地,无怨无悔。她创办免费女子高中,帮助数千名山区女孩改变命运,为国家输送了一批又一批莘莘学子。她坚决贯彻党的教育方针,将坚定的理想信念融入办学体系,用红色教育为师生铸魂塑形。2000年,她在领取劳模奖金后,把全部奖金5000元一次性交了党费。她把对党的忠诚和对人民的热爱渗透在血脉里,充分展现了一名共产党员初心如磐的精神品质和至诚至深的家国情怀。

张桂梅同志爱岗敬业、爱生如子,为了不让一名女孩因贫困失学,坚持家访11年,遍访贫困家庭1300多户,行程十余万公里。她长期拖着病体工作,超量的付出透支了原本羸弱的身体,但却换来了女子高中学生的好成绩。她不遗余力地践行着"只要我还有一口气,就要站在讲台上"的诺言,用实际行动铺就贫困学子用知识改变命运的圆梦之路。

多年来她一直住在学生宿舍,和孩子们吃住在一起,陪伴学生学习生活。她在教书育人岗位上为贫困地区教育事业作出了重要贡献,她的事迹充分体现了人民教师潜心育人的敬

业精神和立德树人的使命担当。

张桂梅同志执着奋斗、无私奉献,心怀大我,对自己近乎苛刻的节俭,却把工资、奖金和社会各界捐款100多万元全部投入贫困山区教育中。长期义务兼任华坪福利院院长,多方奔走筹集善款,20年来含辛茹苦养育136名孤儿,被孩子们亲切称呼为"妈妈"。她把全部身心献给了祖国西南贫困山区的教育和福利事业,在她身上可以充分体会到人民教师以德施教的仁爱之心和至善至美的师者大爱。

(资料来源:中华人民共和国教育部网站)

【思考题】

1. 从张桂梅老师身上我们学习到了什么?
2. 是什么样的精神让她一直在教育战线默默付出?

一、选择题

1. 培育当代大学生劳模精神的意义是（　　）。
   A. 可以培育当代大学生践行社会主义核心价值观
   B. 可以培育当代大学生的奋斗精神
   C. 深化当代大学生的爱国情怀
   D. 可以成为大国工匠

2. （　　）培育的重点在于引导学生树立对职业的敬畏感、对工作极度负责的执着追求、对产品不断追求完美的态度。
   A. 工匠精神　　　B. 劳模精神　　　C. 劳动精神　　　D. 劳动纪律

3. 工匠精神体现了从业者在从业过程中形成的职业素养与职业品质,是优秀传统文化在物质生产中的转化与创新,展现劳动者独特的精神风貌和独有的技艺。所谓工匠精神就是指（　　）的职业精神。
   A. 执着专注　　　B. 精益求精　　　C. 一丝不苟　　　D. 追求卓越

4. 劳动精神伴随劳动实践而产生,是关于劳动的理念认知、价值追求、劳动状态和行为实践的集中体现。在长期实践中,人们培养了（　　）的劳动精神。
   A. 崇尚劳动　　　B. 热爱劳动　　　C. 辛勤劳动　　　D. 诚实劳动

5. 劳动素养对大学生未来职业发展起到了巨大的作用,也在一定程度上决定了国家未来的发展方向。因此提高大学生劳动素养成为当前迫切的教育任务,必须要（　　）。
   A. 树立正确的劳动观　　　　　B. 积极参加劳动实践
   C. 培养良好的劳动习惯　　　　D. 遵守劳动纪律

二、判断题（请判断对错,正确的打√,错误的打×）

1. 在校大学生应该主动地提升个人劳动素养,为未来职业发展打下良好的基础。同时锻炼出良好的劳动心理和品质,塑造积极、乐观、认真的劳动精神风貌,为参与全面建设社会主义现代化国家做好准备。（　　）

2. 面对百年未有之大变局,中国想要实现从"制造大国"向"制造强国"的跨越,必然离不开大批高素质技术技能型的大国工匠。因此,高职院校的人才培养要以大国工匠为目标,进一步把工匠精神、劳模精神和劳动精神融入人才培养的全过程,培养学生具备成熟的职业人所具有的专注踏实、勇于创新、精益求精的态度和精神,进一步提升人才培养质量。(　　)

3. 劳模精神是引领中华民族时代发展先进的、科学的、文明的思想道德和价值取向。劳模精神是一种人文精神,代表的是一个时代的价值观、道德观,展示的是中华民族顽强拼搏、自强不息的崇高品格,体现的是中华民族与时俱进、开拓创新的精神风貌。(　　)

4. 工匠精神、劳模精神和劳动精神培育的重点在于引导学生树立对职业的敬畏感、对工作极度负责的执着追求、对产品不断追求完美的态度。因此,高职院校要充分依托"产教融合,校企合作"的育人模式,让学生深入企业一线实习锻炼,在具体工作中培养学生的工匠精神和劳动精神。(　　)

5. 诚实劳动是新时代底色。在全面深化改革开放中,生产已经从粗放型向集约型的绿色经济转型发展。劳动从简单劳动向复杂劳动、智能化劳动转变,从体力劳动主导向精英式现代化劳动转换,从"差不多"先生向劳模工匠精神提升。诚实劳动正是这一切转变、转换的内驱力。(　　)

三、实践场景

"劳动精神大家讲""劳模故事大家讲""工匠精神大家讲"活动

1. 实践目的

(1) 通过实践,深刻理解劳动精神、劳模精神、工匠精神的内涵。

(2) 学会在分工合作中,养成团结协作的劳动观念。

以小组为单位事先抽取题目,组内成员利用课余时间收集先进人物的先进事迹,并根据故事设计制作不少于 3 分钟的微视频,以小组为单位在班级内以 PPT+视频的形式进行分享。

2. 实践准备

(1) 准备题目,包括"劳动精神大家讲""劳模故事大家讲""工匠精神大家讲"。

(2) 将班级同学分成若干小组,每组至少 5 人。

(3) 抽取题目,组内成员进行合理分工。

(4) 收集人物的先进事迹。

3. 实践流程

(1) 根据收集到的人物事迹,整理出对劳动精神(或劳模精神、工匠精神)的阐释。

(2) 制作不少于 3 分钟的微视频。

(3) 制作分享用的 PPT。

(4) 课堂分享,每组成员一人主要汇报,其他组员可以进行补充发言。分享内容主要围绕先进事迹主要内容、最令人感动的地方、可以学习的是什么展开。

(5) 采取全体投票的方式评选出不同名次,并将此作为各组学生的平时成绩。

4. 实践要求

对劳动精神、劳模精神、工匠精神的理解能体现在微视频制作的文案中,组内成员能够注意分工协作,互帮互助,积极参加。

第三章 劳动法律权益和安全保护

学习目标

(1) 对劳动法律法规体系掌握基本认知。
(2) 熟悉劳动者享有的合法、有效权利。
(3) 在劳动过程中懂得保护自身劳动安全,规避危害生命安全和身体健康的劳动行为。
(4) 了解劳动者的权利与义务。

导入案例

以发放高温津贴取代防暑降温物品?

以往,小徐所在的建筑公司只给职工发放解暑饮料和药品,从未发放过高温津贴。今年公司宣布,为了提高职工福利待遇,按法定月份发放高温津贴。小徐和同事听后很是高兴,但他们很快就发现,往年夏季天天发的解暑物品不见了。

对此,公司解释说,发了高温津贴,解暑物品就不提供了,职工可以根据实际需要自行购买,避免浪费。

小徐质疑:公司发了高温津贴,就可以取代解暑物品吗?

(资料来源:"学习强国"学习平台,有删减)

【案例分析】 防暑降温物品属于劳动保护措施,高温津贴是对劳动者额外劳动消耗的补偿,这两项费用性质不同、保护目的不同,二者不仅不能相互冲抵,劳动者还可以兼得。

《办法》第九条规定:"用人单位应当向劳动者提供符合要求的个人防护用品,并督促和指导劳动者正确使用。"

《办法》第十一条规定:"用人单位应当为高温作业、高温天气作业的劳动者供给足够的、符合卫生标准的防暑降温饮料及必需的药品。不得以发放钱物替代提供防暑降温饮料。防暑降温饮料不得充抵高温津贴。"

根据上述规定,公司虽然发放了高温津贴,但其应尽的劳动保护义务不能免除,仍然应当向从事高温作业的职工提供毛巾、肥皂、清凉油、清凉饮料等防护用品,以加强对他们的劳动保护。

第一节 劳动安全和劳动保护的基本内容

一、劳动安全的基本概念

(一)劳动安全认知(劳动安全是什么)

安全是人类生存与发展的最基本要求,是生命与健康的基本保障。劳动安全,又称职业安全,是劳动者享有的在职业劳动中人身安全获得保障、免受职业伤害的权利。广义的劳动安全包括人身安全和健康两部分内容。

《经济、文化和社会权利国际公约》第7条规定,缔约各国承认人人有权享受公正和良好的工作条件,特别要保证安全和卫生的工作条件。作为公约的缔约国,对于劳动者的这项权利,国家应该以立法形式加以确认并提供完善的保护。

(二)重大劳动安全事故构成要件

(1)工厂、矿山、林场、建筑企业或者其他企业、事业单位的劳动安全,即劳动者的生命、健康和重大公私财产的安全。

(2)厂矿等企业、事业单位的劳动安全设施不符合国家规定,经有关部门或单位职工提出后,仍不采取措施,因而发生重大伤亡事故或者造成其他严重后果的行为。

(3)单位中对排除事故隐患,防止事故发生负有职责义务的主管人员和其他直接责任人员。本罪在主观方面表现为过失,有关直接责任人员在主观心态上只能表现为过失。

二、劳动保护的必要性

(一)做好劳动保护的重要性

每个人从事的工作都不一样,有的工作可能存在着一定的风险,劳动者可能会受到伤害,所以有必要做好安全防护措施,保障劳动者的安全。

(二)劳动保护的基本内容

(1)新建、改建、扩建工程项目(以下简称建设工程项目)的劳动安全卫生设施,必须符合国家标准和行业规范,与主体工程同时设计、同时施工、同时投入生产和使用。

(2)劳动场所及其安全卫生设施必须符合国家标准和行业规范。储运、使用各种易燃、易爆、剧毒、强腐蚀等危险物品时,应有可靠的安全防护设施、报警装置以及紧急情况下的安全处置措施和救援措施;安全标志应齐全、规范。

(3)各种机械、电气设备的设计、制造、安装要符合国家标准和行业规范,使用单位要建立使用、检修、保养、报废制度,不得违章运行,对人体有伤害的危险部位,应设有防护装置;

对不符合要求又无法改造的设备,必须停止使用。

(4) 从事锅炉、压力容器、压力管道、起重机械、电梯、厂内机动车辆等特种生产设备的设计、制造、安装、维修单位,应按国家规定进行安全认证;在用的特种生产设备应按国家标准和行业规范进行安全检验。

(5) 特种作业人员必须按国家规定接受专门安全技术培训,取得特种作业资格证后方可上岗作业。

(6) 劳动防护用品的设计和生产,必须符合国家标准和行业规范;特种劳动防护用品必须取得生产许可证后,方可批量生产,并接受劳动行政部门定期抽检;特种劳动防护用品实行定点销售。

(7) 用人单位存在重大事故隐患和严重职业危害的,由劳动行政部门责令限期治理,逾期不治理的,收取重大事故隐患与劳动条件治理费或由劳动行政部门提请县级以上人民政府决定,责令停产整顿。收取治理费的,在其实施治理后,将收取的治理费按95%返还给原用人单位。具体征收管理办法由省人民政府制定。

矿山劳动安全法律、法规另有规定的,从其规定。

三、如何做好劳动保护

中华人民共和国成立以后,劳动者成为国家的主人,国家的立法非常重视对劳动者权益的保护。从1954年颁布的中华人民共和国第一部宪法,到其后的许多行政法规、劳动规章和政策,对此都有明显的体现。正是这些侧重保障劳动者权益的诸多规定,极大地调动了广大劳动者的生产热情和积极性,推动了我国社会主义建设的飞速发展。

随着我国经济体制的改革和市场经济体制的逐步建立,劳动体制也进行了一系列改革。特别是多种所有制经济以及多种经营方式的出现,改变了过去计划经济体制下劳动者既是国家主人又是企业主人的身份。

在许多非公有制用人单位,劳动者的权益受到侵害的情况较为严重,导致劳动关系紧张,进而影响到社会稳定。劳动关系的这种现状,迫切需要通过劳动法律法规加以调整,以维护劳动者的合法权益,《中华人民共和国劳动合同法》正是在这种情况下制定并颁布实施的。

(一) 用人单位劳动安全卫生责任

(1) 用人单位必须认真落实劳动安全卫生保障措施,建立健全本单位劳动安全卫生规章制度和操作规程。用人单位的法定代表人是本单位劳动安全卫生工作的第一责任人,应对本单位的劳动安全卫生工作全面负责。法定代表人应定期向职工代表大会或职工大会报告劳动安全卫生工作情况,接受劳动者的监督。

(2) 用人单位在与劳动者签订的劳动合同中,应有劳动保护和劳动条件的内容。禁止签订发生伤亡事故由劳动者自行负责的合同条款。

(3) 用人单位必须按国家有关规定和行业特点设置劳动安全卫生管理机构,配备劳动安全卫生管理人员。劳动安全卫生管理人员必须具备必要的劳动安全卫生专业知识和相应的工作经验;其待遇不低于同等生产管理人员。

(4) 用人单位应按行业特点从固定资产折旧额中按一定比例逐年提取安全技术措施费用,建立安全技术措施基金,专款专用。

(5) 用人单位应保障劳动安全卫生设施的正常运转,及时检查发现事故隐患,并对粉尘、毒物、高温、噪声、体力劳动强度进行检测分级,对事故隐患和不符合国家规定的劳动条件,必须限期进行治理。

(6) 用人单位必须对劳动者进行安全教育和培训。对新进人员应进行厂、车间、班组三级安全教育;对调换工种、长假后复工、改用新操作方法和设备的人员应重新培训。

(7) 用人单位必须对从事有职业危害的劳动者定期进行健康检查,对确诊为患有职业病的,应按照有关规定予以治疗和妥善安置。

(8) 用人单位必须按国家有关规定,发给劳动者劳动防护用品、用具,并使劳动者掌握使用方法。

(9) 劳动者在劳动过程中必须遵守劳动纪律和安全操作规程。对违章作业的,用人单位应及时纠正。劳动者对用人单位管理人员违章指挥、强令冒险作业,有权拒绝执行;对危害生命安全和身体健康的行为,有权提出批评、检举和控告,用人单位不得对其刁难或打击报复。

(二) 劳动者做好劳动保护和权益维护

在我国,劳动者享有广泛的权利,诸如就业权、签订劳动合同权、劳动报酬权、休息休假权、劳动安全卫生保护权、职业培训权、获得社会保险福利权、提请劳动争议处理权等。劳动安全卫生保护权是劳动者在劳动过程中依法享有并得到法律保障的重要权利。

劳动过程中,劳动者依法享有对用人单位管理人员违章指挥、强令冒险作业拒绝执行的权利,对危害生命安全和身体健康的行为提出批评、检举和控告的权利,对违反劳动法的行为进行监督的权利等。劳动者要提高自身素质,学法懂法用法。一旦发生争议纠纷,要及时请工会维权或者聘请律师代理,寻求法律援助。

劳动者有权抵制违章指挥。《中华人民共和国劳动合同法》第32条规定:劳动者拒绝用人单位管理人员违章指挥、强令冒险作业的,不视为违反劳动合同。劳动者对危害生命安全和身体健康的劳动条件,有权对用人单位提出批评、检举和控告。拒绝违章冒险作业不属于"罢工"。

(三) 劳动保护监察

近年来,我国经济高速增长,取得了世人瞩目的成就。但是,在经济快速增长的背后却付出了巨大的社会成本,如生态环境恶化、自然资源枯竭等,其中也包括越来越严重的劳动安全问题。随着各类生产安全事故频繁发生,安全生产制度保障迫在眉睫。

劳动安全问题,一方面受到生产技术手段制约;另一方面可以通过适当的制度规范和经济投入有效地减少其危害性。劳动者在生产活动中能否保障自身安全,多数时候很难依靠企业的自觉或自发调节来实现。由于外部性、信息不对称等因素的普遍存在,必须运用有效的政府监管手段来加以保障。

1. 外部性与劳动安全监管

经济外部性是经济主体(包括厂商或个人)的经济活动对他人和社会造成的非市场化的影响。给人们生命带来的威胁性的疾病、医疗事故、劳动灾害、交通运输、矿山开采和拉动作业等。

一旦发生透水、瓦斯爆炸、坍塌等恶性事故,会出现大量人员伤亡,浪费巨大的社会成本。如果没有政府的有效干预,以追逐利润最大化为目标的企业不可能主动承担起维护劳动安全的成本。所以,必须通过有效的立法、司法和执法过程,借助政府监管来约束企业安全生产,维护劳动安全。或防患于未然,或对违法者进行惩处,或对受害者进行赔偿救济,使得生产企业承担起其应当承担的安全生产成本,通过将负外部性内部化来实现社会公正的目标。

2. 信息不对称与劳动安全监管

信息不对称是指信息在各经济主体之间的非均衡分布。信息不对称在市场经济中普遍存在,它会造成市场交易双方的利益失衡,影响社会的公平、公正原则以及资源的配置效率。

劳动安全问题就具有很强的内部性。比如,由于劳动者缺乏对生产安全方面的知识、信息,再加上供过于求的劳动力市场状况,使得他们在交易中处于不利地位;企业一方则可以利用自身的信息和交易优势,不顾工作环境和条件的危险程度,在没有安全保障的情况下让劳动者从事风险性极高的工作,由于劳动者缺乏有关工作场所安全的信息,被动地承担了没有在交易条款中反映的成本。

例如,许多工人对他们在工作场所中所面临的危险几乎没有了解,对接触有害化学品而造成的长期健康影响缺乏认识,在工作中更是缺乏必要的劳动防护措施;雇主往往故意隐瞒或低估劳动风险以避免这些风险可能带来的工资赔偿。在这种情况下,通过政府的有效监管,迫使企业完善安全生产条件,尽量减少和弥补劳动伤害的发生,是不可替代的解决办法。

第二节 劳动安全常识

一、劳动保护的一般常识

对"三新"(新入职、新改职、新提职)的人员必须进行安全生产知识教育,经考试合格后方可持证上岗工作。一般作业人员要定期进行安全教育和考试,未经有关部门培训合格、定期复审并颁发特种作业操作证的人员,严禁从事特种作业。

在采用新的生产方法,安装新的设备或换岗工作时,必须对从业人员进行新操作方法和新岗位的安全教育,经考试合格后方准上岗。学徒工、实习人员等在参加劳动、学习期间,不得单独盯岗。

从业人员班前要充分休息,严禁班前、班中饮酒;严禁脱岗、串岗、私自替班或换班。从业人员在作业中必须按规定着装、佩戴劳动防护用品和正确使用防护用具,严格执行安全技术操作规程。

从业人员每次工作前，必须检查和试验设备、工具以及安全防护用品的完好情况；设备运行过程中，严禁身体侵入设备运转部位，发现不良状态应立即停用；作业完毕必须切断电源。

患有心脏病、癫痫病、精神病、严重贫血等禁忌证的人员不得从事高处、巡护、特种等作业。在雷电来临或雷电期间，禁止进行室外电气作业及高处作业，严禁修整避雷器、地线。夜间作业必须有足够的照明和可靠的安全措施。

使用的各种手持带电工具、移动式电动工具和设备，应接地良好，并装有合格的漏电（触电）保护器。

禁止使用汽油、酒精等易燃物品清洗使用中的设备电接点或擦洗地面。使用汽油或松香水时，禁止烟火。

工作、休息场所不得私用电炉。如使用火炉取暖，要安妥烟筒，保证通风良好，以防煤气中毒。

二、常见事故的预防措施

（一）触电事故的预防

预防触电的基本措施如下。
(1) 电气安全作业人员安装电器必须符合绝缘和隔离要求。
(2) 拆除电气设备要彻底，不留死角。
(3) 电气设备金属外壳要有效接地。
(4) 正确使用绝缘手套、鞋、夹钳、杆和验笔等安全工具。

（二）机械伤害事故的预防

预防机械伤害的基本措施如下。
(1) 检修、检查机械设备时重视安全措施。
(2) 不要在机械运行中进行清理、检修；设备断电后，要等设备惯性运转彻底停止再开始作业。
(3) 检查安全装置，如皮带轮、飞轮等要安装防护罩。
(4) 电源开关布置要合理，多台设备共用一个开关控制要注意。
(5) 不可任意进入机械危险作业区进行采样、借道、取物。
(6) 严禁好奇心驱使随意乱动机械或违规操作。

（三）车辆及交通事故预防

1. 搭乘班车、公交车安全注意事项

(1) 严禁携带易燃易爆、危险化学品乘车。
(2) 严禁将头、手伸出窗外。
(3) 不在车内吵闹、不与司机交谈。

(4) 不往车外抛弃物品。

2. 自驾车上下班安全注意事项

(1) 遵守交通法规,提高安全意识,切实保障人身安全。

(2) 驾驶摩托车途中戴好安全帽,警惕驾驶。

(3) 不飙车,不酒后驾车。

(4) 车辆出入公司或厂门时要减速行驶,配合保安的检查。

3. 驾驶机动车辆安全注意事项

(1) 在作业区主干道行驶注意控制车速。

(2) 在拥挤的场所作业时,注意观察岔道、绳索、出入口或悬挂物。

(3) 禁止超载,禁止用人作为附加平衡重,禁止搭载作业无关人员。

(4) 身体过度疲劳或患病有碍行车安全时,不得驾驶机动车作业。

(5) 人员不得尾随机动车进行作业。

(四) 职业危害预防

1. 未佩戴防护用品粉尘对人体的危害

(1) 生产性粉尘引起尘肺。

(2) 吸入金属粉尘(铁、钡、锡等)可引起粉尘沉着症。

(3) 某些有机粉尘(如发霉的稻草、羽毛)可引起间质肺炎或外源性过敏性鼻炎、皮炎、湿疹或支气管炎。

2. 未进行防护时噪声对人体的危害

(1) 使大脑皮层兴奋,导致条件反射异常,脑血管张力遭到损伤。

(2) 将导致心跳过速、心律不齐。

(3) 导致血管痉挛、血压升高。

(4) 导致消化液分泌异常、胃收缩功能减退,消化不良、食欲不振、恶心呕吐,使胃病发作率增高。

3. 防止高温中暑的安全注意事项

(1) 减少劳动者在高温地点的接触时间。

(2) 加强作业现场的通风。

(3) 高温区域要设进气口并开侧窗,利用空气对流进行通风降温。

(4) 加强医疗配给,急救箱内应保证药品的正常供给。

第三节　劳动法律法规体系

为保护劳动者权益不受侵犯,我国于1995年起陆续实施了《劳动法》《劳动合同法》《劳动合同法实施条例》《社会保险法》等一系列法律法规。在新时代社会经济发展的过程中,多方面因素对劳动者以及运营主体都产生了不利的影响。例如,目前关于"996"工作制的热烈讨论就聚焦于超长的工作时间对劳动者的合法权益的侵犯。

从《劳动法》来看,这种情况存在着一定的违法性质。此外,《劳动法》中明确了竞业禁止的规定,可以有效保护企业的合法权益,为新时代社会主义市场经济的良好发展创造相应的环境,这些都是《劳动法》中包含的法律问题。

一、劳动法的概念及主要内容

(一)劳动法的基本概念

劳动法(labour law)是调整劳动关系以及与劳动关系密切联系的社会关系的法律规范的总称。它是资本主义发展到一定阶段而产生的法律部门,是从民法中分离出来的法律部门,是一种独立的法律部门。这些法律条文规管工会、雇主及雇员的关系,并保障各方面的权利及义务。

我国《劳动法》是指 1994 年 7 月 5 日八届人大通过,1995 年 1 月 1 日起施行的《中华人民共和国劳动法》。从广义上讲,《劳动法》是调整劳动关系的法律法规,以及调整与劳动关系密切联系的其他社会关系的法律规范的总称。

(二)劳动法的主要内容

(1) 劳动者的主要权利和义务。
(2) 劳动就业方针政策及录用职工的规定。
(3) 劳动合同的订立、变更与解除程序的规定。
(4) 集体合同的签订与执行办法。
(5) 工作时间与休息时间制度。
(6) 劳动报酬制度。
(7) 劳动卫生和安全技术规程等。

二、劳动法的基本原则

(一)劳动既是权利又是义务的原则

1. 劳动是公民的权利

每一个有劳动能力的公民都有从事劳动的同等的权利。
(1) 对公民来说意味有就业权和择业权在内的劳动权。
(2) 有权依法选择适合自己特点的职业和用工单位。
(3) 有权利用国家和社会所提供的各种就业保障条件,以提高就业能力和增加就业机会。

2. 劳动是公民的义务

劳动者一旦与用人单位发生劳动关系,就必须履行其应尽的义务,其中最主要的义务就是完成劳动生产任务。

（二）保护劳动者合法权益的原则

1. 偏重保护和优先保护

劳动法在对劳动关系双方都给予保护的同时，偏重于保护处于弱者地位的劳动者，适当体现劳动者的权利本位和用人单位的义务本位，劳动法优先保护劳动者利益。

2. 平等保护

全体劳动者的合法权益都平等地受到劳动法的保护，包括各类劳动者的平等保护，特殊劳动者群体的特殊保护。

3. 全面保护

劳动者的合法权益，无论它存在于劳动关系的缔结前、缔结后或是终结后都应纳入保护范围之内。

4. 基本保护

对劳动者的最低限度保护，也就是对劳动者基本权益的保护。

（三）劳动力资源合理配置原则

（1）双重价值取向：配置是否合理的标准是能否兼顾效率和公平的双重价值取向，劳动法的任务在于，对劳动力资源的宏观配置和微观配置进行规范。

（2）劳动力资源宏观配置：即社会劳动力在全社会范围内各个用人单位之间的配置。

（3）劳动力资源的微观配置：处理好劳动者利益和劳动效率的关系。

三、权利与义务

（一）劳动者的权利

1. 平等就业的权利

《劳动法》规定，凡具有劳动能力的公民，都有平等就业的权利，即劳动者拥有劳动就业权。

2. 选择职业的权利

《劳动法》规定，劳动者有权根据自己的意愿、自身的素质、能力、志趣和爱好，以及市场信息等选择适合自己才能、爱好的职业，即劳动者拥有自由选择职业的权利。

3. 取得劳动薪酬的权利

《劳动法》规定，劳动者有权依照劳动合同及国家有关法律取得劳动薪酬。获取劳动薪酬的权利是劳动者持续行使劳动权不可少的物质保证。

4. 获得劳动安全卫生保护的权利

《劳动法》规定，劳动者有获得劳动安全卫生保护的权利。这是对劳动者在劳动中的生命安全和身体健康,以及享受劳动权利的最直接的保护。

5. 享有休息的权利

我国宪法规定,劳动者有休息的权利。为此,国家规定了职工的工作时间和休假制度,并发展劳动者休息和休养的设施。

6. 享有社会保险和福利的权利

劳动者享有社会保险和福利的权利。

7. 接受职业技能培训的权利

接受职业技能培训的权利是劳动者实现劳动权的基础条件,因为劳动者要实现自己的劳动权,必须拥有一定的职业技能,而要获得这些职业技能,就必须获得专门的职业培训。

8. 提请劳动争议处理的权利

《劳动法》规定,当劳动者与用人单位发生劳动争议时,劳动者享有提请劳动争议处理的权利,即劳动者享有依法向劳动争议调解委员会、劳动仲裁委员会和法院申请调解、仲裁、提起诉讼的权利。

9. 法律规定的其他权利

法律规定的其他权利包括:依法参加和组织工会的权利,依法享有参与民主管理的权利,依法享有参加社会义务劳动的权利,依法解除劳动合同的权利等。

(二)劳动者的义务

(1)完成劳动任务。
(2)提高职业技能。
(3)执行劳动安全卫生规程。
(4)遵守劳动纪律及职业道德。
(5)履行法律法规规定的其他义务。

(三)用人单位的权利

(1)依法建立和完善规章制度的权利。
(2)根据实际情况制订合理劳动定额的权利。
(3)对劳动者进行职业技能考核的权利。
(4)制订劳动安全操作规程的权利。
(5)制订合法作息时间的权利。
(6)制订劳动纪律和职业道德标准的权利。
(7)其他权利,包括平等签订劳动合同的权利等。

(四)用人单位的义务

(1)为劳动者劳动权利的实现提供条件保障。
(2)建立职业培训制度。

(3) 认真履行劳动合同。
(4) 依法保证并合理安排劳动者的休息时间,遵守国家规定。
(5) 按照按劳分配的原则,按时支付劳动者工资。
(6) 保护劳动者身体健康和生命安全。
(7) 依据国家规定为职工办理社会保险、缴纳社会保险费。

四、劳动合同

劳动合同是指劳动者与用人单位之间确立劳动关系,明确双方权利和义务的协议。订立和变更劳动合同,应当遵循平等自愿、协商一致的原则,不得违反法律、行政法规的规定。劳动合同依法订立即具有法律约束力,当事人必须履行劳动合同规定的义务。

(一)劳动合同的基本内容

(1) 劳动合同期限和试用期限。
(2) 工作内容。
(3) 劳动保护和劳动条件。
(4) 劳动报酬和保险、福利待遇。
(5) 劳动纪律。
(6) 劳动合同终止的条件。
(7) 违反劳动合同的责任。
劳动合同除前款规定的必备条款外,当事人可以协商约定其他内容。

(二)劳动合同的变更与解除

1. 劳动合同的解除

当事人双方提前终止劳动合同的法律效力,解除双方的权利义务关系。

2. 解除劳动合同的种类

(1) 双方协商解除劳动合同。用人单位与劳动者协商一致,解除劳动合同。
(2) 劳动者单方解除劳动合同。满足法律规定的条件时,无须双方协商达成一致意见,也无须征得用人单位的同意,劳动者享有单方解除权。又可以分为预告解除和即时解除。
(3) 用人单位单方解除劳动合同。满足法律规定的条件时,无须双方协商达成一致意见,用人单位享有单方解除权。主要包括过错性辞退、非过错性辞退、经济性裁员三种情形。

3. 劳动合同的变更

劳动合同的变更是指在劳动合同尚未完全履行之前,因订立劳动合同的主客观条件发生了变化,当事人依照法律规定的条件和程序,对原合同中的某些条款修改、补充的法律行为。"调职、调岗、调薪"是劳动合同变更的常见类型,应遵守劳动合同变更的法律规定。

4. 劳动合同变更时应注意的问题

(1) 变更劳动合同必须在劳动合同依法订立之后,在合同没有履行或者未履行完毕之前的有效时间内进行。

(2) 变更劳动合同必须坚持平等自愿、协商一致的原则,即劳动合同变更必须经用人单位和劳动者双方当事人同意。

(3) 变更后的劳动合同必须合法,不得违反法律、法规。

(4) 变更劳动合同必须采用书面形式。

(5) 变更后的劳动合同文本用人单位和劳动者各一份。

第四节 安全规程和劳动保护

一、安全规程

国家为了防止劳动者在生产和工作过程中出现伤亡事故,保障劳动者的安全和防止生产设备遭到破坏而制定了各种法律规范。我国现行的安全技术规程的主要内容有:建筑物和通道的安全;机器设备的安全;电气设备的安全;动力锅炉和气瓶的安全;建筑工程的安全;矿山安全。

由于劳动过程的复杂性,决定了劳动设备、劳动条件也具有复杂性。各行各业的生产特点和工艺过程有所不同,需要解决的劳动安全技术问题也有所不同。因此,国家针对不同的劳动设备和条件以及不同行业的生产特点,规定了各行业的安全技术规程。主要有《工厂安全卫生规程》《建筑安装工程安全技术规程》《矿山安全条例》《矿山生产法》《乡镇煤矿安全生产若干暂行规定》《起重机械安全规程》《剪切机械安全技术规程》《木工机械安全装置技术条件》《煤气安全规程》《橡胶工业静电安全规程》《工业企业厂内运输生产规程》《爆破安全规程》等。

二、劳动保护

(一) 劳动保护的概念

劳动保护是指根据国家法律、法规,依靠技术进步和科学管理,采取组织措施和技术措施,消除危及人身安全健康的不良条件和行为,防止事故和职业病,保护劳动者在劳动过程中的安全与健康,其内容包括:劳动安全、劳动卫生、女工保护、未成年工保护、工作时间与休假制度。

(二) 劳动保护的目的

劳动保护的目的是为劳动者创造安全、卫生、舒适的劳动工作条件,消除和预防劳动生产过程中可能发生的伤亡和职业病,保障劳动者以健康的劳动力参加社会生产,促进劳动生产率的提高,保证社会主义现代化建设顺利进行。

（三）劳动安全保护和劳动卫生保护

1. 劳动安全保护

为了保护劳动者的劳动安全，防止和消除劳动者在劳动和生产过程中的伤亡事故，以及防止生产设备遭到破坏，我国《劳动法》和其他相关法律、法规制定了劳动安全技术规程，主要包括：①机器设备的安全；②电气设备的安全；③锅炉、压力容器的安全；④建筑工程的安全；⑤交通道路的安全。企业必须按照这些安全技术规程使各种生产设备达到安全标准，切实保护劳动者的劳动安全。

2. 劳动卫生保护

为了保护劳动者在劳动生产过程中的身体健康，避免有毒、有害物质的危害，防止、消除职业中毒和职业病，我国制定了有关劳动卫生方面的法律、法规：《劳动法》《环境保护法》《工厂安全卫生规程》《国务院关于加强防尘防毒工作的规定》《关于防止厂矿企业中粉尘危害的决定》《工业企业设计卫生标准》《工业企业噪声卫生标准》《防暑降温暂行办法》《中华人民共和国关于防治尘肺病条例》等。

这些法律、法规都制定了相应的劳动卫生规程，主要包括以下内容：①防止粉尘危害；②防止有毒、有害物质的危害；③防止噪声和强光的刺激；④防暑降温和防冻取暖；⑤通风和照明；⑥个人保护用品的供给。

三、劳动保护的意义

保护劳动者在生产劳动过程中的安全与健康，是中国共产党和我们国家的一项基本方针，是坚持社会主义制度的本质要求，是发展生产、促进经济建设的一项根本性大事，也是社会主义物质文明和精神文明建设的一项重要内容。

（一）劳动保护是中国共产党和我们国家的一项基本政策

中华人民共和国建立以来，中国共产党和人民政府十分重视劳动保护工作。早在1956年国务院发布《工厂安全卫生规程》《建筑安装工程安全技术规程》和《工人职员伤亡事故报告规程》时就指出："改善劳动条件，保护劳动者在生产劳动中的安全健康，是我们国家的一项重要政策。"

在全国人大七届四次会议上通过的国民经济第八个五年计划纲要中，明确规定了要"加强劳动保护，认真贯彻'安全第一，预防为主'的方针，强化劳动安全监察，努力改善劳动条件，努力减少企业职工伤亡和职业病的发生。"国家正在不断通过健全劳动保护立法，强化劳动保护监察和安全生产管理，推进安全技术、职业卫生技术与有关工程等措施，来保证宪法所要求的这一基本政策的实现。

（二）劳动保护是促进国民经济发展的重要条件

劳动保护不仅包含着重要的政治意义，从某种意义上来说，劳动保护又有着深刻的经济意义。在生产过程中，人是最宝贵的，人是生产力诸要素中起决定作用的因素。探索和认识生产中的自然规律,采取有效措施,消除生产中不安全和不卫生的因素,可以减少和避免各类事故的发生;创造舒适的劳动环境,可以激发劳动者的热情,充分调动和发挥人的积极性,这些都是提高劳动生产率,提高经济效益的基本保证。同时,加强劳动保护工作,还可减少因伤亡事故和职业病所造成的工作日损失和救治伤病人员的各项开支;减少由于设备损坏,财产损失和停产造成的直接或间接经济损失。这些都与提高经济效益密切相关。

经济发展的经验表明,搞好劳动保护是发展经济的一条客观规律。人们很好地认识它和利用它,就能达到理想的效果;反之,就会受到处罚。如美国在印度博帕尔化学公司甲基异氰酸盐贮罐泄漏,导致大量毒气外泄事故;苏联切尔诺贝利核电站4号反应堆爆炸,导致大量放射性物质严重污染大气事故;中国哈尔滨亚麻厂粉尘爆炸事故;中国山西三交河煤矿特大瓦斯煤尘爆炸事故,都造成了巨大的人员伤亡和经济损失,污染了环境,破坏了生态平衡,扰乱了社会生产的正常秩序。

小贴士

我国现行最新的劳动法律法规

《中华人民共和国劳动法》

《中华人民共和国劳动合同法》

《中华人民共和国社会保险法》

《中华人民共和国就业促进法》

《中华人民共和国行政处罚法》

《中华人民共和国行政许可法》

《中华人民共和国未成年人保护法》

《中华人民共和国工会法》

《中华人民共和国行政诉讼法》

《中华人民共和国妇女权益保障法》

《中华人民共和国职业病防治法》

《中华人民共和国残疾人保障法》

《中华人民共和国安全生产法》

《未成年工特殊保护规定》

《禁止使用童工规定》

结尾案例

宁师傅反映说,他3年前进入一家机械设备公司工作。2022年年初,他在操作机器时不慎造成左手及胳膊受伤。住院治疗期间,公司态度非常积极,承担了全部医疗费用。经过一个阶段的治疗后,他出院回家休息,公司继续向他支付工资,他就再也没有提及工伤的事情。

近日,宁师傅的3年期劳动合同将要到期,公司突然决定与他解除劳动合同。当他提及工伤事故赔偿金时,公司则明确予以拒绝,理由是其伤情未经社保部门认定为工伤。当他申

请工伤认定时,社保部门告知他已经超过了工伤申报期限,不予受理。

宁师傅想知道:像他这种情况,超过了工伤申报期限怎么办?

(资料来源:中工网,有删减)

【思考题】 同学们,请你结合本章的内容谈谈你可以帮助宁师傅吗?

课后练习

一、选择题

1.【多选题】不属于经济性裁员的是( )。
   A. 在本单位患职业病或者因工负伤并被确认丧失或者部分丧失劳动能力的
   B. 患病或者非因工负伤,在规定的医疗期内的
   C. 女职工在孕期、产期、哺乳期的
   D. 在本单位连续工作满15年,且距法定退休年龄不足5年的

2.【多选题】劳动者有以下( )情形,用人单位可以解除劳动合同。
   A. 在试用期间被证明不符合录用条件的
   B. 严重违反用人单位的规章制度的
   C. 严重失职,营私舞弊,给用人单位造成重大损害的
   D. 被依法追究刑事责任的

3.【多选题】劳动保护包括的内容是( )。
   A. 工作时间与休假制度　　　　　B. 未成年工保护
   C. 劳动安全　　　　　　　　　　D. 劳动卫生

4.【单选题】关于劳动保护的内容下列说法错误的是( )。
   A. 劳动安全卫生设施必须符合国家规定的标准
   B. 用人单位必须为劳动者提供符合国家规定的劳动安全卫生条件和必要的劳动防护用品
   C. 用人单位对从事有职业危害作业的劳动者应当经常进行健康检查
   D. 从事特种作业的劳动者必须经过专门培训并取得特种作业资格

5.【单选题】( )是我国的安全生产方针。
   A. 安全保证生产　　　　　　　　B. 生产必须安全
   C. 安全第一、质量第一　　　　　D. 安全第一、预防为主、综合治理

二、判断题(请判断对错,正确的打√,错误的打×)

1. 劳动安全又称职业安全,是劳动者享有的在职业劳动中人身安全获得保障、免受职业伤害的权利。( )

2. 每个人从事的工作都不一样,有的工作可能存在着一定的风险,劳动者可能会受到伤害,所以有必要做好安全防护措施,保障劳动者的安全。( )

3. 特种劳动防护用品必须取得生产许可证后,方可批量生产,不需要接受劳动行政部门定期抽检。( )

4. 劳动安全卫生保护权是劳动者在劳动过程中依法享有并得到法律保障的重要权利。
（　　）

5. 不要在机械运行中进行清理、检修；设备断电后，要等设备惯性运转彻底停止再开始作业。
（　　）

三、实践场景

劳动法律知识普及活动

1. 实践目的
（1）了解劳动法律知识及劳动者权益保护。
（2）了解劳动合同的订立、变更与解除程序的规定。

2. 实践准备
（1）收集劳动法律知识相关资料。
（2）学生自行分组，分为宣传组、表演组、策划组、联络组等，可根据实际情况调整。
（3）确定活动地点及面向对象，校园学生或校外社区等。

3. 实践流程
（1）对此次活动进行宣传。
（2）普及劳动法律法规的基本知识。
（3）模拟劳动纠纷案例，使法律知识通俗易懂。
（4）撰写活动总结。

4. 实践要求
通过此次活动能让大学生更好地了解劳动法的相关知识，清楚自己的权利与义务，提高大学生的法律意识。

第四章 家庭劳动情景式实践指导

学习目标

(1) 通过本章的学习,进行自我服务,主动承担家庭饮食、清洁等日常生活劳动,掌握相关家政技能;能够通过实际行动理解劳动创造美好生活的道理。

(2) 树立为家人服务的责任观念,掌握照料老人的技巧,提升家庭照护能力;通过照护家庭成员增强家庭责任意识,感受孝道文化。

导入案例

濉溪县韩村镇评选"清洁家庭",整治人居环境

2022年7月22日,濉溪县韩村镇开展了首届"清洁家庭示范户"评比活动,广泛动员村民投身以"四净两规范,四勤两参与"为主要内容的村庄清洁行动。

首批评选活动选择在和谐村的前陈圩、中陈圩、后陈圩三个村民小组进行。经过村评比小组评比,村委会考核,村民广泛监督,群众举手表决,共评出"清洁家庭示范户"9户。镇村干部一一入户颁发"清洁家庭示范户"荣誉奖牌,还为获奖家庭发放了奖品。

为了让此次评比活动公平、公正、顺利进行,和谐村制定了评比活动方案,组建以村干部、村民组长、环境卫生监督员、群众代表为成员的环境卫生评比小组。评比小组每到一户,都会仔细查看室内整洁度、物品收纳情况及房前屋后的卫生和杂物堆放情况,对照《韩村镇"清洁家庭示范户"评比标准》逐项打分(评比标准分房前屋后、庭院环境、室内卫生、厕所改造4项,每项又分若干条),并现场宣传卫生健康知识,增强村民"洁净家园,从你我做起"的环境卫生意识。

和谐村、光明村、淮海村等村通过"清洁家庭示范户"评比活动的开展,让示范户成为农村环境卫生整治工作的"领头羊",无形中提高了群众参与人居环境整治的积极性,增强了群众卫生保洁和争当卫生清洁户的意识。

(资料来源:中国文明网,有删改)

【案例分析】 通过上述案例不难看出,为持续推进村屯人居环境整治工作,打造干净舒适的居家环境,推进美丽乡村建设,全国各省市一直通过"清洁家庭""最美家庭"评比等方式,激励村民积极参与环境整治。在自家净的推动下,循序渐进,才能做到全村净、全市净乃至全国净,由"清洁家庭"努力建设"清洁家园"。引导村民们开展常态化的家庭卫生整治,才能切实提升人居环境质量,让群众生活更加舒适、美好、幸福。

第一节　自我服务劳动

一、名词解释

（一）自我

自我就是内心深处的自己，真实的自己，自己毫不掩饰的一面。自我是人的过去经验和现在经验的综合体，并且能够把进化过程中的两种力量，即人的内部发展和社会发展综合起来，引导心理能力向合理的方向发展，决定着个人的命运。

（二）服务

服务是具有无形特征却可给人带来某种利益或满足感的可供有偿转让的一种或一系列活动。在中文地区以及法国等地，服务也有为公众做事，替他人劳动的含义。

（三）劳动

劳动是指人类围绕各种生活资料和生产资料进行的生产活动以及提供非物质形态的服务活动。

（四）自我服务的理解

自我服务劳动是指学生料理自己生活的各种劳动，是一个正常的人生存、生活必须具备的基本技能（包括生活自理、学习自理以及良好的生活习惯和卫生习惯），更是指大学生个体或群体在服务自身服务他人服务社会过程中增强服务意识、提高综合素质、培养解决问题的能力、提升思想境界、不断走向成熟，从而适应社会发展的能力。

（五）自我服务的内容

大学生自我服务的内容很广，包括三个方面。

1. 获取信息

大学生的学习生活独立性和自主性很强，每个人都可根据自身情况进行个性化的设计安排，所以每个人的生活没有定式，各不相同，更没有可以完全遵照执行的标准。

2. 完成和解决各种事务

需要完成和解决的事务具体包括思想政治、学习、日常生活、社团活动、就业等各方面的内容。这是大学生活的核心，是自我服务最基本的层面。

3. 更高层次的服务

更高层次的服务是完成各项常规性活动后追求自身能力提高和素质拓展方面的服务。大学阶段除了培养专业素质，锻炼和塑造各方面的能力是另外一项重要目标，是学生今后成功就业、创业,独立面对社会的必然要求,所以这个层面的服务尤为重要。

二、自我服务形式

在大学生工作中,经常遇到这样的情况:学生对关系切身发展的信息不关注,或者关注不及时,导致错过许多自我发展的机会,留下遗憾。在引导学生积极主动地获取信息的同时,我们需要提供给学生获取信息的多种渠道,更加有效和便利地使学生了解到关系自身发展的更多信息。首要的是保障班级信息畅通,班级是学生学习生活的基本单位,众多成员的信息来源和渠道的集合可以大大增加信息量,所以建立有效的班级信息共享机制,是班级成员信息获取的最基本途径。

(1)可采取的信息沟通方式包括建立班级信息公布栏、班级微信群、班委独立信息通知群等形式。其次就是开辟其他途径获取信息,拓展信息来源。比如鼓励新老生交流、党团员交流、师生交流等,这样可以更直观、更有针对性地获得最有效的信息。

(2)集体活动的广泛开展可以帮助集体的成员共同进步,达到自我服务的目的。集体活动的开展为学生自我服务提供了机会,前提是需要素质导师的指导、监督,以及建设一支能团结协作、富有责任心的班级干部队伍。值得强调的是,这类活动不能流于形式,而应大胆创新,引导学生组织更高水平和层次的活动,努力营造团结的氛围,注重自我服务的效果。比如开展班级周末讲坛、学习经验交流会、就业信息交流会,开办班级特色小报等。

这类活动的开展,不仅能交流各种学习生活的方法、心得,使学生掌握服务自我的方法和途径,同时活动的组织、策划以及参与活动的过程也为提高学生能力、拓展学生素质起到了促进作用,这种服务是一种更高层次的自我服务。

三、自我服务案例

(一)良好的生活习惯

首先,科学合理地安排自己的学习生活,第一步就是及时获取充分的信息,对自己的规划进行及时的调整。信息的获取也是学生自我服务的前提和基础。只有对个人、学校、专业等各方面信息有了比较清晰完整的认知,才可能进一步科学规划、安排自己的学习生活。

其次,在饮食起居和体质上下功夫。饮食起居是每一个人不可缺少的生活内容。民以食为天,饮食是人类维持生命的基本条件,饮食除讲究营养、合理搭配之外,还要注意饮食有节有条理,一日三餐在时间上、数量上都要做到定时定量。睡眠是人十分重要的生理现象,是大脑皮层细胞的保护性抑制,使得脑细胞不致过度疲劳,是消除脑力和体力疲劳,调节机体的必然的生活内容。一般人的睡眠时间应在8~11小时。

再次,环境对人的体质有着不可忽视的影响。山清水秀、绿树成荫已是人们向往的疗养健身的好去处,因为乡间有绿色田野,阳光充足、空气新鲜、水源洁净、环境幽静,这种环境空气中的负离子要比现代化城市中的多,有利于调节大脑皮层的均衡性,使肌肉中的代谢产物减少,血液质量提高。每天的白天开窗通风,下午3点关窗,晚上7点出去和家人遛弯呼吸新鲜空气,周围环境幽静,空气新鲜,居室的布置协调、明朗,可达到陶冶情操、舒畅心胸的目的。

另外,住宅居室和工作的周围是反映生活、思想、精神的外部环境,而人与人之间的挚诚至爱与理解可作为内在环境,所以人际关系也是环境因素之一。家庭和睦、相亲相爱,是美满家庭的基础。因为"幸福家庭欢乐多",欢乐使人精力充沛,体力旺盛,有利于人的身心健康。

心理调节的本质是心理状态的平衡,祖国医学在数千年前就早有论证,人的心理表现有喜、怒、忧、思、悲、恐、惊,简称为"七情",七情郁结是内伤的主要致病因素。每次遇到棘手的事情时先在心里让自己冷静,然后想想怎么解决问题。

最后,纠正不良习惯。良好的生活习惯,可催人上进,促进机体健康发展;不良的生活习惯不仅贻误了自己,也害了他人。所以习惯和人的体质也有着千丝万缕的联系。第一不吸烟,第二适度地业余活动,第三讲究卫生,第四增强体质,每天健身锻炼。

(二)学习自理

自我服务劳动是一个正常的人生存、生活必备的基本技能。它包括学习自理、生活自理以及良好的生活习惯和卫生习惯。那么如何做到学习自理呢?

首先,制造一个独立生活的环境,置之死地而后生。在学习的过程中懂得设具体大目标,随后将其分解成小目标。当完成了一个大目标再继续另一个,不要贪多。在固定的时间段完成每天小目标,随后做自己喜欢的事作为放松。回顾已取得的成就,获得满足感,从而树立自信心。可以多与同学联系,共同培养学习能力,找到适合自己的学习方法;也可以找到和自己目标相同的人合作,或约法三章,或相互分享;向身边的榜样学习,形成习惯,水到渠成。

说到习惯,最重要的就是持之以恒。习惯仿佛是一根缆绳,我们每天给它缠上一股新索,要不了多久,它就会变得牢不可破。这个比喻非常形象。一个习惯的养成需要 21 天,关键在头 3 天,决定在 1 个月。在训练的过程中,我们也要对不断出现的坏习惯反复纠正,不要气馁,直至彻底改掉。

整体发展,相互促进。除了学习习惯外,要养成的良好习惯还有很多,如生活习惯、卫生习惯、劳动习惯等。它们都源于学生的学习、生活,它们之间具有很大的关联性,如一个学生一旦养成良好的生活习惯,那就为他形成良好的卫生习惯、劳动习惯、学习习惯等创造了条件,一个人在日常生活中粗心大意,要在学习中养成认真细心的习惯是很难的。因此良好的学习习惯不能单枪匹马,孤军作战,不仅要与良好的生活习惯、卫生习惯结合在一起,还要与学校、家庭结合起来,相互促进、共同发展。

(三)自我服务的意义

促进学生进行充分的自我服务,使之更加独立、自主地规划自身的大学生活;树立正确的人生观、世界观以及价值观,为建设社会主义核心价值体系做贡献,为高校思想政治教育理论的发展培养综合型和实用型人才。只有解决学生生活中遇到的各种困难,才能真正达到教育、培养学生的目的,同时也能够提高学生工作的效率和水平。

第二节　家常菜制作（京菜）

作为新时代的大学生，了解我们国家的吃穿住行是必不可少的，本节主要带领大家一起探索领略我们国家的美食文化。

一、了解中国八大菜系

（一）八大菜系

中国的八大菜系分别是鲁菜、川菜、粤菜、江苏菜、闽菜、浙江菜、湘菜、徽菜。

（二）菜系

菜系是指在选料、切配、烹饪等技艺方面，经长期演变而自成体系，有每个地方的特点以及风味特色，被全国人民所公认的中国饮食的菜肴流派。最早的时候我们其实只有四种大的菜系，分别是鲁菜、川菜、粤菜、江苏菜，经过时代的不断变迁以及南北方饮食差异等原因，到了清朝末年又加上了闽菜、浙江菜、湘菜、徽菜，传承到现在一共是八大菜系。

二、八大菜系口味

1. 鲁菜

口味咸鲜为主。原材料一定要保证新鲜，一般多以盐调鲜，再加上点汤使鲜味更足，调味讲求咸鲜纯正，突出食品自己本身的味道。鲁菜精于制汤，善烹海味。

2. 川菜

口味多以麻辣为主，菜品多种多样，口味清鲜醇浓并重，善用麻辣调味。在空气湿润些的地方吃完了很舒适。

3. 粤菜

口味鲜香为主。选料精细，清而不淡，鲜而不俗，嫩而不生，油而不腻。擅长清淡小炒，讲究火候和油温恰到好处。码盘好看，尽显高端大气上档次。

4. 江苏菜

口味清淡为主，用料严谨，注重成菜的样貌及菜品的光泽，讲究造型，四季有别。烹调技艺以炖、焖、煨为主；重视调汤，保持原汁，口味更适合年长之人。善用蔬菜。

5. 闽菜

口味鲜香为主。尤以"香""味"见长，有清鲜、和醇、荤香、不腻的风格。三大特色，一长于红糟调味，二长于制汤，三长于使用糖醋。

6. 浙江菜

口味清淡为主。菜式小巧玲珑,清俊逸秀,菜品鲜美滑嫩,脆软清爽。运用香糟、黄酒调味。烹调技法丰富,口味注重清鲜脆嫩,保持原料的本色和真味,菜品形态讲究,精巧细腻,清秀雅丽。

7. 湘菜

口味以香辣为主,品种繁多。色泽上油重色浓,讲求实惠;香辣、香鲜、软嫩。重视原料互相搭配,滋味互相渗透。湘菜的煨功夫更胜一筹,在色泽变化上可分为红煨、白煨,在调味方面有清汤煨、浓汤煨和奶汤煨。小火慢炖,原汁原味。

8. 徽菜

口味鲜辣为主。擅长烧、炖、蒸,而爆、炒菜少,重油、重色,重火功。重火功是历来的,其独到之处集中体现于擅长烧、炖、熏、蒸类的功夫菜上,不同菜肴使用不同的控火技术,形成酥、嫩、香、鲜的独特风味。

三、京菜的制作

(一)京菜的简介

京菜又称京帮菜,它是以北方菜为基础,兼收各地风味后形成的,是北京几十年前四九城胡同里大杂院内百姓经常吃的,或者现在来北京旅游的人们去饭馆必点的一些菜肴。

(二)京菜的形成

北京在以前被人们称为北平,以前的北平是华北平原与内蒙古高原之间的交通要道。自古以来,这里一直是中原农业经济与北方草原畜牧经济商品交换的集散地,各地的人们来京都会带来各地区的饮食习俗,京菜也可以说是我国各地饮食风俗进一步融合形成的。京菜主要是由山东风味、清真菜、宫廷菜、官府菜融汇而成,擅长烹制山珍海味,以咸为主。

其中宫廷菜在北京菜中地位显著。选料珍贵,调味细腻,菜名典雅。谭家菜是官府菜中的代表,其特点讲究原汁原味,咸甜适中,不惜用料,火候独到,其烹饪特点为四季分明,选料广泛,刀工精细,烹调讲究,油而不腻,淡而不薄,主料突出,技法多样。

四、动手实践体验烹饪的乐趣

之前我们学习了很多有关家常菜品的知识,那么现在让我们一起实践一道北京的菜品吧!

在京菜里面有 10 道菜是比较出名的,分别是:①北京烤鸭;②北京炙子烤肉;③水晶肘子;④菜包鸡;⑤铜锅涮肉;⑥京酱肉丝;⑦炸酱面;⑧清汤燕窝;⑨汽锅鸡;⑩抓炒鱼片。

那我们今天先带领大家学习一道比较简单的菜品:京酱肉丝。

用料:首先准备要用到的食材及配料。

视频

大里脊 300 克、甜面酱 25 克、葱白 1 根、淀粉 4 勺、油 150 克、黄酒 10 克、鸡蛋 1 个、盐 2 克、豆腐皮 2 张、香油 1 克。

步骤一：猪里脊肉顺着肌肉纹路切成薄片（冻一冻会更好切），大约是筷子头的厚度。如图 4-1 所示。

步骤二：将大里脊切好肉片后放进碗中准备进行下一步，如图 4-2 所示。

图 4-1　步骤一

图 4-2　步骤二

步骤三：将肉片切丝，宽度、厚度尽量一致，如图 4-3 所示。

步骤四：肉丝洗净，至水清不浑浊，后加入鸡蛋，搅拌均匀，如图 4-4 所示。

图 4-3　步骤三

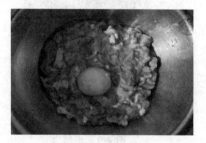

图 4-4　步骤四

步骤五：加入 4 勺玉米淀粉，将肉丝抓匀至出浆，腌制 15 分钟，如图 4-5 所示。

步骤六：在肉丝静止 15 分钟的时间内我们也不闲着，准备 1 根大葱的葱白部分，寻找大葱的纹理方向以 45°角下刀，将之切成葱丝，如图 4-6 所示。

图 4-5　步骤五

图 4-6　步骤六

步骤七：把豆腐皮切成大约 8 厘米的方块，如图 4-7 所示。

步骤八：锅中放油，烧至五成热（油温不要过高，小心迸溅烫到自己，谨记一定要穿上围裙),将腌制15分钟后的肉丝下锅,如图4-8所示。

图4-7　步骤七

图4-8　步骤八

步骤九：用铲子或者筷子拨散肉丝,使肉丝受热均匀。滑至肉丝完全变色马上捞出,这时的肉丝会很嫩,方便下一道工序,如图4-9所示。

步骤十：盛出肉丝后,锅内留一点点油关小火,放入甜面酱25克(翻炒30秒)再倒入黄酒5克进行充分的搅拌,等甜面酱和黄酒融为一体,汤汁黏稠锅内冒小泡时下入刚才炒的半成品肉丝转成大火,让黏稠的酱汁包裹在肉丝上,如图4-10所示。

图4-9　步骤九

图4-10　步骤十

步骤十一：出锅前淋一点点香油,把豆皮码在盘子四周,将葱丝堆在盘子中央,把做好的京酱肉丝淋在葱丝上面利用余热激发出葱白原有的香气,如图4-11所示。

步骤十二：做完饭也要记得收拾一下自己家的厨房,每次做完饭擦一擦灶台以及油烟机上的油渍,使得家中干净常在,如图4-12所示。

图4-11　步骤十一

图4-12　步骤十二

第三节 家庭保洁

随着社会的高速发展与进步,当今的大多数学生过着"十指不沾阳春水,一心只读圣贤书"的纯粹生活。在家时家务由父母全权操办,在校时宿舍、教室的卫生也毫不在意,最终养成了好逸恶劳、好吃懒做的坏习惯。需要强调的是,家庭的清洁是每位成员的责任,卫生良好的居住环境不仅能够让共同居住场所更加整洁宜人,也能促进每位成员的身心健康,使其保持向上的生活状态。

2020年3月中共中央、国务院印发的《意见》以及2020年7月印发的《大中小学劳动教育指导纲要(试行)》强调了以家务劳动为代表的体力劳动教育是政策包含的重要内容。作为平时生活中最容易接触到的劳动之一,家务劳动中的家庭清洁一方面能够拉近家人之间的距离,另一方面也利于学习能力的迁移,对观察力、动手能力都有积极的促进作用。

因此,同学们需要明确家庭清洁劳动对自己成长、发展的重要意义,认真学习家庭保洁相关知识技能,做到有的放矢、学思结合。

一、家庭保洁基础知识

(一)常用清洁剂

清洁剂是重要的日化用品,种类繁多,功能多样。多数清洁剂以表面活性剂为原料,是一种亲水和亲油两种性质兼备的物质,通过添加各种辅助剂制成针对不同污渍的不同类型的去污剂,物理上与污垢结合,降低污垢与物体的黏附力;化学上通过溶解、氧化和酸碱等反应将污垢去除,达到清洁的目的。

家庭生活中常用的清洁剂主要分为三类,包括厨房用清洁剂、卫生间用清洁剂以及其他表面清洁剂。其中,厨房用清洁剂有(餐具)洗洁精、油烟机清洗剂等,卫生间用清洁剂有洁厕灵、管道疏通剂等,其他表面清洁剂有空调清洁剂、洗衣液等。

1. 厨房用清洁剂

(1) 食品级洗洁精

洗洁精利用去污剂成分与污垢互相溶解的原理迅速分解油腻,达到有效去污除菌的效果。

洗洁精的使用方法如下。

A. 直接使用法

第一步,将少量洗洁精挤在百洁布或洗碗布上。

第二步,用百洁布或洗碗布匀速擦拭需要清洁的餐具和其他厨房用品。

第三步,用流动水冲洗至没有泡沫为止。

B. 稀释使用法

第一步,将洗洁精用纯净水或自来水稀释200~500倍。

第二步,将需要清洗的蔬菜、水果或餐具浸泡在稀释的溶液里。

第三步,将物品浸泡 5~8 分钟。

第四步,用流动水将浸洗的蔬菜水果或餐具清洁干净。

(2) 油污清洁剂

油污清洁剂如图 4-13 所示,可以用在厨房油烟机、排气扇以及工作台等常接触油烟的地方。此种清洁剂能够清除厨房非常油腻的污垢。它的成分包括表面活性剂、溶剂、乳化剂香料等,大多数以喷雾形式使用,属于酸碱反应的一种。

油污清洁剂的使用方法如下。

第一步,戴好橡胶手套,将油污清洁剂喷在污垢处。

第二步,等待 3~5 分钟,等待油污处发白冒泡产生反应。

第三步,用干抹布或厨房用纸擦拭油污,不可使用湿抹布。若有顽固的污渍,可用刷子蘸上油污清洁剂后刷除,再用干抹布擦净。

图 4-13　油污清洁剂

注意事项

(1) 重油污清洁剂不易自干,并且可能出现发白粉状物,所以处理后必须尽快擦干擦净。

(2) 如溅到皮肤或眼睛里,应立即用大量清水冲洗干净,若仍有不适需尽快就医。

2. 卫生间用清洁剂

(1) 卫浴清洁剂

卫浴清洁剂大多数含有强烈腐蚀性的强酸或强碱性物质,主要成分为盐酸、磷酸和草酸,可以溶解大部分的矿物质所造成的水垢。多数用于清洁卫生间洗手池、脸盆、浴缸表面常见的皂渍、水垢、黄斑,且不会对表面及附件造成损伤,同时具有消毒、杀菌、除臭的功能。

卫浴清洁剂的使用方法如下。

第一步,将需要清洁的器具表面用清水淋湿冲洗。

第二步,将卫浴清洁剂类产品适量均匀地洒在想要清除的污垢表面。

第三步,等待 5~8 分钟后,用刷子或抹布搓洗擦净。

第四步,用清水冲洗干净即可。

(2) 洁厕剂

洁厕剂一般仅限用于清洁厕所,能够有效清洁、杀菌、消毒、除臭,通过酸碱反应去除顽固污渍,确保坐便器清洁、卫生。

① 洁厕剂的分类。目前市面上的洁厕剂按照形态分类,主要有液体和固体两大类。液体厕所清洁剂一般称为洁厕液,可以清洗马桶和蹲便器;固体清洁剂也可称为洁厕宝,一般用于马桶清洁。

② 洁厕剂的使用方法。

A. 洁厕宝

第一步,撕开外包装与塑料罩盖,取出洁厕宝。

第二步,将洁厕宝完整地放入马桶水箱中。

第三步,观察洁厕宝是否溶于水中,如果正常浸泡,在每次冲水时就能达到清洁马桶的效果。

B. 洁厕液

第一步,保证厕所的空气流通,打开窗户、排风。

第二步,戴好橡胶手套,做好手部防护。

第三步,用清水简单冲洗一遍马桶或蹲便器。

第四步,以环绕的手法在马桶或蹲便器内壁倒入洁厕剂,浸泡3～5分钟。

第五步,用马桶刷或长臂的圆形刷子环绕式清理内壁,保证每个部分都能擦到。

第六步,再次用清水冲洗干净。

知识链接

自制家用清洁剂 省钱卫生又安全

许多时候我们开始打扫卫生,却发现家里没有清洁剂了,或是担心清洁剂的一些成分会对身体造成影响,以至于不知道该如何是好。其实我们完全可以利用身边常见的无毒害物质代替清洁剂。下面就给大家分享一些常用的绿色清洁配方。

小苏打是一种天然的清洁剂,可以温和清洁,驱除污渍、防臭、软化织物,能使用在一切物品上,包括浴缸和厨房灶台。用潮湿海绵沾上点小苏打,擦洗器具,然后冲干净。将小苏打洒在微微有点湿的灶具餐具上,擦一擦就可以去油去污。

白醋(醋酸含量5%)是温和的消毒剂,可以杀灭大多数霉菌、细菌、病菌。柠檬汁可以起到天然抗菌、防腐、漂白、清新空气的作用。在白醋里挤一点柠檬汁可以做出一个"天然香型"的洗涤剂。盐可以擦洗和除臭,茶树油可以杀菌,橄榄油可以打亮。

(二)基本操作手法和清洁流程

打扫家庭卫生时,如果毫无方法和技巧随意清洁,不仅不能保证家庭环境的真正干净,也会耗费大量体力物力。我们应该根据家庭的不同区域选择适合的工具和清洁剂,同时结合相应的操作技巧,用更高效的方法达到事半功倍的"净"界。

1. 拖地的方法

拖地的主要方法有两种:横拖法和竖拖法。横拖法适用于面积较大的地面,如客厅、卧室等;竖拖法适用于狭窄的地面,如卧室、卫生间等。

(1)横拖法拖地的操作步骤。

第一步,身体站在起始点地面中间位置,双脚张开,与肩同宽。

第二步,左手在下,虎口朝上;右手在上,虎口朝下。

第三步,身体前倾,把拖把竖直放于身体的左前方。

第四步,左手推动拖杆向前移动,从左往右画"一"。

第五步,右手顺时针转动手腕,改变拖把方向。

第六步,左手拉动拖杆向前移动,从右往左画"一"。
第七步,双脚匀速后撤。
第八步,重复以上动作直到整个地板拖完。
(2)竖拖法拖地的操作步骤。
第一步,身体站在起始点地面右侧位置,双脚张开,与肩同宽。
第二步,身体前倾,拖把横放于身体的左前方。
第三步,左手将拖把向下拉动,从上往下画"1"。
第四步,右手顺时针转动手腕,改变拖把方向。
第五步,左手拉动拖杆由下往上移动,画"1"。
第六步,脚步匀速向左移动。
第七步,重复以上动作,直到整个地板拖完。

小贴士

(1)结合居室的具体情况,横拖法和竖拖法结合使用,将全部地面角落擦洗干净。
(2)若地面存在顽固污渍,需要使用清洁剂进一步擦除。

2.擦玻璃的方法

一般来说,家庭安装玻璃的结构主要分为三种:左右、上下、上下+左右(分别如图4-14~图4-16所示)。

图4-14　左右窗

图4-15　上下窗

图4-16　上下+左右窗

主要有两种擦窗方法:上下擦窗法和左右擦窗法。上下擦窗法适用于玻璃安装在下方的;左右擦窗法适用于玻璃安在上方,可以左右推拉的窗户。

擦窗户前要先做好以下几项检查工作。

首先,检查玻璃是否可以使用玻璃擦。玻璃擦只适用于透亮的玻璃,如果玻璃贴膜或镀膜、玻璃面磨砂、粗糙,甚至有破损、开裂,不适合使用玻璃擦,以免划花玻璃。可以使用保洁布、抹布或单面玻璃刮(图4-17)将玻璃内侧擦干净。

其次,检查玻璃厚度是否在双面玻璃擦的适用范围内。将双面玻璃擦的磁性调到最大值后,如果无法黏合在玻璃上,即厚度超出了双面玻璃擦(图4-18)的适用范围。可以用单面玻璃刮或者保洁布清洁内侧玻璃。

图 4-17　单面玻璃刮　　　　图 4-18　双面玻璃擦

(1) 左右擦窗法操作步骤(以左窗为例)。

第一步,用湿布将窗槽、窗框擦干净。

第二步,检查玻璃擦是否有异常。

第三步,打开玻璃擦,将海绵条打湿后,挤上玻璃清洁剂并涂抹均匀。

第四步,左手系上安全绳,右手擦窗。

第五步,保证玻璃擦两面黏合在玻璃内外两侧后,玻璃擦吸附较紧,不会掉落。

第六步,开始擦之前,先把玻璃擦放在玻璃中上方偏左位置,带手柄的一面放在玻璃的内侧,带安全绳的一面放在玻璃的外侧。

第七步,左手扶着槽框,右手移动玻璃擦进行擦拭。

第八步,擦玻璃主要是弧形擦拭,白色海绵条在前,黑色刮水条在后。请参考图4-19的上方实线移动路线,从星号开始(全书同)。

玻璃擦上拉到顶→旋转玻璃擦,改变方向→拉到最右侧→转动手腕,改变玻璃擦方向→向下拉10厘米→向左转动手腕,由右向左弧形擦拭→以此循环往复。

第九步,玻璃擦离底部还有20厘米时,开始收尾。将玻璃擦拉至玻璃最右侧→下拉到玻璃窗最下方→转动手腕,向前拉玻璃擦5厘米→转动手腕,向上拉动玻璃擦→转动手腕,向下拉动玻璃擦→以此循环往复。可参考图4-19的下方虚线移动路线。

第十步,擦完玻璃后,将玻璃擦取下,交叉叠放在旁边。

第十一步,用抹布擦干收尾处的水渍。

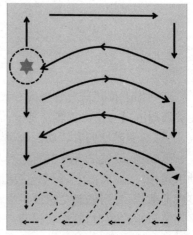

图 4-19　玻璃擦左右移动路线示意图

左右擦窗法的注意事项

（1）玻璃如果很脏的话，可以先用保洁布擦拭一遍，再使用玻璃擦。

（2）要用冷水洗玻璃擦，不能用热水，以免使玻璃擦磁性减弱。

（3）玻璃擦不走回头路，玻璃擦要保持白色棉条在前，黑色刮条在后，不能互换方向，否则玻璃擦容易掉落。

（4）玻璃擦掉落在地上后，不要捡起立即使用，应该放在水里清洗干净，再继续使用。

（5）左窗和右窗的擦拭方法相同，只不过方向不一样。即擦左窗使用右手，玻璃擦先放在左边，最后从右往左收尾；擦右窗使用左手，玻璃擦先放在右边，最后从左往右收尾。

（6）安全第一，不要将身子探出窗外。

（2）上下擦窗法的操作步骤。

第一步，前期准备方式与左右擦窗法相同。

第二步，开始擦之前，先把一面玻璃擦放在玻璃中上方偏左位置，带手柄的一面放在玻璃的内侧，带安全绳的一面放在玻璃的外侧。

第三步，左手扶着槽框，右手移动玻璃擦进行擦拭。

第四步，擦玻璃主要是弧形擦拭，白色海绵条在前，黑色刮水条在后。如图4-20所示的实线移动路线。

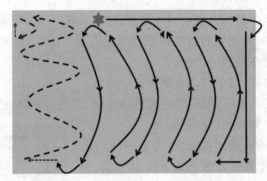

图4-20　玻璃擦上下移动路线示意图

玻璃擦上拉到最右侧→向右转动手腕，旋转玻璃擦，下拉到最底端→向左转动手腕，改变玻璃擦方向→留出旋转空地→向上转动手腕，由下往上弧形擦拭→到顶端后，向左转动手腕，下拉5厘米→向右转动手腕，从上往下弧形擦拭→以此循环往复。

第五步，玻璃擦离最左侧还有20厘米的时候，将玻璃擦拉到剩余玻璃窗右侧→向下转动手腕，改变玻璃擦方向→下拉玻璃擦至左侧最底端→向上转动手腕，由下往上画半圆→重复以上动作，直到玻璃左侧最顶端。如图4-20所示的虚线移动路线。

第六步，与左右擦窗法相同。

3. 居室清洁流程

居家卫生的打扫是个"技术活"，如果不按照顺序打扫，可能会出现重复清扫的现象。因此,我们需要对打扫顺序有所了解与规划。

家庭整体清扫的基本流程一般按照由上到下、由里到外、由周边到中央的顺序。家庭按照功能划分的区域,一般的清扫顺序为卧室→厨房→客厅→卫生间。清洁顺序不是固定不变的,同学们可以根据自己具体的家庭情况和需求对大扫除的流程进行调整与安排,但需要强调的是,无论哪种顺序,最后打扫的地方一定是接水处。也就是说,我们在哪里接水,最后就需要打扫到哪里。

二、居室保洁

(一)卧室清洁

卧室作为同学们学习、生活、工作与休息的重要场所,其卫生舒适是保障休息的第一要素。卧室的干净整洁对居住人的心情与健康有着重要的作用。因此,我们要高度重视保持卧室的清洁。

1. 卧室的清洁流程

卧室清洁的一般流程为床铺整理→床头柜→衣柜→书桌→房门→地面。

2. 卧室的清洁步骤

(1) 整理床铺的操作步骤。

① 收拾好床上杂乱的物品,如书、手机、睡衣等,放置一边。

② 整理床单,用手背将床单褶皱抹平。

③ 遵循"厚被平铺,薄被折叠"的原则,叠好被子。

厚被平铺:站在床尾中间,两手抓住被子的两角,向前伸展。将被子平铺在床上,被子左右两边下垂。然后对被子进行整理,直到没有褶皱为止。最后将床头的被子反折30厘米。

薄被折叠:将被子长边对折,左边对折到中间,右边对折到中间,再对折。将被子放在床上合适的位置。

(2) 清洁床头、床沿、床头柜的操作步骤。

① 用湿布从左至右擦拭床靠背。

② 用干布将床靠背擦干。

③ 将床头柜上的物品挪移到一边。

④ 双手将床头柜搬起,把柜子挪出来。

⑤ 用湿布擦拭床头柜的顶端、正面、左右侧面和背面。

⑥ 用干布将床头柜正面和侧面的水渍擦干。

⑦ 拉开床头柜抽屉,从左至右擦拭抽屉上沿后,合上抽屉。

⑧ 将床头柜挪回原位。

⑨ 擦拭床头柜上的物品,然后放回床头柜上,按照从大到小、从高到低的顺序,将物品摆放整齐。

⑩ 将保洁布展开,包住床沿边,双手按住保洁布从一边到另一边,擦拭床边沿;另一边床头柜清洁方法同上。

(3) 清洁衣柜的操作步骤。

① 用湿布擦拭柜门把手,再用干布擦干。如果门把手是金属的,可以蘸少量清洁剂擦拭干净后再用干布擦干。

② 从左到右擦拭柜子边框。

③ 用湿布擦拭柜门表面。

④ 展开保洁布,擦拭底部卡槽。

⑤ 用干布擦干水渍。

(4) 清洗书桌的操作步骤。

① 将书桌上的书本和其他物品挪移到空闲的地方。

② 将湿布对折,用从上至下或从左至右 S 形擦拭书桌表面。

③ 用干布将书桌水渍擦干。

④ 用湿布擦拭挪移的物品后,按照物品摆放原则整齐地摆放在书桌上,书本可以做好区分,书脊朝外摆放方便查找。

(5) 清洁卧室房门操作步骤。

① 用湿布从左到右擦拭门框上沿。

② 将保洁布对折,用布包住门框,上往下直线擦拭。擦拭完一边门框后,再擦拭另一边门框。

③ 从左到右擦拭门顶部,如果门顶部很脏要再擦一遍。

④ 擦拭门表面(内面)。从上往下用湿布按 S 形进行擦拭,再用干布擦干水渍。

⑤ 擦拭门把手。门把手属于五金件,可以用湿布蘸取少量清洁剂擦拭,再用干布擦干,起到抛光打亮的作用。

⑥ 擦拭门表面和门把手(外面)。请参考擦拭门内面的步骤和方法。

(6) 清洁地面的操作步骤。

根据家具摆放情况,从里到外,使用横拖法和竖拖法结合的方式将地面擦拭干净。

(二) 厨房清洁

厨房作为家中的后勤补给地,是污垢最喜欢藏身的地方。厨房卫生存在问题不仅看着不舒服,更会带来健康问题。相比较其他居室的清扫,厨房的清洁难度更高,需要同学们掌握正确高效的操作流程和方法。

知识链接

小抹布,大讲究

你可知道小小一块洗碗布中藏匿着多少病毒和细菌吗?《中国家庭厨房卫生调查白皮书》显示,洗碗布中单块细菌总数最高的竟高达约 5000 亿个,而这些洗碗布中更含有包括大肠杆菌、金黄色葡萄球菌、白色念珠菌、沙门氏菌在内的 19 种条件致病菌。

同学们在清扫厨房卫生的同时,也要注意及时更换我们的清洁工具。每次打扫后要将抹布、百洁布等用具洗净消毒,使用时间超过 2 个星期最好更换 1 次,以免造成健康上的隐患。

1. 厨房清洁流程

厨房清洁的一般流程为墙壁→上橱柜→灶台面→下橱柜→厨房门→洗菜池→地面。

2. 厨房清洁步骤

(1) 清洁墙壁的操作步骤。

① 将保洁布打湿,涂上清洁剂,然后拧干,镶嵌在拖把上,配合伸缩杆使用。

② 从厨房门上方开始,绕一圈,用"坚拖法"将墙壁擦拭干净。

③ 用干布擦干墙壁上的水渍。

(2) 清洁上橱柜的操作步骤。

① 保洁布微湿,喷上相应的清洁剂(如除油剂、洗涤灵等)。

② 从左至右擦拭上橱柜顶部。

③ 打开上橱柜,从左至右擦拭橱柜上沿。

④ 关上橱柜门,从上至下或从左至右S形擦拭柜门表面。

⑤ 用湿布蘸擦拭门把手。

⑥ 擦拭橱柜门底部。

⑦ 将湿布清洗一遍后,再擦一遍。

⑧ 用干布擦拭掉水渍。

(3) 清洁灶台面的操作步骤。

① 给湿布喷洒油污去除剂。

② 擦拭燃气灶表面。

③ 干布擦拭掉燃气灶表面水渍。

④ 燃气灶支架可以提前浸泡在含有去污剂的水中,取出后清洗干净并擦干。

⑤ 将支架放回原位。

⑥ 用湿布S形从里到外擦拭灶台面。

⑦ 用干布擦干灶台面水渍。

注意事项

(1) 擦拭燃气灶开关时,一定不要触碰到开关点燃煤气灶。可以左手扶着开关,右手擦拭,以保护自身的安全。

(2) 支架常年使用可能积攒较厚的油污,可以拉长浸泡时间到10分钟。但是注意不要使用钢丝球或尖锐的工具擦拭,以免刮花支架。

(4) 清扫下橱柜的操作步骤。

操作步骤与上橱柜相同。

(5) 清扫厨房门的操作步骤。

请参考本节第二部分卧室门的清扫步骤。

(6) 清洁洗菜池的操作步骤。

① 给湿布喷洒油污去除剂或洗涤灵。

②擦拭水龙头。

③用干布擦干水龙头水渍。

④用湿布擦拭水池内壁和四周,水池边缘缝隙或顽固污渍可以使用小刷子或废弃牙刷涂抹去污剂去除。

⑤将过滤网的垃圾倒进垃圾桶。

⑥用小刷子擦洗过滤网和下水口,并用清水冲洗。

⑦用干布擦干水渍。

(7)清洁地面的操作步骤。

根据厨房地面摆放情况,从里到外,使用横拖法和竖拖法结合的方式将地面擦拭干净。需要注意厨房杂物较多,拖地之前可以先将物品搬出厨房,也可以将物品先移到未清洁的地面,拖完地后再摆放回原地。

(三)客厅清洁

客厅是家庭生活中最大的空间。作为家中的公共区域,不仅是家人共同活动的重点场所,也是家庭的"形象代言人"。因此客厅的卫生清洁需要引起重视。

1. 客厅清洁流程

客厅清洁的一般流程为茶几→沙发→博物柜→电视和电视柜→地面。

2. 客厅清洁步骤

(1)清洁茶几的操作步骤。

① 物品挪移至空闲地方或茶几另一边。

② 保洁布清洗后拧干。

③ 从上至下或从左至右S形擦拭茶几。

④ 用干布擦拭掉水渍。

⑤ 擦拭物品后放回原位。

⑥ 茶几另一边操作同上。

⑦ 用湿布擦拭茶具后摆放整齐。

⑧ 若茶几上有烟灰缸或小垃圾桶,将烟灰缸和垃圾桶内的杂物倒进垃圾桶,然后用湿布擦拭干净,再用干布擦干。烟灰缸可以垫上一层纸巾,倒水浸湿纸巾,防止烟灰飞起。

⑨ 清洁茶水桶。先将茶水桶内的残渣和水倒掉,然后用湿布擦拭茶水桶外部表面。擦拭完后,将茶水桶放回原处。

(2)清洁沙发的操作步骤。

① 用干布清理沙发顶部、沙发靠背、沙发扶手、沙发座的灰尘。

② 沙发物品整理,靠枕摆放整齐。

③ 湿布擦拭沙发底部。

 小贴士

不同质地沙发的清洁方式

布艺和皮质沙发都使用干布擦拭。如果皮质沙发很脏,可用干净的保洁布蘸水拧干后

对沙发轻拭。若皮革上有污渍,可用干净湿海绵蘸洗涤剂擦拭,或者用布蘸适当浓度的肥皂水洗擦拭,然后让其自然风干。木质沙发先用湿布擦拭一遍,再用干布收干水渍。

(3) 清洁博物柜的操作步骤。

① 用湿布从左至右擦拭上沿边框。

② 挪移方格内物品,用湿布简单擦拭。

③ 湿布擦拭方格内部。

④ 用干布擦干水渍。

⑤ 物品归位,摆放整齐。

(4) 清洁电视、电视柜的操作步骤。

① 用干布轻轻擦拭电视屏幕。

② 电视柜上的物品挪移至另一边。

③ 用湿布从上至下或从左至右 S 形擦拭桌面。

④ 用干布将水渍擦拭掉。

⑤ 擦拭物品后归位。

⑥ 另一边清洁方法如上。

⑦ 湿布擦拭柜子侧面并用干布擦干水渍。

⑧ 打开抽屉,用湿布擦拭抽屉上沿并用干布擦干后,关闭抽屉。

(5) 清洁地面的操作步骤。

请参考本章本节卧室、厨房清洁地面的内容,注意不要遗漏沙发底等易积灰尘的地方。

(四) 卫生间清洁

卫生间的空间虽然不大,但却是家庭成员使用率最高的处所。而且正所谓"麻雀虽小,五脏俱全",马桶、浴缸、盥洗盆等都是卫生间内的必备设施。在与人方便的同时,卫生间的整洁也与我们的健康息息相关。作为公共设施的聚集地,我们要保证卫生间的清洁卫生,避免交叉感染。

1. 卫生间清洁流程

卫生间清洁的一般流程为墙壁→洗漱台→门→马桶→地面。从相对干净的区域开始打扫,做到"由内向外"清洁,避免打扫过的区域再次污染。

2. 卫生间清洁步骤

(1) 墙壁的清洗步骤。

请参考本节第二部分厨房墙壁的清洗步骤。

(2) 清洗洗漱台的操作步骤。

① 用湿布从左至右擦拭镜子边框。

② 从上到下或从左到右 S 形擦拭镜面。

③ 擦拭镜面下方隔层。

④ 物品擦拭后,须用干布擦干。再按照物品摆放原则,归位摆放。

⑤ 湿布蘸取去污膏,擦拭水龙头。

⑥用湿布擦拭洗漱台外侧和内侧。

⑦擦拭下水口。

⑧干布擦干。

⑨湿布擦拭下橱柜并用干布擦干水渍。

(3) 卫生间门的清洁步骤。

请参考本节第二部分卧室、厨房门的清洁内容。

(4) 清洁马桶的操作步骤。

①将马桶清洁剂,如洁厕灵等沿马桶内壁均匀倒入。

②注意更换新的百洁布擦拭马桶水箱,不能和洗漱台或其他区域清扫工具混用。

③擦拭马桶圈。

④用马桶刷清洁马桶内部。

⑤流动水冲洗马桶内壁。

⑥用湿布擦拭马桶外部。

⑦擦拭卫生纸架。

⑧用瓷砖刷刷洗马桶底部死角缝隙。

(5) 地面的清洁步骤。

请参考本节卧室、厨房清洁地面的内容。

需要注意的是浴室中的瓷砖由于经常被水浸泡,极易变得黏滑。可把洗涤剂、洗衣粉水或"洁瓷灵"洒在地上,用刷子刷洗。如果地面砖缝中有了污垢,可以喷些清洁剂于污垢上,稍等片刻,用刷子刷洗干净,再用清水清洗,然后用拖把或抹布擦干。

知识链接

卫生间的卫生死角——洗衣机清洗大作战

洗衣机由于本身的结构设计因素,在日常的使用过程中,难免将污垢(主要包括自来水里的钙离子和碳酸钙组成的水垢、衣物带入的灰尘/细菌/其他物质等)残留在内部狭小的空间或缝隙中,日积月累容易滋生细菌。

洗衣机应定期进行保养和清洗消毒可以将清洁剂倒入洗衣机,波轮洗衣机加清水至高水位,滚筒洗衣机跳过预洗设定,直接加入清水运转5分钟左右,待清洗剂充分溶解后再浸泡1小时,按洗衣机日常洗涤标准模式清洗即可。

洗涤剂盒、舱门密封圈和排水泵等可以找到废弃的牙刷或其他软毛刷,配合清洗剂多次刷洗,在清水下冲刷擦拭后,重新组装归位。一定要记得关闭电源,以免触电。

(资料来源:徐雨辰.家用电器卫生死角大作战之——洗衣机的污垢太能藏[J].家用电器,2020(8):24-25)

三、家庭常见消毒方法

家庭消毒是健康保障不可或缺的重要工作。许多时候我们认为室内只要打扫干净就可以了,其实并非如此,基本的清洁只是扫除了表面的污渍,细菌病毒仍然存在,只有通过有效的室内消毒,才能消灭危害人体健康的病菌。随着后疫情时代的到来,人们对于干净整洁、健康舒适的家居环境也更加重视。

家庭消毒是指消灭人体表面和环境(包括病人用具)中的病原微生物或其他有害微生物,使之达到对人体无害的程度。家庭常用消毒方式分为物理消毒和化学消毒,两者有时会结合使用。

物理消毒方法有通风换气、暴晒消毒、煮沸消毒、蒸气消毒、紫外线消毒等。化学消毒方法是指使用消毒剂进行擦拭、浸泡、喷洒、熏蒸等方式进行消毒。消毒时,应根据不同的材质和目的,采用不同的消毒方法,比如对图书进行暴晒消毒。消毒剂在使用时,一般应按照说明书配制好稀释比例或浓度,以便更好地发挥消毒剂的作用,达到消毒目的。

(一) 常用消毒剂

市面上的家庭消毒剂种类繁多,常用的消毒剂主要有酒精(醇类消毒剂)、84 消毒液(含氯消毒剂)、高锰酸钾等。

1. 酒精

酒精的学名为乙醇,能使细菌的蛋白质变性凝固,75%浓度的酒精消毒皮肤为宜,也可以将需要消毒的用具浸泡 30 分钟消毒。需要注意的是,酒精在常温常压下是一种易燃、易挥发的无色透明液体,酒精蒸气与空气可以形成爆炸性混合物,遇明火、高热能引起爆炸燃烧。因此在使用时一定要开窗通风、避开明火,还要保证适量、存放在阴凉避光处,做到安全储备与使用。

2. 84 消毒液

84 消毒液为含氯消毒剂的一种,指溶于水产生具有灭杀微生物活性的次氯酸的消毒剂,其灭杀微生物的有效成分常以有效氯表示,主要用于衣物、硬质表面(如瓷砖、便池、地面等)的消毒。

由于 84 消毒液具有一定氧化性、腐蚀性以及致敏性,使用和保存必须多加注意。首先,在使用前务必做好防护,包括佩戴口罩、手套,做好裸露肌肤的遮盖。其次,配置时要注意稀释浓度,以有效成分浓度 5% 的 84 消毒剂为例,1 升水兑 10 毫升消毒剂,配置成浓度 500mg/L 的消毒液。

对桌面或地面开展消毒时,可以将消毒液喷洒在表面,或浸泡 10~20 分钟(如衣物等),之后进行擦拭并用清水清洗干净,去除残留。有两点重要提醒:①84 消毒液不能和其他消毒剂混合使用,否则会产生氯气,危害身体健康;②84 消毒液不适用于丝绸、毛、尼龙、皮革等衣物,及铝、铜、碳和不锈钢器具的消毒。

3. 高锰酸钾

高锰酸钾又叫过锰酸钾、灰锰氧、P 粉等,它是一种强氧化剂,有较好的杀菌作用。用高锰酸钾按照产品说明书的比例,兑水可配成高锰酸钾溶液,适用于瓜果、蔬菜的消毒,但浸泡的时间必须在 5 分钟以上。

 小贴士

消毒剂使用提示

1. 消毒剂浓度越高越好吗？

应按照产品使用说明对消毒剂进行稀释后使用，高浓度消毒液腐蚀性、刺激性相对较大，去残留的工作量也会增加。

2. 过期消毒剂还能使用吗？

不建议使用。过期的消毒剂由于有效成分挥发、浓度降低，消毒效果可能会打折扣。手头没有其他消毒剂可用时，也可应急使用，适当增加用量或消毒时间。

3. 配好的消毒液有效期是几天？

常用的需配制的消毒剂主要指含氯（溴）消毒剂，如84消毒剂，一般均为现配现用。建议配好留存不要超过24小时，尽早使用，随着时间推移有效成分会挥发，消毒效果会下降。

（二）不同用品的消毒方法

1. 餐具消毒

（1）煮沸消毒

煮沸消毒法主要用于餐具以及能煮沸的用具，如奶瓶、碗筷、汤匙、纱布、毛巾等。此方法简便可靠，通常将餐具或用具浸没在水里，煮沸20~30分钟后即可起到杀菌作用。需注意，煮沸消毒时间应从水沸腾开始计算，而非加热时间。

（2）蒸气消毒

蒸气能使细菌体的蛋白质凝固变性，大多数病原体经过15~30分钟的蒸气法均可死亡。蒸气消毒适合餐具、耐高温的用具等，应从水沸腾并冒出蒸气后计算，15~20分钟便可以达到杀菌消毒的目的。

市场上有专用的蒸气消毒锅，使用时要保证没有其他物品传播污染物。或者将餐具按照大小清洗干净后，摆放到一个干净的大笼屉上，盖上盖子，加水蒸。当水沸腾后，再继续蒸20~30分钟，待餐具自行冷却即可。

2. 衣服被褥等消毒

（1）冲洗浸泡法

一般用于耐湿的餐具、玩具、织物等消毒。先将消毒液按规定的浓度配好，再将需消毒的物品放入，完全浸没，作用30分钟后取出，清水漂洗去残留。一些化纤织物、绸缎等只能采用化学浸泡消毒方法。

（2）日光消毒法

日光含有紫外线和红外线，照射3~6小时能达到一般消毒的要求。被褥、衣服等都可以放到阳光下暴晒。需要注意翻动物品，使各个面都能接收阳光直射。建议在楼顶或空旷的场地进行晾晒，因为玻璃会阻挡光线传播，消毒效果会打折扣。

第四节　家庭照护

高申:"95后"小伙儿孝亲美德温暖一方

高申,男,1996年3月出生,中央和国家机关保密技术服务中心员工。2016年姥姥因肺小细胞癌及一系列心脑血管的并发症,失去生活自理能力,并需要长期住院。父母亲戚需筹款无暇照料,在外地读书的他毅然奔波于学校与医院之间。

在姥姥瘫痪病重期间,他一边坚持学业,一边守候在病床前,悉心照顾姥姥的饮食起居,并想方设法宽慰老人。姥姥晚上睡不好,睡不着,他就陪着聊天,时不时帮忙翻身调整。夏季炎热,姥姥长期一个卧姿容易产生褥疮和痱子,他就经常为姥姥翻身和按摩,刺激全身肌肉,及时擦拭汗液并涂抹痱子粉。

除了身体的病痛,心里的无助也无时无刻不在折磨着姥姥,高申每天强打起精神,给老人说笑话、拉家常、读报纸、聊网上的新鲜事,还节衣缩食买了一台平板电脑,陪老人听书、看剧,让老人暂时遗忘疾病的阴影和内心的煎熬。寒冬酷暑、始终坚守,直至姥姥安详离去。

姥姥去世后父亲患上肾癌,他放弃择业四处奔走,在父亲住院后贴身陪护,从未抱怨。疾病让父亲的消化能力变差,食物温度必须适宜,食材选择也十分受限。于是他用心学习食谱,每餐都尽量做到健康美味。医生要父亲戒烟,可这对一个二十多年的老烟民来说是件困难的事,于是他随时盯着父亲,变换方式转移父亲的注意力。经过高申一年多的守护与陪伴,父亲度过了最危险的时期。

作为一名新时代的优秀青年,高申用实际行动诠释了中华民族孝老爱亲的传统美德,这种品质所绽放的美丽光彩,必将温暖和激励越来越多的人一起为爱守护,让爱传递。

(资料来源:首都文明网,有删减)

【案例分析】 通过上述案例,相信同学们能够体会到照顾陪护老人与患者的不易。伴随大家的茁壮成长,家中的老人与父母也逐渐上了岁数,需要我们的陪伴与看护。因此,同学们需要尽早掌握看护家庭成员,尤其是老人的知识与技巧。常怀感恩之心,不断提升照顾亲人的能力,在生活点滴中做到知行合一,将孝老爱亲落到实处。

一、家庭照护基础知识

生命体征的测量与观察:生命体征包括测量一系列能显示个人健康状况的生理参数,家庭照护中主要关注体温、脉搏、呼吸以及血压四个维度。正常人的生命体征一般会稳定在相对范围内,但是家庭成员的身体如果处于特殊情况,如患病或老年人,就需要对生命体征时刻关注。作为人体内在活动的客观反映和身心状况的可靠指标,生命体征的测量,能够给出家中老人生理状态的基本资料,也可以为疾病发生、发展的判断等提供重要依据。

1. 体温

体温是指身体内部胸腔、腹腔和中枢神经的温度,较高且稳定,称为体核温度。皮肤温度也称为体表温度,低于体核温度,可随环境温度和衣着厚薄而变化,同学们可通过测量家人体表温度来监测老年人的温度变化,帮助判断有无发热。

日常照料中,测量口腔、腋下温度更方便。人体的正常体温范围:口腔温度 36.2~37.2℃;腋下温度 36~37℃,略低于口腔温度。

需要强调的是,体温不是固定不变的,一般会在一定范围内产生变动,根据昼夜、性别、年龄、运动和情绪等因素的变化产生波动。尤其是老年人的基础体温较正常成年人低,如果午后体温高于清晨 1℃以上,要排查是否发热。

(1) 体温计的分类

常见的家用体温计分为两种,水银体温计和电子体温计。水银体温计由玻璃制成,内部装有水银。水银遇热上升的刻度数就是体温度数。电子温度计在测温后会直接显示度数,使用起来更方便。

(2) 如何为家人量体温

测量体温 30 分钟前需要保证室内温湿度适宜,被测量者应避免喝水、进食、洗澡、擦浴、热敷、体力活动、情绪激动等情况,以免影响结果的准确性。利用水银体温计为卧床家人或老年人腋下测温的流程如下。

① 解开被测人衣领的扣子,或撑开领口。

② 取毛巾擦拭被测人腋下汗渍,避免温度计掉落,保证数值准确。

③ 取体温计,以水银体温计为例,查看水银柱所对应的温度是否在 35℃下。若在 35℃以上,确保周围环境宽敞的情况下,用手抓住体温计的尾部,手腕快速向下向外,用力甩动几下,使水银柱对应温度降至 35℃以下。

④ 将体温计的水银柱一头放在被测人腋窝深处正中间,紧贴皮肤。

⑤ 提醒被测人夹紧上臂,若老人不方便移动可以协助其测量时侧屈臂,手可过胸放在对侧肩头。

⑥ 10 分钟后,取出体温计,查看读数并记录。

⑦ 测量完毕,为被测人整理衣物,清理温度计放回原处。

2. 脉搏

脉搏是动脉脉搏临床上的简称,指随着心脏的收缩与舒张,左心室将血液射入动脉壁,动脉壁随心脏产生的周期性起伏波动现象。脉搏能够通过其频率反映家人心脏跳动是否正常。

脉搏频率受年龄、性别、体力活动、进食、情绪等因素影响。2~4 岁的孩子,每分钟 100~120 次。成年人每分钟 70~80 次。老人脉搏稍慢,如果超过 100 次则是心动过速。体力活动或情绪激动时,脉搏可暂时增快,发烧时脉搏也会增快,一般情况下体温每增高 1℃,脉搏增加 10~20 次。那么,如何为家人测量脉搏?流程如下。

(1) 被测人平卧或坐着,手臂放松处于舒适位。

(2) 袖子卷起露出手腕,手腕伸展,掌面朝上。

(3) 以示指、中指、无名指(即第 2～4 指)的指端并排按在被测人拇指根部下方腕部骨突处旁,即桡动脉处。压力大小以能摸清楚动脉搏动为限。

(4) 用表或手机计时,正常脉搏测 30 秒,乘以 2 即得测量数据。若发现被测人脉搏节律有异常,则测量 1 分钟。

3. 呼吸

呼吸是维持身体机能与新陈代谢的必需过程。摄取氧气,呼出人体产生的二氧化碳这一过程称为呼吸。男性及儿童以腹式呼吸为主,女性以胸式呼吸为主。正常成年人在安静的状态下每分钟呼吸 16～20 次,节律规则,运动均匀,不费力。老人受年龄的影响,呼吸频率为每分钟 16～25 次。受体力活动、情绪、疾病等影响,呼吸频率会加快。休息、睡眠时呼吸频率降低。那么,如何为家人测量呼吸?流程如下。

(1) 请被测人在安静的情况下测量,由于呼吸频率易受影响,可以与脉搏测量共同进行避免被测人紧张。

(2) 眼睛观察老年人胸部或腹部的起伏。

(3) 观察呼吸频率(一起一伏为一次呼吸)、深度、节律、音响、形态及有无呼吸困难。

(4) 计数,测 30 秒,乘以 2 即得测量数据。

4. 血压

血压是指血液在血管流动时对单位面积的血管壁产生的压力。血液在心室收缩时会进入主动脉,血压上升至最高值,称为收缩压,血液在心室舒张时动脉管壁收缩,血压下降到最低值,称为舒张压。测量血压能够监测家人的血液循环情况。

正常成年人在安静状态下的血压,收缩压为 90～140 毫米汞柱,舒张压为 60～90 毫米汞柱。老年人血压会偏高,一般范围是收缩压 140～160 毫米汞柱,舒张压 80～90 毫米汞柱。血压常在清晨最低,午后或黄昏最高。

(1) 血压计的分类

常用的血压计分为两种:水银柱血压计和电子血压计,电子血压计又分为臂式电子血压计(图 4-21)和腕式电子血压计。电子血压计使用更方便快捷,操作相对简单不易出错,我们主要学习如何用电子血压计测量血压。

(2) 如何为家人测量血压

血压计的型号、功能不同,务必对照说明书进行调整,并仔细阅读。

① 电子血压计的臂带打开,避免臂带从金属环中滑出。需要注意不要太紧或太松,一般绑好袖带后能插入一指为宜(图 4-22)。

② 测量时裸露手臂,如果穿有较厚的上衣,测量时不要卷长袖,应将上衣脱去,将手臂完整露出。测量应在温度适宜的房间进行。

③ 将血压计的臂带套在左臂上,臂带的底部应高于肘部 1～2 厘米,标记应位于手臂内侧的动脉上,空气管应在中指的延长线上。

④ 拿住臂带端部,边拉边将臂带紧紧缠在手臂上,按下测量开关,开始测量。

⑤ 测量完毕解开血压计袖带。

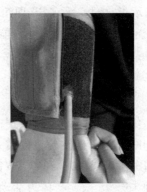

图 4-21　臂式血压计　　　　　图 4-22　试袖带松紧

二、老人生活照护

（一）扶抱搬移老人

1. 帮助老人由仰卧位向侧卧位变换

视频

（1）准备物品

卷好的被子或毛毯、枕头、软靠垫等。

（2）具体操作方法

① 在变换体位前先向老人说明，不能在老人不知情的情况下变换体位。

② 将老人双手交叉置于其腹部，把远侧的腿放在近侧的腿上。如为偏瘫老人，尽量用其健侧手臂抱住偏瘫侧的手臂置于胸部，把偏瘫侧的腿放在健侧腿上。

③ 协助人两腿前后分开、屈膝、弯腰，腰部的高度尽量与床面的高度保一致，双手分别托住老人远侧的肩部、髋部，将老人朝自己站立的一侧翻转。

④ 老人翻身后，协助人要用双手托起老人的腰部，把老人的身体向床中间移一移。

⑤ 把卷好的被或毛毯垫在老人的背后，把靠垫垫在老人的身体受压部位，在两腿之间夹上枕头或靠垫，以保持体位的稳定与舒适。

⑥ 整理床铺。

> 注意事项

（1）长期卧床的病人或老人仰卧位时间应尽量减少，防止骶尾部、足跟、外踝处皮肤产生压疮。避免被子太重，压迫偏袒足，造成足尖外翻。

（2）翻身过程中需要观察老人的肢体状况，一定注意不能生硬地拖、拉、拽、推，以免对人体造成不必要的损伤。

（3）在协助老人变换体位前，需要先评估老人的意识和生命体征，观察肌肉是否萎缩、关节是否僵硬。

2. 协助老人从仰卧位到坐位

(1) 从仰卧位到坐位的具体操作方法

① 站在老人将要坐起一侧的床边,协助老年人翻转身体呈侧卧位。若老人身体条件允许,尽量请老人自主完成翻身并注意保护。

② 协助老人将双下肢垂放到床边,将手臂放在腹部。如果老人双臂有力,建议双手环抱协助人的脖子。

③ 用一只手从老人颈肩下方插入颈后(或从老年人腋下插入背后),扶住老人颈肩后面向上扶起,另一手扶住老年人腰部。提醒老人向上抬头。以老年人屁股为轴,协助老人向上坐起,转换身体为坐位。

④ 老人在床边坐稳,询问老人感受,观察老人有无不适反应。

(2) 回到原来的仰卧位的操作方法

① 双手扶住老人的肩部,提醒老人用有力的手臂支撑在床面上,共同慢慢向床面倾斜靠近,顺势躺在床上。

② 将老人的双腿缓慢移动到床上。

③ 协助老人调整到舒适的卧位。

3. 协助老人从坐位到站位、行走

具体操作方法如下。

(1) 协助人面对坐在床边的老人,提醒老人双脚平放与肩同宽。

(2) 协助人分开两腿,双腿微屈,抵住老人的膝盖,引导老人身体前倾。协助人将老人的双臂搭在协助人的肩上或手臂处,自己的双臂从老人腋下穿过,抱住老人,十指相扣。

(3) 协助人屁股向后坐,慢慢立直起双腿,将老人带起。

(4) 老人站起来后,协助人将双腿分开,并用膝盖抵住老人的膝部,以防止老人因膝部不自主弯曲而跌倒。

(5) 老人想行走时,协助人要站在老人行动更好的一侧,让老人用手臂搂住协助人的肩部,自己用一只手握住老人放在肩部的手,另一只手围住老人的腰部,协助老人行走。

(二) 老人穿着护理

1. 协助老人更换上衣

(1) 为老人更换开襟上衣

第一步,请老人坐起或站起。若老人躺在床上需要协助,则帮助老人在床上呈坐位或半坐位。

第二步,为老人解开衣服扣子,衣领部分向斜下方拉,露出两肩。脱去一侧衣袖,将衣服从背后绕到另一侧,脱下另一侧衣袖。

第三步,展开清洁的开襟衣服,辨别衣身正反、衣袖是否拉出。

第四步,从一侧袖口端套入手臂,握住老人手部套入衣袖,提拉至肩部。提醒老人身体稍前倾,捏住衣领将衣身从背后展开,将另一侧手臂向斜下方或斜上方伸入衣袖。偏瘫老人脱衣时,先脱健侧,再脱患侧;穿衣时,先穿患侧,再穿健侧。

第五步,为老人拉平上衣的衣身,整理好衣领。

(2) 为老人更换套头上衣

第一步,协助老人取坐位或半坐位。

第二步,将老人套头上衣的下端向上拉至胸部,一手扶住老年人肩部,另一手从背后向前脱下衣身部分。

第三步,拉住近侧衣袖袖口,脱下衣袖,用同样的方法脱下另一侧衣袖。

第四步,辨别套头衣服前后面,保证袖子在外。一只手从袖口处伸入至衣身开口处,握住老人手腕,将衣袖套入老人手臂,用同样的方法穿好另一侧衣袖。

第五步,双手握住衣身前后片下沿至领口开口处,套过老人头部。

第六步,将衣身向下拉至平整。

2. 协助老人更换裤子

第一步,为老人松开裤带、裤扣。协助老人身体左倾,将裤子右侧部分向下拉至臀下;再协助老人身体右倾,将裤子左侧部分向下拉至臀下。

第二步,提醒老人屈膝,两手分别拉住老人两侧裤腰向下褪至膝部以下,分别抬起左右下肢,褪下裤腿。

第三步,取清洁的裤子并辨别正反面。一手从裤管口套入至裤腰开口处,轻握老人脚踝,另一手将裤管向老人大腿方向提拉。用同样的方法穿上另一条裤管。

第四步,叮嘱老人屈膝,两手分别拉住两侧裤腰部分向上提拉至老人臀部。

第五步,协助老人身体左倾,将右侧裤腰部分向上拉至腰部,再协助老人身体右倾,将裤子左侧部分向上拉至腰部。拉好拉链,系好裤带。

三、老人安全保护

(一) 协助老人使用轮椅、拐杖等助行器

1. 助行器的概念

助行器指的是辅助人体支撑体重、保持平衡和行走的工具。由于老年人身体机能的衰退,正常的行动逐渐变得困难重重,在没有外界工具的支持下很容易造成身体的损害。通过助行器这类器械的支撑,帮助行动存在障碍的老人或病患获得正常行动的能力。

2. 助行器的主要类别

生活中常见的助行器主要有三类:拐杖、步行器和轮椅。能够为不同需求的老年人提供服务。

拐杖主要由扶手、调节环(按钮)、橡胶垫组成。由于其体积较小,拿取操作方便,更适用于协助老年人行走时增加平衡稳定性,减少下肢的承重。拐杖的适用范围很广,室内外、上下楼梯都较方便。

步行器主要由金属杆搭建成三面,利用四个脚作为支撑。与拐杖相比,能够支撑前、左、右三个方向的受力,安全性更强。作为一种康复训练类工具,步行器是由轮椅向拐杖的过渡锻炼器具,主要适用于使用拐杖行走吃力、腿脚不稳的老人或处于下肢手术恢复期的患者。

步行器的体重和尺寸适中,可以作为行走、站立扶持、锻炼的工具,能够应用于室内室外。

轮椅主要由轮椅架、车轮、靠背、踏脚板、扶手构成。轮椅支撑面积大,稳定性有保证,适用于下肢残疾或行走困难的老年人。对于老人,独自使用轮椅可能会存在危险,最好在他人监护的情况下在室内外行动。

3. 如何协助老人使用助行器

(1) 协助老人使用拐杖

① 准备工作。检查拐杖的各个组成部分是否完好,主要为把手、橡胶垫、调节高度和方向的按钮。任何一项存在问题都不能继续使用。

询问老人是否存在身体不适,观察老人的肌肉、关节等部位是否不协调。

② 协助行走。指导老人健侧手拿手杖,手握把手,手杖放在健脚外侧 15 厘米处,目视前方,保持身体直立。

站在患侧保护,一手托住老人患侧手臂,另一手从背后扶住老人的背部。

协助老人平地行走和上下楼梯。其中平地行走也称为三点步行,指健手持拐杖,先将拐杖伸出约半步距离,再迈出患腿,接着健腿跟上,重复此过程。上楼梯需要在保持平衡的情况下,拐杖和患腿支撑重心,重心前移,健腿先上台阶,拐杖再上,保持平衡后患腿跟上。下楼梯则是拐杖先放在下级台阶上,接着患腿下,最后健腿下。

行走过程中,观察有无障碍物,并及时清理。观察老人行走的稳定性,有无异常表现。询问老人感受,老人感到疲劳时应立刻休息。

(2) 协助老人使用步行器

① 准备工作。使用前先教老年人检查步行器,保证其完好。检查内容包括:步行器高度调节是否合适,框架是否牢固,四个脚是否有磨损,高度是否相同,卡槽是否固定好。

② 协助行走。老人坐在椅子上,协助人将步行器放置在老人身前,协助老人站起。站在老人身后保护,可先双手协助老人扶步行器前进。

协助老人使用无轮式步行器行走,先移动步行器,再移动患侧,最后移动健侧。

行走过程中,观察有无障碍物,并及时清理。观察老人行走的稳定性,有无异常表现。询问老人感受,老人感到疲劳时应立刻休息。

(3) 协助老人使用轮椅

下坡时,采用倒行的方法,叮嘱老人坐稳扶好,协助人握紧把手,回头观察路面情况,缓慢倒退下坡,保证老人安全。

① 准备工作。选择老人适合的轮椅。保证轮椅的气压充足,刹车制动良好,轮椅完好,必要时准备好毛毯。观察老人的生命体征,询问其感受。

② 协助行走。轮椅上下坡的方式如下。

上坡时,协助人要保持身体平稳,握紧轮椅把手,大臂缓慢用力,两臂保持 90°屈曲,身体前倾平稳向前推。

下坡时,采用倒行的方式,提醒老人抓紧扶手坐稳。协助人握紧把手,回头观察路况,缓慢下坡。

轮椅上下台阶的方式如下。

上台阶时,提醒老人抓紧扶手坐稳,协助人一脚踩住轮椅后侧倾倒杆,以两后轮为支点,使前轮翘起移上台阶,将前轮放置在台阶上,再以前轮为支点,提起车把将后轮抬起,平稳移上台阶。

下台阶时,采用倒退下台阶的方法,提醒老人抓紧扶手坐稳,协助人提起车把,缓慢将后轮移到台阶下,再以两后轮为支点,稍翘起前轮,轻拖轮椅至前轮移到台阶下,平稳放下轮椅。

轮椅进出电梯的方式如下。

进电梯时,协助人和老人面向电梯,轮椅在前,协助人在后,直行进入电梯。进入电梯后协助人应先固定刹车再按电梯楼层按钮,电梯内空间狭小,尽量不要在电梯内转换方向。

出电梯时,先解除轮椅制动,采用倒行方法缓慢退出电梯。注意电梯门的开合状态,以免夹到自己和老人。

(二)意外事故预防与处理

1. 老人突发急症家庭救护要点

老人突然发生急症时,千万不能手足无措、心态崩溃,错过救治的最佳时间。同学们平时要学习一些老人家庭救护常识,遇事才能忙而不乱,正确有效地救护,给医生抢救、治疗老人病痛创造有利条件。老人发生急症时家人应做到以下几点。

第一,要保持镇静,切忌慌张,以免出差错。比如,遇到触电事故,先应切断电源,用木棍等绝缘物拨开电线,再行抢救。

第二,及时观察老人的生命活动体征,如心跳、呼吸、血压以及瞳孔反应。一旦心跳、呼吸停止,则应立刻做人工呼吸(如口对口)和胸外心脏按压,不要忙于包扎伤口或止血。

第三,不要随意推摇、搬动老人。如遇骨折、脑出血,随意搬动会扩大病情。

第四,不要舍近求远。老人呼吸、心跳停止时,应在就近医疗单位进行初级急救后再送大医院,避免老人在途中死亡。

第五,切忌乱用药,尤其是消炎药和止痛药,可能会造成病情诊断的错误。若老人有长期慢性病,可以吃常备药缓解,并且在救治时说明药物的具体信息。

2. 正确拨打"120"急救电话

"120"是我国全国统一的急救号码。只要是在医院外发生急危重症,随时都可以拨打"120",寻求救护人员专业而高效的救护。因此,拨打"120"是向急救中心呼救最简便、最快捷的方式。

(1)拨打"120"时需要做的工作

首先,在保持冷静的情况下,提供简要的病情描述。在与调度员电话沟通时,需要说明老人的姓名、性别、年龄、发病表现和既往病史等基本情况,帮助调度员对病情进行判断并提前在家中做好病情的简单处理。

其次,要正确地描述地址,报出具体的区县、街道、小区名称及门牌号。如果不清楚自己的确切位置,最好将周边明显的建筑物,如加油站、公交站牌、商场等信息告知调度员,以确定位置。

最后,要保证联系的畅通。如果条件允许的话可以一直和调度员保持通话,随时将老人的情况进行汇报,根据指导做出相应调整。若不能保持在线上,要保证手机铃声打开到最大音量,以免错过重要消息,也要避免占线。

(2)呼救后等待中的工作

首先,随时观察病人情况,做些简单的处理和急救。如突发心脏病,可舌下含服速效救心丸。若发现呼吸、心跳停止,要立即做人工呼吸及胸外心脏按压,直到救护人员赶到为止。

其次,准备好医院必需的物品,如病人病历卡、曾经的检查结果、医保卡、身份证等。

搬走过道上阻碍伤病员搬运的各种物品,以便更快搬运患者。若家在高层,要查看电梯安全情况,提前将电梯按到自己所在的层数。

 结尾案例

全国孝老爱亲道德模范:张水珍

在陕西省铜川市耀州区锦阳路街道水峪村,有这样一位农家妇女,37 年,她用人生中最美好的时光,相继照顾 6 位与她毫无血缘关系的老人,用勤劳善良诠释了人间大爱。37 年,用坚韧担当谱写了一曲新时代尊老、敬老、孝老、爱老的赞歌。她就是第七届全国道德模范张水珍。

1984 年,21 岁的张水珍经人介绍嫁给了丈夫任新宏,那时任家一贫如洗,还需要赡养 6 位老人,分别是任新宏肺癌晚期的奶奶、体弱多病的亲生父母、养父、养母和失聪终身未娶的小叔父。

"进了一家门就是一家人,他们就是我的亲人,我再苦再累也要把他们照顾好。"张水珍总是这么说。在张水珍的照顾下,5 位老人去世时都是高寿。目前,张水珍精心照顾着丈夫 84 岁的养母任彩霞,为老人安排好衣食起居,她们之间有着深厚的感情,不是母女胜似母女。

张水珍的孝心事迹感染了身边人,在社会中被广泛传播,2019 年张水珍荣获第七届全国道德模范荣誉称号。面对荣誉,张水珍却说:"我只是做了一件天下儿女都应该做的事。"

(资料来源:"学习强国"学习平台,有删减)

【思考题】 通过阅读以上案例,谈谈你的感受与看法。

 课后练习

一、选择题

1. 常用的清洁剂有( )。
   A. 洗涤灵　　　　B. 洁厕灵　　　　C. 盐　　　　D. 卫浴剂
2. 健康成年人每分钟脉搏的范围是( )。
   A. 50～60　　　　B. 60～70　　　　C. 70～80　　　　D. 80～90
3. 84 消毒液一般的使用浓度为( )。
   A. 100mg/L　　　B. 300mg/L　　　C. 500mg/L　　　D. 700mg/L
4. 协助老人脸部清洁的正确顺序为( )。
   ①眼睛　②颈部　③鼻子　④面颊　⑤耳朵　⑥额头

A. ①⑥③④⑤②　　　　　　　　B. ①⑥③④⑤②
C. ①⑥③④⑤②　　　　　　　　D. ①⑥③④⑤②

5. 协助老人下台阶时,拐杖和老人双腿的顺序为(　　)。

　　A. 健侧腿→拐杖→患侧腿　　　　B. 患侧腿→拐杖→健侧腿
　　C. 拐杖→患侧腿→健侧腿　　　　D. 拐杖→健侧腿→患侧腿

二、判断题(请判断对错,正确的打√,错误的打×)

1. 居室的清洁流程一般由外向内清洁,首先清洁客厅、卫生间等区域,再打扫卧室。

(　　)

2. 测量血压时,袖带与胳膊的距离以能够塞入两指为宜。(　　)
3. 使用去污能力较强的清洗剂或消毒剂时,需要保持通风,戴好手套。(　　)
4. 推轮椅下坡时,应采取倒退的形式,时刻回头关注路面情况。(　　)
5. 清洗剂和消毒液可以混合使用,清洁的同时杀菌效果会更好。(　　)

三、实践场景

我是家庭小管家

1. 实践目的

本活动旨在教育引导学生从自身做起,从身边小事做起,热爱劳动,尊重劳动,全面提升大学生的综合素质,促进和谐的家庭关系,帮助学生树立正确的价值观、劳动观。让学生能够通过自我服务和家庭服务感受劳动的意义与魅力,掌握相关生活技能。

2. 实践准备

(1) 同学们结合个人的能力,自学家常菜的制作并锻炼清洁技能。

(2) 教师做简单的案例示范,指导学生通过设计一日管家活动(为家庭成员做上一顿可口的饭菜,对家庭环境进行整理清扫,对家中老人进行照料),让家庭生活在自己的努力下变得更加井井有条,让家庭关系更加亲密。

3. 实践流程

(1) 请全体同学结合本章内容,利用课余时间设计一日家庭生活劳动工作,按照时间和事件进行安排部署,并在周末或回家时按照一日工作表进行实践、记录。

(2) 学生将自己的一日家庭管家记录表和完成情况进行汇报总结。

(3) 全体同学作业情况以 PPT 或报告形式上交,教师进行分析归纳,选择优秀作品并请相关同学作为代表进行分享。

4. 实践要求

结合课程所学内容进行设计并认真实施,收集家人的评价并在活动后进行总结。

第五章 学校劳动情景式实践指导

学习目标

（1）通过本章的学习，让学生深入了解校园清洁与环保行动、义务劳动和勤工助学、校内实训与劳动创意、专业服务与劳动创造的内容和意义。

（2）通过亲身实践深入感受学校劳动情景式实践的育人功能和意义，体会在劳动中成长的快乐和收获。

导入案例

北京青年报："神枪手"神速转型垃圾分类专家

陈国韬，北京市大兴区城市管理委员会党组成员、二级调研员。陈国韬曾任特种作战第二十八旅参谋长、副旅长，他只需要0.6秒就可以完成一套完整的出枪动作，被誉为"枪王之王"。他培养出狙击骨干1000余人，其中100余人被评为特等狙击手。2019年，刚刚脱下军装的陈国韬就全力投入了新的"战场"，转业来到大兴区城市管理委员会负责固体废弃物管理和再生资源回收行业监督管理工作。

2020年年初疫情暴发，陈国韬先后被派驻到采育镇沙窝营村、首都国际机场开展防疫工作，他积极配合村两委成员做好卡口执勤、入户宣传、消毒消杀、信息摸排等工作，配合机场工作人员做好入境赴京旅客的转运工作，拉好战疫防线。

2020年3月底，刚完成防疫任务的陈国韬没顾得上休息，就第一时间返回区城市管理委员会接手垃圾分类相关工作。工作中，陈国韬始终以软硬件建设为立足点，通过标准化硬件设施为居（村）民垃圾分类提供投放便利，并在广泛宣传动员等方面加大投入，大大提高了居（村）民垃圾分类参与率。到今年上半年，大兴区生活垃圾分类工作成绩在全市郊区中排名第一，居民垃圾分类知晓率达到98%，参与率达到90%。

自2020年6月起，陈国韬担任了大兴区生活垃圾分类推进工作指挥部办公室副主任，他积极推进各属地开展生活垃圾分类投放、收集、运输、处理全链条规范化、标准化体系建设，牵头研究制定了一系列生活垃圾分类治理的相关政策、办法、标准指引，助力大兴区打造出垃圾分类"全链条、全品类、全覆盖"的本地特色模式。

在这一年多的时间里，陈国韬边学习边实践，每周必抽2～3天前往各小区、村检查垃圾分类工作，实地了解各属地垃圾分类工作落实情况，因地制宜地提出垃圾分类工作推进措施。他从对垃圾分类一无所知的"门外汉"逐渐成长为大兴区乃至全市的垃圾分类的专家,从一名老兵转变为环保先锋。

(资料来源:《北京青年报》,有删减)

【案例分析】 随着科技创新的不断发展,各种新技术、新产品如雨后春笋般层出不穷,劳动工具的使用和实践经历着巨大变革,新时代的劳动者也面临着技术革新所带来的挑战。对大学生而言,只有审时度势,树立终身学习的理念,努力适应时代的发展、技术的变革、环境的更替,抓住新的机遇,创造新的价值,不断开拓创新,提升自身劳动的技能水平,才能在社会发展中贡献自己的力量。

第一节 校园清洁与环保行动

作为大学生,在全面提升个人综合素质的过程中,不断加强劳动教育对大学生的德智体美劳全面发展有积极的促进作用。通过一系列基于理论和实践基础的劳动教育,能够有效地帮助大学生意识到社会主义品德的重要性,增强劳动价值观念、家庭责任感和社会公德心,进而不断锤炼自身的德行修养。

大学生将所学知识通过劳动实践应用时,能更好地了解自己的优势和潜能,通过提升自己的认知、实践能力,能够有效地培养创造性思维。校园清洁与环保行动作为劳动教育的必要实践内容,对于大学生来说影响深远,不仅能为大学校园营造良好的学习氛围,更能引导同学们建立新的生活方式和行为习惯,加强同学们对新的生活方式和好的行为习惯的追求,同时也为建设生态文明校园和环境友好型校园贡献力量。

一、校园清洁与环保行动的主要内容

(一)垃圾分类"有我在"

垃圾分类是把垃圾按照废弃物的种类和性质等分别收集的行为,分类后有助于后续在垃圾处置时回收一部分可再生资源,一些塑料、纸张、金属等物品都有很好的回收价值,还能够继续发挥经济价值。大学校园人口多,校园每日产生的垃圾数量大,作为大学生也要深入贯彻垃圾分类的行动,一方面可以减少环境污染,美化校园环境;另一方面也能使大学生养成良好的环保意识,注重资源的有限性。垃圾主要分为可回收物、有害垃圾、厨余垃圾、其他垃圾。

大学生应当主动学习垃圾分类的知识,举办形式多样的活动,加强垃圾分类和环境保护的宣传力度,带动周围更多的同学参与垃圾分类的活动。利用校内开展的各种大型会议,如校级、院级的教师会议、校务会议、师生座谈会、新老生交流会等深入宣传教育,利用校园内举办的活动如节日活动、团学活动、纪念活动等对垃圾分类进行宣传,在宿舍、教学楼、食堂等地方设立宣传标语号召同学们身体力行,宣传积极做好垃圾分类的榜样力量,动员更多的学生参与垃圾分类回收;增设垃圾分类回收点及资源回收中心,并由各级学生会成员、团组

织进行监督检查,尽量使用环保袋代替塑料垃圾袋,并协助指导学生进行垃圾分类。

通过校园内部的宣传海报、广播台、校报等媒体对垃圾回收管理进行宣传,更好地解决校园里的环境卫生问题、资源浪费问题,让我们从身边小事做起,动员所有学生以实际行动支持和推动环保事业的发展。

(二)清扫校园"我能行"

主要包括清扫宿舍卫生、校园保洁、教学区卫生、绿化美化。宿舍、教室和校园是我们生活和学习的地方,在劳动教育实践课程中,同学们有机会亲身参与到清洁校园的活动中。在党日活动和团日活动中,学校也会有针对性地组织同学们开展清扫校园的活动。

同学们要切实做好校园垃圾清扫工作。可以将全校分为几个区域,以教学楼和楼层为单位,在走廊上或卫生间里根据可能会出现的垃圾种类设立贴有不同标志的分类回收垃圾桶。对于垃圾桶,应该合理摆放并且做到按时、及时清理。同时也要定期维护。

回收的废弃物集中起来变卖可以形成一份较为可观的收益,我们可以成立一个校园基金会,将变卖废品的收益交给学校里那些需要帮助的学生。针对废旧物品的完好程度,进行不同程度的修理。根据利润最大化的原则,把这些废旧物品进行不同种类的处理。

除了必须开展的实践活动外,希望同学们都能养成自觉维护校园卫生的习惯,宿舍卫生、教室卫生以及校园卫生需要我们每个人共同努力,大学生应当以自己的力量带动周围同学,共同为了优美的校园环境作出努力,这不仅体现了大学生良好的精神风貌,也体现了学校的优良校风。

(三)食堂秩序"齐维护"

食堂是同学们大学生活的重要场所之一。文明食堂志愿活动是学校志愿者协会长期开展的校园志愿活动之一,目的是倡导文明校园,创建良好的就餐环境。在疫情期间,食堂志愿者还有另一层含义,那就是为同学们的安全增添保障。

比如在每天中午就餐时间,志愿者们可以引导同学们有序排队、做窗口引导员、温馨提示同学们吃完收拾餐盘、协助食堂清洁工人打扫餐桌、提醒同学们就餐时保持安全距离、严格分桌就餐。这样的志愿活动不仅能让同学们养成自觉维护校园环境的良好意识,还能让同学们深刻体悟食堂工作人员的不易和艰辛。一日三餐离不开食堂,食堂的卫生环境也需要大家共同维护,希望同学们都能珍惜粮食、爱护就餐环境,严格遵守学校目前"不聚集就餐"的疫情防控要求。

(四)宿舍卫生"亮晒比"

宿舍是我们每天都要生活的地方,《后汉书》说:"一屋不扫,何以扫天下?"意思是说,如果不能把自己每天居住的房间打扫好,那以后怎么能承担大任,做好更重要的大事呢?细节看似零碎,但却最能体现一个人的精神品质;宿舍卫生虽然事小,但是最能培养一个人的责任心和责任感。

大部分大学生已经成年,除了要主动保持个人卫生外,也要积极维护宿舍卫生。从大学第一课军训开始,内务检查就是一项重要的考核内容,同学们要养成良好习惯,每日检查宿舍卫生,保持宿舍干净整洁,这不仅有利于自己的身心健康,也有利于获得良好的劳动成就感,更有助于提高与同学相处时的同理心,增强同学之间的友谊。

二、开展校园清洁与环保行动的意义

(一)树立正确的人生观和价值观

习近平总书记说:"实现中华民族伟大复兴的中国梦,要靠各行各业人们的辛勤劳动,普通劳动者也可以在宽广的舞台上展示自己的人生价值。"马克思主义认为劳动创造了人,劳动是人类认识世界和改造世界的根本途径。劳动是财富和幸福的源泉,任何伟大的理想都是靠脚踏实地的劳动奋斗出来的。通过开展校园清洁和环保行动的劳动教育实践帮助大学生认识到,经过辛勤劳动、踏实劳动、创造性劳动,有利于实现自己的人生目标。

在劳动过程中也能体悟实现人生价值的快乐,总结做事情的规律,养成独立思考的习惯。劳动是奋斗与幸福之间的实践连接点,幸福不仅在于享受劳动创造出来的成果,更在于体验劳动创造的过程,虚幻、不现实的幸福往往源于缺少劳动及其创造的过程。同学们在开展校园清洁和环保行动的过程中展现出的不惧艰苦、不计回报、无私奉献的精神状态,能够让同学们感受到自我价值的实现,这种实现价值的过程,就是同学们通过无私奉献体验幸福的过程。

在开展校园清洁和环保行动的过程中继续深入引导同学们继续学习、加强实践,积极投身其他各项劳动实践活动,比如社会实践服务性劳动、奔赴红色地区、贫困地区、深入基层,通过社会调查、实地走访、采访考察等多种形式开展劳动实践活动,有利于大学生在劳动实践中磨炼意志和增长才干,不断丰富人生阅历,通过坚守艰苦奋斗的精神底色以及传承艰苦奋斗的优良传统,把理论和实践相结合,将个人的前途命运和国家民族的发展同频共振,树立正确的人生观和价值观。

(二)有利于强化大学生的社会责任感

大学生的社会责任感是养成其亲社会行为的关键因素,当大学生对自身的责任有了基本认知之后,通过亲身实践会对自身的社会价值和生命价值产生认同,在这一思想意识的指引下,会形成有利于社会的价值观念和行为表现,积极践行自身的社会责任,促进自身角色的社会化转变。

劳动教育具有显著的社会性特征,校园清洁和环保行动作为劳动教育重要的内容和形式,不仅能够引导大学生在积极的劳动实践中适应和感受社会生活,其自身也通过不断地劳动锻炼成长为未来社会所需的高素质、高水平的复合型和应用型专门人才。

校园清洁和环保行动能让大学生深刻体会到社会上不同职业的艰辛,能对各种职业产生不同的体悟。习近平总书记也曾强调:"中国梦是国家的梦、民族的梦,也是包括广大青年在内的每个中国人的梦。"大学生是"造梦者",更是"圆梦者",不仅需要具备综合的能力素质和劳动素养,也要将圆梦内化为自身的社会责任和价值追求。

通过各类的劳动教育实践活动,能够激发大学生的奋斗热情和创造活力,引导其在融入、了解、服务社会的过程中,立足本职从基础做起,充分运用专业技能走进经济、教育等亟须快速提升的地区和领域进行劳动锻炼和志愿服务,以此形成对自身责任的感性认知和理性思考,进而能够肯定和认同自己的切身劳动为国家和社会创造的价值,有利于引导大学生勇担时代责任,形成奉献基层、服务人民的价值选择。

(三)有利于大学生弘扬和践行劳动精神、劳模精神

我们能稳步迈进新时代、走向新征程,离不开劳动模范的辛勤工作和默默付出,他们用真实的劳动付出和立足本职、勤勉敬业的劳动态度所凝聚的崇高品质,是我们开拓创新、继往开来的强大精神动力。

一是有利于培养青年学生勤俭的生活习性。进入大学后,部分大学生或因为惰性,或因为松懈,亲自参加劳动的行动力和执行力较差,同时又惧怕劳而无获,对其加强劳动教育,有利于使其在与他人的协作劳动中感知劳动的创造性价值,学会尊重和珍惜自己和他人的劳动成果,克服精致利己、铺张浪费的不良习性。

二是有利于培育大学生实干的奋斗精神。在劳动过程中,引导学生在鲜活的劳动实践中以干劲、闯劲、钻劲,练就踏实肯干、真抓实干、埋头苦干的作风,能够使大学生对学习、工作和生活秉持积极态度,锤炼其脚踏实地、主动作为的精神品质。这里的奋斗精神就是指实干,"实"是讲实话、办实事、求实效,"干"是"诚实劳动、脚踏实地劳动"。

三是有利于激发大学生敢于求新求变的创新创造精神。在劳动教育理论学习和实践锻炼下,大学生敢于冲破思维定式对旧事物予以批判,在不断的体脑劳动下,充分运用自己的学科知识和专业技能,不望而却步或停滞不前,创造出具有独创性的观点、方法或者实质性的事物,这一过程即是学生创新创造意识和能力的逐步提升,又能反过来激发新时代青年开拓创新和敢为人先、不断提升自身创新创造的意识和积极态度。

四是有利于引导大学生在劳动中养成奉献精神。当前,大学生要在"我要劳动"的基础上转变为"我愿意为他人和社会劳动",以劳动奉献来实现自身的社会价值。因此,引导学生深入基层进行劳动服务,能够激励学生以高度的责任感和使命感完成本职工作,以自觉之责任、忘我之劳动、无私之奉献在党和人民需要之处尽情发挥自己的才能,不断以"我将无我,不负人民"的劳动精神和奉献精神锤炼自我、成就他人。

(四)有利于促进大学生劳动素养的综合提升

大学生的思想品德是以社会主义道德规范和社会责任感为基础的,以"公民道德建设实施纲要"为遵照,帮助大学生养成自觉遵守道德规范的良好行为。通过校园清洁和环保行动,大学生能够在其中深刻感受到良好校园环境的来之不易,教育大学生从身边小事做起、从最平凡最基础的岗位做起,通过自己辛勤的劳动践行敬业精神,养成勤俭、环保、自强、感恩的品质。校园清洁和环保行动作为劳动教育的一项重要内容,对于培育大学生的劳动素养有重要意义。

一是以劳树德,劳动能增强人的德行修养。通过一系列的劳动理论和实践教育,能够引导大学生养成良好的社会主义品德,促进自我劳动价值观念、家庭责任感和社会公德意识的提升,进而不断锤炼自身的德行修养。

二是以劳增智,大学生能在劳动中增强劳动技能,丰富劳动知识,达到提升和扩展劳动能力的目标。另外,大学生将所学知识通过劳动实践应用时,能更好地了解自己的优势和潜能,直面自己的劣势和不足,通过提升认知、实践能力,能够有效培养其创造性思维。

三是以劳强体,劳动本身就具备运动身体的效能,大学生通过劳动不仅能够进行身体运动,还能在劳动过程中激发自身蕴藏的潜能,不断地思考和调整行为以达到最佳的劳动效果,借此可以强化意志品质,增强心性锻炼,进一步增强体质,"野蛮其体魄"。

四是以劳育美,在劳动中可感悟人生、生活和社会之美。马克思曾说道,"人是按照美的规律来建造的",深刻指出了人之美感的产生和发展与劳动密不可分,美的根源就在于对劳动的真理性认识。劳动本身就是美,劳动实践过程能使大学生感受劳动之美,充实审美体验,培养其劳动光荣且崇高、劳动伟大而美丽的审美观念,使其能够发现劳动美,感知劳动美并尝试创造劳动美。因此,劳动不仅创造了社会生活,更有助于大学生对美的追求、向往和创造。

第二节　义务劳动与勤工助学

 拓展阅读

北京2022年冬奥会、冬残奥会在3月中旬顺利落下帷幕。作为赛会中重要的服务保障力量,冬奥志愿者也成了这次盛会的靓丽风景线。据统计,本次赛会共录用了1.8万多名志愿者,其中35岁以下的青年人占比94%,是志愿服务的主力军。

在这些青年中,大学生志愿者们备受瞩目。在冬奥会和冬残奥会期间,我们听到了许多关于这些年轻人的故事,有感动美国运动员的"粉衣小哥"孙泽宇,有自制二维码班车时刻表的杜安娜,还有在张家口赛区云顶滑雪公园场馆那些不畏严寒、睫毛结冰的颁花礼仪姑娘……

(资料来源:《北京青年周刊》)

视频

一、义务劳动

(一)大学生义务劳动的内涵

大学生义务劳动是指大学生在不计报酬的情况下,为改善社会,促进社会进步而自愿付出个人时间及精力所做出的劳动性工作。

习近平总书记在全国教育大会上指出:"要在学生中弘扬劳动精神,教育引导学生崇尚劳动、尊重劳动,懂得劳动最光荣、劳动最崇高、劳动最伟大、劳动最美丽的道理。"大学生义务劳动着眼于亲身体验,大学生可以通过亲身实践感受劳动带来的幸福,自觉养成主动劳动的习惯,牢记劳动教育的核心内容,把劳动精神内化于心、外化于行。

（二）大学生义务劳动的基本类型

1. 三下乡活动

三下乡包含文化、科技、卫生等方面，内容和形式都多种多样，每一年寒假暑假，同学们可以自行组队，利用自己的专业知识通过三下乡活动，宣传科普科学技术知识、提倡健康生活方式、改善当前农村环境、促进农村经济发展。

2. 西部计划

经过一系列正规招募、详细报名、严格筛选等方式，号召大学生"到西部去、到基层去、到祖国最需要的地方去"，在科技、教育、文化、卫生等方面开展为期 1~3 年的义务劳动工作。

3. 公益活动

在社会、校园范围内从事一些力所能及且为身边人服务的工作，比如"食堂志愿者""我为贫困地区献爱心""服务毛主席纪念堂""义务植树""校园迎新生服务工作""平安校园志愿者"等。大学生不应放弃任何一个公益活动，用自己的实际行动为社会、学校的公益事业尽一份自己的力量也是人生难忘的经历和收获。

4. 大型活动

大学生整体素质较高，知识储备丰富，群体年轻有活力，在奥运会、残奥会、冬奥会、世博会、亚运会、马拉松比赛等世界级和国家级的重大赛事中都有大学生的身影。大学生在活动中展示了中国年轻人的良好风貌，在义务劳动中也为赛事顺利进行贡献了重要力量，同时也赢得了国内外友人的认可和赞同。

5. 校内活动

学校会定期举办各种文体活动，例如文艺晚会、知识竞赛、校运会等。在活动中，少不了学生志愿者的加入，学生志愿者以青春风貌为活动增加了亮丽的风景线，在活动中做引导工作、礼仪工作、维护秩序工作，不仅能提升自己的耐心，还能在这些活动中结交许多好朋友。

二、勤工助学

（一）大学生勤工助学的相关概念

《中国教育大辞典》指出，勤工助学是指以帮助学生顺利完成学业为目的，由学生所在学校主要组织的，学生利用课余学习时间帮助学校有关部门从事助研、助教等校内劳动，或者从事健康规范的社会性劳动，并且获得一定酬劳的助学活动。

它的主要特点是：第一，组织者和管理者都是学校的有关部门，在学生课余时间不影响学生学习的前提下开展的对学生工作发展有帮助的实践活动；第二，参与主体是高校大学生，主要范围是家庭条件较为困难的学生，目的是提升贫困学生的自信，帮助学生全方位提升自我；第三，勤工助学有双重功能，一方面是为了减轻学生的经济压力，另一方面是在实践活动中充分发挥实践育人功能，等同于另一种形式的教育方式。

（二）大学生勤工助学的类型

大学生在参与学校勤工助学工作时，主要通过提交申请书、面试、安排上岗等公开透明的过程上岗工作。岗位设置多样，种类也多，一般有以下几种类型。

1. 管理工作

这一岗位需要善于观察、综合素质较高的同学，这对大学生的自我管理能力也是一种考验，学生要牺牲一定的课余时间，和老师学习一些基本办公室技能，帮助老师进行教育管理工作，这样的工作有助于学生理解教育工作者的难处，也能换位思考，有利于学生迅速转换角色并成长。比如，组织同学们参与活动，统计相关信息，创办同学们感兴趣的文化活动，在同学中起到榜样示范作用。

2. 技术工作

这一岗位对大学生的专业基础知识有一定要求，但同时也对提升大学生的专业技能知识和实践能力有很大的帮助，通常同学们可以在实训室、实验室等专业技能场所协助老师完成一些基础专业工作、科学研究工作、专项课题调查以及相关设备的维护工作。

3. 劳务工作

这类岗位最为普遍，也是最常见的岗位。这一类工作岗位没有专业要求，也不需要太丰富的工作经验，通常需要大学生具备能吃苦、认真负责的良好工作精神，工作主要包括整理材料、打印报送材料、维护设备、管理书籍资料、打扫卫生等。

三、义务劳动和勤工助学的意义

（一）大学生参加义务劳动的意义

参加义务劳动，能够有效培养自己的劳动意识，学习适应劳动生活，为学校以及班集体做自己力所能及的事情，贡献自己的一份力量，这是大学生的必要需求。大学生参加义务劳动，更能深刻体悟他人工作的不易，更有利于大学生珍惜他人的劳动成果，也能勇于克服惰性，走出舒适圈，养成良好的生活习惯。

参加义务劳动是培养大学生集体主义的有效途径，义务劳动强调奉献自己、贡献社会，充分表达了志愿者强烈的社会责任感。集体主义倡导要把国家和集体利益放在第一位，把个人进步与集体和国家的发展联系在一起，社会责任感是每一位公民必备的品质，个人要时刻在社会责任感的引导下，为把社会变得更好而贡献个人的力量。

学生在参与义务劳动时，不仅能够提升道德素质，也能使社会责任感得到培养和提升，大学生在义务劳动中能够清晰地意识到义务劳动所蕴含的公民权利和义务，并逐渐把志愿者当作一个超越年龄、职业、收入、地位等界限的共同身份。

参加义务劳动，大学生能够深刻触摸生活的美好，培养良好的社会公德，提升劳动素养，培养劳动意识，激发奋斗活力。当我们深入工作中，为工作流下汗水，为身边的老师同学服务，为社会和谐而努力时，可以深切感受到义务劳动带给自己的成长。同时，义务劳动也与爱国、敬业、诚信、友善相融合,通过奉献爱心向他人提供帮助,引导个人提升道德素质,在帮助他人的同时实现个人全面发展,促进社会不断进步。

大学生参与义务劳动,弘扬义务劳动精神,究其本质就是在用社会主义核心价值观来评价、指导义务劳动行为,同时也是用义务劳动的实际行动践行社会主义核心价值观。

参加义务劳动,看到自己的奉献带给周围人欢乐,为他人生活带来方便时,大学生自己也会感到无比幸福,在这个过程中还能不断总结工作和生活的经验,提升个人的实践能力,进一步提升知识储备,为以后走向社会奠定扎实的基础。

大学生作为社会中最积极、最有生气的青年力量,蕴藏着改变与创新的巨大动能,象征着未来和希望。新时代赋予了大学生推动社会发展和进步的崇高使命,提出了担当民族复兴大任的时代新人的更高要求。在这样的背景下,义务劳动有助于促进大学生各方面能力素质的提高。

大学生在与同伴以及服务对象的互动和对话中,不断提升了个人的组织能力、协调能力、人际交往能力等各方面的能力素质,也能深刻地认识到现代社会生活的复杂精彩,体验义务劳动的现实意义和人文价值,拓宽人生视野,丰富人生阅历。虽然这些能力素质也可以通过其他活动获得,但是通过义务劳动获得能力素质的提高更有意义,因为这样的能力提高含有德行提升的意味,因此更值得被社会推崇。

(二)大学生参加勤工助学的意义

参加勤工助学有利于大学生树立自立自强的观念。高校开展勤工助学工作能够使参加勤工助学的同学们的收入水平得到提升,可以有效解决其经济匮乏的问题,同时因相关收入是通过个人努力获得的,学生的自立自强精神能得到有效培养,同时自尊心也可以得到全面满足。学生有了更高的自立能力,就可以更多地为他人提供服务,面对挫折时也会拥有更强大的自信心。

高校勤工助学作为实践教学活动的一种,大学生在参与时,不仅磨炼了意志,同时也塑造了良好的性格。当大学生领悟到劳动不易,就能鼓励自己在进入社会之前不断进行自我锻炼,养成良好习惯,为实现社会主义建设发展目标打下坚实的基础。

高校开展勤工助学活动,为学生的实践活动开辟了通道,也是学生重要的实践形式。在勤工助学期间,学生能深刻体会到高校思想政治教育的意义,感受高校实践育人的重要性,不断提升自信心,增强克服困难的决心。同时,在解决经济困难的基础上,大学生能深刻体会到通过自己的努力实现自我价值的快乐,感受到学校和老师的关心,促进其形成正确的人生观与价值观。

参加勤工助学有利于提升学生的综合素质。学生在参加勤工助学的过程中,不仅是工作者,而且能够有效实现专业知识和实践过程的融合。大学生都是从高等院校直接走进社会的,学校有责任帮助其培养强大的自立自强的发展观念,形成健康的劳动光荣的发展意识,为其成为一个独立的社会人做好充分的准备。通过开展勤工助学活动,大学生要具备解决相应问题的能力,并懂得如何在逆境中成长。

新时期高校勤工助学活动的开展,一方面可以解决贫困学生经济压力较大的问题;另一方面,也可以使其通过自身劳动满足自信心和自尊心的发展需求。整个过程中,同学们的生活压力承受能力有了显著提升,同时可以通过参与社会实践活动,逐步成为生活中的强者。

高校勤工助学岗位是大学生正式走入社会之前的实践基地,组织大学生参加相关活动,可以对自身品格进行锻炼,可以对意志力加以磨炼,使其理解成长及生活的不易,尽全力将自身在正式走入社会之前向着全面性方向发展,从小事做起,逐步提高综合素质水平,为成为新时代中国特色社会主义的合格接班人打下坚实的基础。

第三节 校内实训与劳动创意

拓展阅读

武汉职业技术学院:用"匠心"为职校生筑梦

企业的技能大师,高职院校的技能名师,这两个身份在朱卫峰的身上得到了完美的结合。在武汉职业技术学院,以这个"80后"校友名字命名的"工匠工作室"吸引了众多学生的目光。

毕业于武职机电一体化专业的朱卫峰就职于中国长江动力集团,先后获得武汉市五一劳动奖章、武汉市技能大师称号,带领一群年轻人出色完成过各种高精高尖产品的加工任务。

他即将迎接的新使命是:学校投入120万元,为他领衔的工作室配备8名全职教师,在青年骨干教师团队里选出3人与朱卫峰技能大师结成师徒对子,在职业素养、实操技能、技能大赛等方面进行持续的、重点的技艺传授,教研室和技能大师的工作室协同育人。

在武汉职院,从新生一入学,各院系和专业教研室就忙着将合作企业的技术能手、优秀毕业生校友、技能大赛获奖学子等请进入学教育的课堂,为学生展示技能绝活儿,让大家接受工匠精神的洗礼,这是该校多年来形成的传统。校园里,一群身穿南航制服的"空姐"迈着优雅的步伐迎面走来,一群身着工装的男生有说有笑地从身边走过,一群"白大褂"在实训室里聚精会神地摆弄着化学仪器……"荆楚工匠进校园"一类的活动更是蓬勃开展。

不仅是工匠文化的培育,武职还将"工匠精神"渗透到了专业课程教学的目标、过程和评价等各个环节,常年聘请的"楚天技能名师"达到15名,让他们参与到机电、电信、建筑等专业人才培养方案的制订、核心课程的讲授、校内实训的指导中来。

针对这些举措,武汉职业技术学院党委书记邓长青对职业教育有着这样的思考:"'工匠精神'让职业教育有了'灵魂',大力弘扬工匠精神,着力培养技能精英,已经成为职业院校责无旁贷的历史使命。"

(资料来源:《中国青年报》,有删减)

习近平总书记在同全国劳动模范代表座谈时强调:"人民创造历史,劳动开创未来。劳动是推动人类社会进步的根本力量。幸福不会从天而降,梦想不会自动成真。实现我们的奋斗目标,开创我们的美好未来,必须紧紧依靠人民、始终为了人民,必须依靠辛勤劳动、诚实劳动、创造性劳动。"在同北京大学师生座谈会上的讲话中,习近平总书记更是对广大青年

寄语："要力行,知行合一,做实干家。"

空谈误国,实干兴邦,实干是行动,是身体力行。高等教育作为直接面向职业、通往岗位的教育,只有坚持教育教学与生产劳动、社会发展相结合,才能切实增强学生生产劳动实践相关技能,为祖国输送符合社会需要的技术人才。

校内实训是高等院校劳动教育体系的重要组成,实训过程即为劳动教育,实训教育的终极目标也是满足劳动的根本需要。劳动教育与实训课程之间相辅相成、相得益彰,高校学生完成劳动实践与实训教育的任务要求,从而在学习过程中得到全面发展,具备吃苦耐劳、艰苦奋斗的精神,用出色的劳动技能书写精彩的人生。

马克思主义认为,在合理的社会制度下,每个有劳动能力的人都应当学会劳动,不仅要能够用手劳动,而且要能够用脑劳动。劳动创意是在劳动过程中的创造性思维活动,在劳动教育活动中,大学生应将体力劳动与脑力劳动相结合,不仅要强化专业理论知识以及实操实训的学习实践,而且要有意识地培养自身的创新意识,发掘劳动实践创意点,辛勤探索更为广阔的天地,从而推动社会的发展进步。

一、校内实训

(一) 校内实训的概念和作用

实训全称为职业技能实际训练,本身是一种劳动活动,是指在学校控制的状态下,按照人才培养规律与目标,对学生进行职业技术应用能力训练的教学过程。[①] 而校内实训,顾名思义是指在学校内部进行的实训实践活动,实训基地设立在学校内部。

作为高等职业院校人才培养的重要一环,校内实训强调"参与式学习",即高校通过依托和模拟各类实际工作环境,结合学生所学专业,有计划地、系统地组织学生开展职业技能训练等实操性、实践性活动。校内实训包括专业实验、专业实训以及专业实习等内容,结合了传统课堂中理论学习和外出顶岗实习的优势,注重理论结合实践的综合运用,通过学生与职业技术岗位"近距离"接触,增进学生对课堂讲授的专业知识的认知,激发其主动思考的意识,提高其探索创新以及团队协作的能力,锻炼大学生运用所学理论、专业知识以及实践技能解决实际工作中问题的能力,提升大学生的适应能力、职业技能与综合素质,助其练就一身真正的本领,掌握一门拿手的技能,从而满足社会、经济不断发展的过程中对技能型人才的切实需求。

(二) 校内实训的价值和意义

1. 校内实训是学习劳动技能的重要途径

习近平总书记曾提出,"人民对美好生活的向往,就是我们的奋斗目标。"而唯有"努力奋斗才能梦想成真",美好生活必须依靠人民自身不断努力奋斗才能实现。劳动是人类最基本、最重要的存在方式,社会劳动实践不断推动着社会向前发展。人民首先要学会生存技能,通过自食其力满足生存必需,生活和历史也在当中产生。同时人民也要不断有效地提升

---

① 肖建英.高职院校校内实训基地建设创新研究[M].成都:西南财经大学出版社,2020:22.

劳动技能,从而改善生活条件,为国家发展、社会进步贡献力量。

现代社会经济飞速发展,各类行业不断更迭升级,我国产业结构也发生了深刻的变革,对人才的需求也随之更新。当今社会对技能型人才的更高需求、人民自身发展意愿的提升成为高等院校育人工作的题中之义。校内实训作为高校课堂教学的实践环节,是育人培养的关键所在,是从"知道"到"运用"、由"理论"到"实际"、把"知识"与"技能"相结合的过程。由此,加强校内实训中的劳动知识技能教育是培养技能人才、促进大学生就业、推动社会发展的有效手段。

2. 校内实训是培养劳动价值观的主要阵地

苏霍姆林斯基认为,"教育的任务就是让劳动渗入我们所教育的人的精神生活中去,渗入集体生活中去,使得对劳动的热爱在少年早期和青年早期就成为他的重要兴趣之一"。[1] 人类对劳动的态度取决于对劳动的认识,并深刻影响着劳动者的劳动效率。加强劳动教育是全面贯彻党的教育方针、落实立德树人根本任务的重要诉求。努力把广大青少年培养成勤于劳动、善于劳动、热爱劳动的高素质劳动者,是新时代党和国家对教育的根本要求。

作为社会劳动的中坚力量,每年有大量毕业大学生走向劳动岗位,劳动价值观是激励大学生个体乃至整个民族不懈奋斗的强劲力量和价值指向,也关乎当今社会生产力发展与生产效率的提升,因此在大学阶段通过各种措施和方式教育引导大学生树立正确的劳动价值观,将劳动教育融入教育教学各个环节之中显得尤为重要。

高等院校实训是大学生直接参与劳动实践的重要过程,势必要发挥其培养劳动价值观的重要作用。在校内实训中通过劳动实践将体力劳动和脑力劳动相互结合,能够让学生更为深刻地认识劳动的价值与意义,通过与教师、同学、指导专家等不同主体的合作与交流,能够让学生了解他人对劳动的认识和态度,见证他人辛勤劳动的行为,在他人的示范感染下,潜移默化地形成崇尚劳动、尊重劳动、热爱劳动的正向劳动价值观。

3. 校内实训是养成劳动品质的有效平台

习近平总书记曾强调:"劳动是财富的源泉,也是幸福的源泉。"天上不会掉馅饼,努力奋斗才能够实现梦想。劳动品质的本质是劳动品德的反映,以勤劳、诚信、创新、奋斗等为表现形式:在工作任务中勇于担责,敬业认真,热爱劳动;在挫折困难中坚持不懈,主动出击,诚实面对。

校内实训是练兵之地,在过程中提出问题,以问题为导向,通过让学生自主思考、独立操作,在不断地动手尝试和创新思考中体会劳动的价值和意义,在劳动中享受收获喜悦,认识自身价值,进而激励青年学子练就劳动者应有的敬业、奉献、自信和执着的宝贵品质。

二、劳动创意

(一)劳动创意的基本内涵

农业社会时期,最重要的生产资料是土地,工业社会最重要的生产资料则是机器和厂

---

[1] 苏霍姆林斯基. 帕夫雷什中学[M]. 赵玮,译. 北京:教育科学出版社,2009:361.

房,而到了信息社会,主要生产资料变成了信息与创意。所谓创意指的是面对出现的新问题,在一定知识积累的基础上,为形成事物之间的全新结合所运用的创造性思维。劳动创意是劳动主体依托创造力禀赋,提出创造性解决社会问题的见解和过程,创造力是人类与生俱来的天性和禀赋,而创意则是对人类创造力在当代社会价值的一次新的体认,具备一定的当代属性和社会属性。

劳动创意依托脑力劳动开展,不再需要借助过多的生产工具,也不再受时间、空间、场所的限制,正在全面重塑当今时代的文化、劳动、生产与生活方式。从劳动主体层面开展劳动创意活动、探索劳动创新发展,是劳动教育的重要组成部分。"青年强则国家强"。

新时代的青年作为最朝气蓬勃、活力十足的群体,更应该躬身实践,通过脑力劳动开发创意思维,产生知识、技能、产品乃至思维的革新,在知识积累、技能贯通的基础上,运用创造性思维,以良好的劳动价值观和劳动习惯作为行动指南和前进方向,在劳动实践中形成创意及思想,体味劳动创意带来的成就感和满足感。

(二)劳动创意的现实意义

(1)随着科学技术的进步、生产效率的提升,劳动工具不断智能化,人类在越来越高级的劳动实践中,逐渐摆脱土地、生产工具和体力劳动对时间以及心力的占有,空闲时间大大增加,从事创造性活动的时间越来越多,创造力得到了前所未有的解放。正如马克思所说:"劳动已经不仅仅是谋生的手段,而且本身成了生活的第一需要"。

随着人类文明的进步,在基本的物质功能性需求得到有效满足后,人们对于精神需求、文化需求、娱乐需求、休闲需求、自我实现等更高层次的需求不断提升,对于创意型产品的需求也在不断上升。

(2)随着时代的发展,人的创造力在生产力要素的地位和比重越来越高,科技的进步、信息技术的普及、不同的文化背景、不同的国籍地区,知识、创意、资源等之间的交换和流动也在加速,在这种知识流动、信息交换和创意激发的过程中,新创意产生的效率和速度也大大提升,并为推动人类自身以及社会可持续发展创造条件和机会。

(3)党的十九大报告中强调"要建设知识型、技术型、创新型劳动者大军"。新时代的劳动观已经由"苦干加实干"向"知识型、技术型、创新型"转变,致力于为国家创造"社会效益、经济效益"。恰好正是这种以知识、技术、思维革新为前提的劳动成为社会进步发展的新共识和新目标。实现国家高质量的发展,离不开青年的劳动创造力和创造性贡献。只有培养大学生青年的工匠精神,才能积累更多劳动创意,创造更多创意成果,为服务祖国和社会进步建功立业。

劳动安全注意事项:

(1)遵循实验室或实训基地管理规章和安全守则,规范着装。

(2)掌握设备使用与维护方法,严格遵守设备操作规程操作。

(3)整理整顿设备时,须注意安全,并按设备初始位置及状态进行复位。

(4) 清扫实训室或实训基地后要对照标准检查,规范填写实训日志。

"快递小哥"青春也奋斗

2011年,从石家庄邮电职业技术学院毕业后,主修机电维修与管理专业的康智选择了快递行业,来到了北京。在他看来,不管什么岗位,只要能体现自己的价值,就够了。"机电专业看似与快递不沾边,但在我们日常工作中,有很多的计算机、打印机等电子设备,一线的投递员都没接触过。我不仅会用,还能维修。这正是我的专业优势。"康智坚持每天比别人晚睡半小时、早起半小时,"做得越多,就越熟练越顺手,没有积极主动性,工作肯定做不好。"他说。

2015年,由于业务能力出众,他被选中投递北京市第一份高考录取通知书,一夜之间成为"快递明星",更让他找到了这份工作的意义。"不管快递的是什么,对客户来说都是极其重要的。"他说,"我们在服务大众、服务着庞大的电商经济、支撑着社会的发展。虽然不起眼,但很重要。"

曾经荣获"全国邮政技术能手"、北京市邮政行业职业技能大赛第一名等荣誉的康智告诉记者,送快递除了考验"快递小哥"的体力,更考验脑力,是一项技术活儿。"比如说派送路线的设计,虽然我们对负责的片区都很熟悉,但派送路线随时在变,设计出配送耗时最短、效率最高的闭环路线至关重要。"

求解访问每一个点一次,并回到起始点的最短回路,在数学上被称为"旅行推销员"问题,而"快递小哥"面临的情况比这个数学难题更复杂。

据统计,2016—2018年,我国快递员数量增长了50%,总规模已突破了300万人。这百万级规模的快递配送大军给我国网络零售市场提供了强有力的支撑,对我国经济发展起着不可忽视的助推作用。

中国就业培训技术指导中心发布了《关于拟发布新职业信息公示的通告》,作为随着互联网发展和社会需求变化应运而生的新职业,网约配送员也在其中。同时,人社部、国家邮政局联合颁布了《快递员国家职业技能标准》和《快件处理员国家职业技能标准》,根据标准,快递员和快件处理员职业将分别设置5个等级,明确了各等级需掌握的工作内容、技能要求和相关知识。

"我相信快递行业的发展一定会越来越好,目前存在的问题也一定会逐步得到改善。"康智说,"今年3月,我的孩子就要出生了。我会把我的这些荣誉、奖杯都留给他看,让我的孩子知道,三百六十行,行行出状元。虽然他的爸爸是一名普通的快递员,但是平凡的岗位,也能造就不平凡的人生。"

(资料来源:中国青年网,有删减)

【思考题】 有人认为,快递员工作没有什么技术含量,只要付出体力劳动就可以了。请结合"快递小哥"的故事,谈一谈你的看法。

第四节　专业服务与劳动创造

一、专业服务

（一）专业服务的基本内容

服务性劳动是指在从事服务生产和经营活动中，劳动者运用特定的设备和工具，直接满足消费者对服务产品的需要的劳动。服务性劳动的服务内容既与技能、实践有机结合，也与行业、专业互相交融。对大学生而言，服务性劳动主要包含专业服务、志愿服务、社会公益服务、创新创业服务等。

其中，专业服务即为运用专业所学知识进行服务性劳动，以扎实的专业知识与熟练的专业技能从事利他行为，满足社会所需，按照客户的需要和要求，针对特定人群开展服务。与其他服务性劳动相比较而言，专业服务对服务的要求更加专业，对服务人员的综合素质、职业素养要求更高，是已经获得且将要继续获得巨大发展的行业。

（二）专业服务的基本类型

专业服务一般可以分为生产者专业服务和消费者专业服务。其具体包括：法律服务；会计、审计和簿记服务；税收服务；咨询服务；管理服务；与计算机相关联的服务；生产技术服务；工程设计服务；集中工程服务；风景建筑服务；城市规划服务；旅游机构服务；公共关系服务；广告设计和媒体代理服务；人才猎头服务；市场调查服务、美容美发服务和其他类型的服务。

根据世界贸易组织的分类，专业服务归纳在职业服务的范畴内，包括以下内容：法律服务；会计、审计和簿记服务；税收服务；建筑服务；工程服务；集中工程服务；城市规划和风景建筑服务；医疗和牙医服务；兽医服务；助产士、护士、理疗师和护理员提供的服务；其他。

（三）专业服务的主要特征

1. 专业服务内容提升技能学习潜能

作为推动经济社会发展的"保障器"，服务性劳动诸如会务服务、出行服务、法律咨询、医疗救助等需要大量专业人才才能实现。专业服务以扎实的专业知识与熟练的专业技能为依托，针对特定人群开展。大学生开展专业服务劳动，既有助于实践环节与理论学习的有效衔接，也有助于推动学生在专业服务劳动实践中提升相关职业技能，延伸与拓展专业知识，激发专业兴趣与学习热情，巩固专业技能与学习潜能、塑造职业素养与道德品格，从而更好地促进学生成长成才、提升服务效果，使其成为高素质的技能型人才。

2. 专业服务过程推进职业素养培养

社会文明程度随着社会发展快速提升，对劳动者的职业素养要求也随之增高。产业结构的升级转化也对劳动者提出了新的标准。高素质的劳动者除了能够以自身的专业技能作出贡献，还应当"德才兼备"。

大学生作为劳动者中的"预备军"，将在各种社会实践中不断地汲取社会资源，只有将新的知识和感悟内化于心、外化于行，把实践操作与理论知识融会贯通，才能够更好地满足社会的需要，实现自身的价值。在专业服务的过程中能够强化大学生的荣誉感、使命感与责任感，激发岗位意识、责任意识、服务意识与团队意识等职业素养，在服务他人和社会的同时，也提升了自身交流沟通、组织协调和处理问题的能力，从而更好地适应社会，得到社会的认可。

3. 专业服务实践助力就业能力提升

大学生就业是人才培养的重要环节，通过专业服务劳动实践可以扩大学生社交覆盖面，与相关就业单位建立更有效的联动，从而获得更多的工作选择，同时还能增加对自身专业工作的深层了解，培养积极向上的就业心理，树立脚踏实地、热爱劳动的理想与信念，在服务中培养职业品质与形象，增强实践与服务意识，促进专业与服务有机融合，提升就业能力，助力未来职业发展。

（四）专业服务的核心要义

专业服务内容有着鲜明的时代特色，服务性劳动是推动社会经济发展的一大保障。通过专业服务劳动可引导大学生养成良好的劳动习惯和品质素养，培养对劳动的热爱和积极的劳动价值观，让热爱劳动的种子在大学生心中生根发芽，促进大学生对自身价值的积极肯定，努力成长为知识型、技能型、创新型的劳动者，助力实现中华民族伟大复兴的"中国梦"。

二、劳动创造

（一）劳动创造的定义

习近平总书记曾指出："人民创造历史，劳动开创未来。"这一重要论述是开展劳动教育工作的重要遵循。与重复性劳动相区别的是，创造性劳动是辛勤劳动、诚实劳动的升华，更是人类社会发展进步的根本力量。[1] 创造是指将两个或两个以上概念或事物按一定方式联系起来，主观地制造客观上能被人普遍接受的事物，以达到某种目的的行为。简而言之，创造就是把以前没有的事物给生产或者制造出来，可以说，创造的显著特点是有意识地对世界进行探索性劳动。

创造的本质即为创新，劳动创造具有深厚的历史价值和重要意义，即通过人的脑力劳动产生技术、知识、思维等的革新，从而提升劳动效率、产生超值社会财富或者成果，主要表现为开拓创新、勇攀高峰、敢于尝试等。劳动创造与社会发展息息相关，是通向未来世界的必由之路。实现中华民族的伟大复兴，需要每一位劳动者的辛勤、敬业、创造性劳动，需要劳动者努力提升职业技能水平和劳动能力，实现人尽其才，全面发展。

---

[1] 刘向兵. 新时代高校劳动教育论纲[M]. 北京：社会科学文献出版社，2019：79.

（二）劳动创造的价值遵循

1. 创新精神和创新能力被赋予极高的价值

随着科学技术的不断发展，各行各业的风向和标准都在产生翻天覆地的变化，许多工种和职业都将被取消和替代，传统的劳动活动面临着巨大的挑战。变革即意味着创新，创新在现代企业的发展中起着至关重要的作用。无论是经营、发展还是管理，都需要不断创新，才能够在翻天覆地的变化中取得立足之地。好的创意不仅可以使企业起死回生，还会使企业兴旺发达。一些具有创新精神和创新能力的企业，如华为、腾讯、京东、小米等，都是通过不断创新，适应时代发展的需要，成了本行业的翘楚。

2. 创造性劳动推动国家的发展、民族的进步

创新创造是民族进步的灵魂，也是社会、国家之间竞争的核心所在。习近平总书记在知识分子、劳动模范、青年代表座谈会上的讲话中提出："梦想属于每一个人，广大劳动群众要敢想敢干、敢于追梦。说到底，实现中华民族伟大复兴的中国梦，要靠各行各业人们的辛勤劳动。现在，党和国家事业空间很大，只要有志气有闯劲，普通劳动者也可以在宽广舞台上展示自己的人生价值。"

当今的世界已经进入了知识经济时代，先进的科学知识成为一个国家经济增长的主要支柱，掌握足够多的先进技术、保持较高的技术水平，才能走在世界发展的前列，才能在竞争中立于不败之地。作为劳动者，在实现中国梦的伟大进程中继续拼搏奋斗、争创一流、勇攀高峰，是实现中华民族伟大复兴的迫切需求。

3. 培养创新创业实践能力和分析解决问题的能力

古代的造纸术、印刷术、火药和指南针被称为"四大发明"，对世界的发展产生了很大的影响。而今，"大众创业、万众创新"是指导国民进行创新创业、引领时代潮流变革的重要方针，是新时代中国特色社会主义对人才培养的基本要求。2014年9月夏季达沃斯论坛上，李克强总理提出，要在960万平方公里土地上掀起"大众创业""草根创业"的新浪潮，形成"万众创新""人人创新"的新势态。

学生在学习期间可积极参加各种创新创业劳动，立足未来岗位，不断地学习新知识、新技能，充分发挥自己的聪明才智，利用掌握的知识在劳动中多搞技术革新和创新，增强劳动本领。通过创新创业劳动提高劳动效率，把自己从重复的体力劳动中解放出来，培养创新创业实践能力和分析解决问题的能力，用创造性劳动去破解时代发展的难题。

（三）劳动创造的行动指南

1. 树立创新意识，适应时代发展

个人意识是个人行为的重要支配，个人行为是个人意识的深刻反映，树立创新意识是大学生应当具备的素养之一。创新是推动社会进步的有力支撑和重要动力，落后产业不断被淘汰，导致大量劳动者失业，而新技术、新产品、新业态的大量涌现，也为劳动者提供了难得的机遇。

大学生作为新时代创新发展的强大生力军，应当积极探索"以劳创新"的有效途径，通过

树立实现自我价值的强烈的创新创业意识,用劳动实现人生价值,激发劳动创造力。学生要通过创新思维正确认识自己,培养创业意识来激发自我潜能、提升创业能力,挖掘创新创造的劳动机会,深入钻研、精益求精,树立依靠辛勤劳动、发掘自我潜能的劳动意识,激发劳动创造力,把握创新特点、遵循创新规律,通过劳动创造实现人生价值。

2. 重塑人才观念,以创造激发动能

党的十九大报告提出:"人才是实现民族振兴、赢得国际竞争主动的战略资源。"伴随着新兴行业风起云涌,新兴职业的发展前景变得尤为广阔,例如电子竞技员、新媒体运营师、线上主播等,引发社会热度,打破了原有的传统人才观念。同时,新兴人才观念具有更为重要的现实意义和历史意义,创造性劳动是劳动实践的发展方向和目标,是劳动实践发展的必然趋势,是在辛勤劳动、诚实劳动的基础上的人类用脑力劳动和无穷智慧形成的更为高级的创造性劳动。而激发人才的创新思维和创造性劳动,首先要重塑人才观。只有打破旧人才观念,重塑符合时代发展特点及需要的新兴人才观,才能为社会进步提供人力、智力及创新支撑。

3. 立足个人岗位,技能报效祖国

改革开放40多年来,我国经济社会取得了举世瞩目的成就,同时也诞生了很多高素质的劳动者以及"能工巧匠""大国工匠",为祖国乃至世界创造出无数物质及精神财富。

尽管劳动工具在劳动实践中的地位颇为重要,但人作为生产力中最活跃也是最根本的要素,在劳动实践中仍是第一主体。我们应当通过劳动创造能够充分发挥劳动者主体的主观能动性,立足岗位,艰苦奋斗,聆听榜样故事,学习劳模风采,在劳动创造中磨炼自己,在挥洒汗水中顽强拼搏,从而实现"人的自由、全面发展",服务于国家和经济社会的发展。

小贴士

近年来,外卖餐饮行业蓬勃发展。但由于外卖餐饮虚拟性、跨地域性等特点,使得消费者面临着食品安全隐患。例如,有的入网餐饮服务提供者没有任何餐饮卫生资质甚至经营许可证,却利用外卖平台的审核漏洞违法经营。

《最高人民法院关于审理网络消费纠纷案件适用法律若干问题的规定(一)》明确,网络餐饮服务平台经营者未依法对入网餐饮服务提供者进行实名登记、审查许可证,或者未履行报告、停止提供网络交易平台服务等义务,使消费者的合法权益受到损害,消费者有权主张网络餐饮服务平台经营者与入网餐饮服务提供者承担连带责任。

此外,消费者主张入网餐饮服务提供者承担经营者责任,入网餐饮服务提供者不得以订单系委托他人加工制作为由主张免责。

(资料来源:《科普中国》)

结尾案例

"我是靠着父母50亩杧果树养大的,从小就立志当'果王',报效家乡。"邢福甫说。

在这位"80后"全国劳动模范心中,家乡海南省乐东黎族自治县黄流镇佛老村以及杧果树,有着很重的分量,为家乡和乡亲们奔忙出力义不容辞。

怀揣着当"果王"的志向,邢福甫考上了原华南热带农业大学(现海南大学)热带果树专业。毕业后他毅然返乡,将在学校学到的枝条嫁接改良、节水滴灌、反季节产果等种植技术应用到种植实践中,效果显著,他家杧果上市时间比传统种植的要早2个月,产量增加了1倍,收益翻了一番。

尝到科学技术带来的甜头,邢福甫扩大种植面积,不断钻研技术、总结经验,利用热带气候条件,在2009年成功实现杧果一年产果两季,并远销全国各地。邢福甫成了远近闻名的杧果种植新星。

(资料来源:新华网,有删减)

【思考题】 结合本节内容以及"80后"全国劳动模范邢福甫的事迹,谈一谈你对大学生返乡创业的看法。

课后练习

一、选择题

1. 以下( )选项是实现民族振兴,赢得国际竞争主动权的战略资源。
   A. 人才　　　　B. 科技　　　　C. 文化　　　　D. 贸易
2. 习近平新时代中国特色社会主义劳动思想的核心理念是( )。
   A. 体力劳动　　B. 创造性劳动　　C. 创新劳动　　D. 社会劳动
3. ( )提出了"教育与生产劳动相结合是造就全面发展的人的唯一方法"。
   A. 马克思　　　B. 恩格斯　　　C. 列宁　　　　D. 毛泽东
4. 劳动的价值不包括下列( )项。
   A. 个人　　　　B. 社会　　　　C. 公众
5. 谁提出了"劳动是财富之父,土地是财富之母"。
   A. 马克思　　　B. 恩格斯　　　C. 列宁　　　　D. 毛泽东

二、判断题(请判断对错,正确的打√,错误的打×)

1. 传统手工业者正向着技能型劳动、脑力劳动和综合劳动拓展。　　　　　　( )
2. 劳动者在劳动过程中是第一主体,具有决定性作用。　　　　　　　　　　( )
3. 史前石器时代属于石器时代阶段。　　　　　　　　　　　　　　　　　　( )
4. 家庭是人寄放情感的地方,也是人托付未来的地方,对中国人来说,家庭是一个信仰、经济、利益、劳动的共同体。　　　　　　　　　　　　　　　　　　　　　　　　( )
5. 社会服务的对象不包括儿童。　　　　　　　　　　　　　　　　　　　　( )

三、实践场景

在校内体验义务劳动

1. 实践目的

(1) 了解义务劳动的意义,传播服务理念,提高社会责任感和服务能力。

(2) 通过活动,帮助同学们树立尊重劳动、尊重普通劳动者的意识。

(3) 让更多同学了解、关注义务劳动,并积极参与义务劳动和志愿服务。

2. 实践准备

(1) 计划活动时间。

(2) 与活动地点负责人接洽联系。

(3) 学习活动场地的规章制度,了解相关知识。

(4) 准备活动中需要的物资。

(5) 划分小组。

3. 实践流程

(1) 到达活动地点后学习岗位职责和安全事项。

(2) 按照分工做好准备工作。

(3) 用大学生的精神风貌为服务对象提供有爱心、有耐心的服务。

(4) 征求相关工作人员的相关建议。

(5) 体验活动结束后归还物品,拍照留念。

(6) 在完成服务活动后,同学们需要进行认真思考,从自己的收获体验、自身不足、有待加强改进的地方进行活动总结。

4. 实践要求

按照义务劳动的要求和规范开展活动,体验不同职业的艰辛,养成良好的行为习惯,在活动中也要时刻注意言谈举止,要把良好的精神风貌传递给身边的同学。

第六章 职场劳动情景式实践指导

▶ 学习目标

（1）通过本章的学习，熟悉职场劳动情景，了解顶岗实习须知和各类实习场景。

（2）掌握顶岗实习的现场管理实践指导相关内容，了解顶岗实习创意创新的手段及创新模式。

导入案例

顶岗实习中的意外

小丽在某职业学校的纺织专业学习两年后，按照学校教学安排，进入了顶岗实习的阶段。小丽被分配到一家纺织厂车间工作。她每天需要操作大型齿轮流水线，装载商品从一个工位运送到另一个工位。某一天，小丽像往常一样坐在生产流水线旁边，操作齿轮运输。

因为天气冷，她戴了一条围巾，虽然有一定的安全意识，但小丽还是戴着围巾开工。围巾塞在衣服里面，但突然由于动作幅度过大掉了出来，瞬间被绞进机器中，一股力量让小丽瞬间窒息，无法自救，幸亏同事及时发现，她才得以逃离鬼门关。

（资料来源：《法制日报》，有删减）

【案例分析】 顶岗实习作为一种准职场劳动，需要学生能相对独立地参与实际工作。在工作中安全无小事，小丽因为疏忽大意，付出了巨大代价。学生只有自我安全保护意识和技能提高了，才能顺利完成实习教学任务，缩短由学生转换成社会人的过渡期。

第一节 顶岗实习须知

一、顶岗实习的概念

顶岗实习是指将学生带到职场劳动中去，通过参加专业对口的生产实践，在企业里身兼员工身份，深化理论知识，提高专业工作技能水平，在明确的工作责任和要求下，提前到岗位上真刀真枪地工作，有效实现学校与社会的"零距离接触"。

这个劳动环节是在学生完成文化基础课、部分专业课以及校内专业实践课以后进行的

实践性教学环节,是学校专业教学过程的延伸,是专业理论联系实际教学原则的具体体现,既是专业学习和技术技能训练的必备途径,也是锤炼意志品质、提前熟悉岗位、练习融入社会的重要方式。

作为高等职业教育的重要教学环节,顶岗实习期间的任务,主要是完成实习工作任务和实习期间的部分学习任务,旨在帮助学生提高职场劳动实践,开阔职场视野,培养吃苦耐劳精神,增强岗位意识和岗位责任感,提升自身综合竞争力,为今后的就业打下坚实基础。

二、顶岗实习的特点

(一)职业性

顶岗实习与专业培养目标密切相关,在实习的过程中,通过学校和实习单位教师的指导,学生的专业知识能获得一定的增长,实践操作技能会有一定的提高。顶岗实习时,学生到用人单位工作,教学场所由校内转向校外,学生从以课堂和学校为中心转变为以岗位和企业为中心,学生在实习单位通过岗位上的职业操作,开展多种形式的专业技能训练和教学计划,强化对专业技术知识的理解和实际运用,是一种职业劳动的过程。

(二)双重性

学生具有双重身份。在顶岗实习中,实习的学生既是学校的学生,也是企业的员工,身份具有双重性。顶岗实习的学生必须接受学校和实习单位的双重管理。在顶岗实习期间,学生既要完成学习任务,也要履行专业实习单位员工的岗位职责;既要遵守学校的规章制度,也要遵守实习单位的相关规定。

(三)自主性

学生是顶岗实习的主体,它客观要求学生主动参与到实践性的学习活动全过程中,教师指导仅承担辅助作用,更多的是学生在企业中进行自主学习、自主实践、自主反思。

三、顶岗实习的政策与规定

2021年12月底,为深入贯彻全国职业教育大会精神,落实中共中央办公厅、国务院办公厅《关于推动现代职业教育高质量发展的意见》,进一步做好职业学校学生实习工作,教育部联合工业和信息化部、财政部、人力资源社会保障部、应急管理部、国资委、市场监管总局和中国银保监会七部门,深入分析数字经济背景下的岗位升级、职业场景变化新形势,着眼于实习全流程、聚焦关键环节,坚持标本兼治,在开展实习专项治理的基础上,对2016年印发实施的《职业学校学生实习管理规定》进行了修订,进一步明确了学生实习的行为准则,为实习管理画定了"红线"。

(一)实习形式

1. 认识实习

认识实习是指学生由职业学校组织到实习单位参观、观摩和体验,形成对实习单位和相关岗位的初步认识的活动。

2. 岗位实习

岗位实习是指具备一定实践岗位工作能力的学生,在专业人员指导下,辅助或相对独立地参与实际工作的活动。

(二)实习组织

1. 多方责任协同

教育主管部门负责统筹指导职业学校学生实习工作;职业学校主管部门负责职业学校实习的监督管理。职业学校应将学生岗位实习情况按要求报主管部门备案。

2. 实习单位条件

(1)合法经营,无违法失信记录;管理规范,近3年无违反安全生产相关法律法规记录;实习条件完备,符合专业培养要求,符合产业发展实际。

(2)符合条件的生产性实训基地、厂中校、校中厂、虚拟仿真实训基地等,可作为实习单位。

(3)确定新增实习单位前,应当实地考察评估形成书面报告。考察内容应当包括:单位资质、诚信状况、管理水平、实习岗位性质和内容、工作时间、工作环境、生活环境以及健康保障、安全防护等。实习单位名单须经校级党组织会议研究确定后对外公开。

3. 顶岗实习实施

(1)计划准备

根据人才培养方案共同制订实习方案,明确岗位要求、实习目标、实习任务、实习标准、必要的实习准备和考核要求、实施实习的保障措施等。

(2)师资保障

职业学校和实习单位应当分别选派经验丰富、综合素质好、责任心强、安全防范意识高的实习指导教师和专门人员全程指导、共同管理学生实习。加强实习前培训,使实习指导教师和专门人员熟悉各实习阶段的任务和要求。

(3)岗位安排

顶岗实习岗位应符合专业培养目标要求,与学生所学专业对口或相近。职业学校安排岗位实习,应当取得学生及其法定监护人(或家长)签字的知情同意书。学生自行选择符合条件的岗位实习单位,应由本人及其法定监护人(或家长)申请,经学校审核同意后实施,实习单位应当安排专门人员指导学生实习,职业学校要安排实习指导教师跟踪了解学生日常实习的情况。

(4)组织实施"五不得""一严禁"

实习岗位原则上不得跨专业大类安排;认识实习学生不得自行选择;任何单位或部门不

得干预职业学校正常安排和实施实习方案；任何单位或部门不得强制职业学校安排学生到指定单位实习；不得仅安排学生从事简单重复劳动；严禁以营利为目的违规组织实习。

（三）实习管理

学生参加岗位实习前，职业学校、实习单位、学生三方必须以有关部门发布的实习协议示范文本为基础签订实习协议，并依法严格履行协议中的有关条款。

1. 学校管理制度

（1）学生实习管理岗位责任制与管理办法。

（2）学生顶岗实习告知书。

（3）职业学校学生岗位实习三方协议。

（4）学生实习工作安全管理规定及突发事件应急预案。

2. 实习协议内容

（1）各方基本信息。

（2）实习的时间、地点、内容、要求与条件保障。

（3）实习期间的食宿、工作时间和休息休假安排。

（4）实习报酬及支付方式。

（5）实习期间劳动保护和劳动安全、卫生、职业病危害防护条件。

（6）责任保险与伤亡事故处理办法。

（7）实习考核方式。

（8）各方违约责任。

（9）三方认为应当明确约定的其他事项。

3. 学生实习要求

（1）遵守职业学校的实习要求和实习单位的规章制度、实习纪律及实习协议，接受学校和实习单位的双重管理。

（2）爱护实习单位设施设备。

（3）登录信息化的工学云实习管理平台，进行企业认知测评。

（4）按时完成规定的实习任务，撰写实习日志，并在实习结束时提交实习报告。

（5）按时返校参加顶岗实习演讲、毕业设计答辩、职业能力展示等各项考核。

（6）学生个人不能伪造实习协议。

4. 实习管理"红线"

（1）未按规定签订实习协议的，不得安排学生实习。

（2）实习协议应当明确各方的责任、权利和义务，协议约定的内容不得违反相关法律法规。

（3）不得安排、接收一年级在校学生进行岗位实习。

（4）不得安排、接收未满16周岁的学生进行岗位实习。

（5）不得安排未成年学生从事《未成年工特殊保护规定》中禁忌从事的劳动。

（6）不得安排实习的女学生从事《女职工劳动保护特别规定》中禁忌从事的劳动。

(7) 不得安排学生到酒吧、夜总会、歌厅、洗浴中心、电子游戏厅、网吧等营业性娱乐场所实习。

(8) 不得通过中介机构或有偿代理组织、安排和管理学生实习工作。

(9) 不得安排学生从事Ⅲ级强度及以上体力劳动或其他有害身心健康的实习。

(10) 不得安排学生从事高空、井下、放射性、有毒、易燃易爆，以及其他具有较高安全风险的实习。

(11) 不得安排学生在休息日、法定节假日实习。

(12) 不得安排学生加班和上夜班。

(13) 实习报酬原则上支付周期不得超过1个月。

(14) 实习报酬不得以物品或代金券等代替货币支付或经过第三方转发。

(15) 职业学校和实习单位不得向学生收取实习押金、培训费、实习报酬提成、管理费、实习材料费、就业服务费或者其他形式的实习费用。

(16) 不得扣押学生的学生证、居民身份证或其他证件。

(17) 不得要求学生提供担保或者以其他名义收取学生财物。

(18) 遇有重要情况应当立即报告，不得迟报、瞒报、漏报。

（四）实习考核

1. 考核成绩

学生实习考核要纳入学业评价，考核成绩作为毕业的重要依据。

不得简单套用实习单位考勤制度，不得对学生简单套用员工标准进行考核。

2. 违纪管理

对违反规章制度、实习纪律、实习考勤考核要求以及实习协议的学生，进行耐心细致的思想教育，对学生违规行为依照校规校纪和有关实习管理规定进行处理。

学生违规情节严重的，经双方研究后，由职业学校给予纪律处分；给实习单位造成财产损失的，依法承担相应责任。

3. 立卷归档材料

(1) 实习三方协议。

(2) 实习方案。

(3) 学生实习报告。

(4) 学生实习考核结果。

(5) 学生实习日志。

(6) 学生实习检查记录。

(7) 学生实习总结。

(8) 有关佐证材料（如照片、音视频等）。

四、顶岗实习中的安全教育

全国职业院校学生实习责任保险统保示范项目联合工作小组发布的《全国职业院校学

生实习责任保险工作2019年度报告》显示,实习学生的伤害率和死亡率有逐年递增趋势,并且高于部分行业正式职工的数据。因此,在顶岗实习中,一定要将安全放在第一位,帮助学生树立安全意识,安全教育是重中之重。

顶岗实习中的安全,就是让员工按章操作,提高其安全意识,特别是通过现场改善,消除安全隐患,创造一个令人安心的生产环境,使员工能够有序地开展作业,不会产生不适感和威胁感,现场安全管理包括:安全生产管理、安全劳动保护管理、作业人员安全管理、设备安全管理、作业环境安全管理等。

(一)熟悉顶岗实习环境

通常情况下在熟悉的环境中,人们做事情会更加得心应手。因此在进行顶岗实习之前,首先,要全面认识和熟悉工作区域的整体环境,如工作区域内的安全出口的数量和具体位置;熟悉关键设备的位置,如电源开关、消防栓及通道风口的位置;正确识别危险源头等。其次,要熟悉工作岗位的环境,如机器的急停开关具体位置、合理的工作安全范围在哪里等。最后,还要熟悉工作内容的管理制度,合理规避工作风险。

(二)了解工作岗位内容

在顶岗实习的岗位上,避免发生安全事故的一个重要方法就是要熟悉岗位的工作内容。很多安全事故的发生都是因为操作人员本身对自己的工作内容不熟悉,盲目操作,随意处理,一旦遇到问题便不知所措,使得原本可以避免的安全事故变得更为严重。

有一些工作岗位尤其要熟悉工作内容,如机床操作工必须要知道机器的正确操作方法,如机器的性能、正确的防护等,电力系统的工作人员必须知道规范用电、用电安全等,否则带来的伤害可能是致命的。

(三)规避劳动职业禁忌

劳动禁忌,是指劳动者从事特定职业或者接触特定职业病危害因素时,比一般职业人群更易于遭受职业病危害和罹患职业病,或者可能导致原有的自身疾病病情加重,或者在作业过程中诱发可能导致对他人生命健康构成威胁的个人特殊生理或者病理状态。

1. 脑力劳动禁忌

生理健康失常:长期过度脑力劳动,会使大脑缺氧缺血、神经衰弱,从而导致记忆力下降,反应迟钝。

心理健康失常:心理活动失衡,出现忧虑、紧张、抑郁、烦躁、消极、敏感、多疑、易怒、自卑等不良情绪,继而对工作和学习丧失兴趣,产生厌倦感。

2. 体力劳动禁忌

长期从事站姿作业或者坐姿作业,容易导致腰肌劳损、静脉曲张、视力下降等身体损伤;在高温、寒冷、潮湿、光线不足等不良劳动环境条件下工作,劳动负荷过大,易产生疲劳和损伤;企业劳动安排不合理,劳动时间过长,劳动强度过大,休息时间不足,轮班制度不合理等,也容易形成过度疲劳,导致身体损伤甚至休克;劳动者身体素质较弱,身体状况不适应所安排的劳动强度时,也会导致身体损伤。

3. 规避措施

(1) 适当运动,增强体质

脑力劳动者因工作性质会经常使大脑过度消耗,而且需要久坐。长时间静坐,胸部难以得到扩展和活动。而体力劳动者因经常长时间重复一个劳动动作,容易使用力部位劳损,而其他部位得不到锻炼。所以无论是脑力劳动者还是体力劳动者皆可通过适当的运动来使身体各部位得到锻炼,提高身体素质,增强免疫力。

(2) 生活规律,合理膳食

饮食有规律且营养健康,不暴饮暴食,进食1小时后再深度思考问题,设法提高用脑效率;尽量避免熬夜,遵循人体"生物钟"的规律,使身体各个器官得到及时的恢复。

(3) 劳逸结合,改善姿势

改善作业平台和劳动工具,加强自身作业训练,使自己能够使用科学合理的工作姿势和方式,尽量避免不良的作业习惯,对负重作业等负荷较高的劳动做好安全防护措施,减轻身体承受的压力。

(四) 识别安全标志和危险源

1. 安全标志的概念

安全标志是职场中最常见、最明显的安全提示信息,是规范作业者的作业行为、提示作业者安全操作的基本手段。安全标志根据国家标准规定,由安全色、几何图形和图像符号构成,用以表示禁止、警告、指令和提示等安全信息,如图6-1所示。

禁止烟火　　　当心感染　　　必须戴安全帽　　　紧急出口

图 6-1　安全标志

安全标志在安全生产中的作用非常重要。作业场所或者其他工作设备设施存在较大的危险因素,可以通过醒目的安全标志,提醒生产人员时刻清醒地意识到所处环境的危险,按照安全标志的指示操作,加强自我保护,预防事故发生。当危险发生时,它指示人们尽快逃离,或者指示人们采取正确、有效和得力的措施,对危害加以遏制。

2. 安全标志的分类

(1) 禁止标志

禁止标志的含义是不准或制止人们的某些行动。

我国规定的禁止标志共有40个,如禁放易燃物、禁止吸烟、禁止通行、禁止烟火、禁止用水灭火、禁止火种、启机修理时禁止转动、运转时禁止加油、禁止跨越、禁止乘车、禁止攀登等。

（2）警告标志

警告标志的含义是警告人们可能发生的危险。

我国规定的警告标志共有39个,如注意安全、当心触电、当心爆炸、当心火灾、当心腐蚀、当心中毒、当心机械伤人、当心伤手、当心吊物、当心扎脚、当心落物、当心坠落、当心车辆、当心弧光、当心冒顶、当心瓦斯、当心塌方、当心坑洞、当心电离辐射、当心裂变物质、当心激光、当心微波、当心滑跌等,如图6-2所示。

当心爆炸　　　　当心火灾　　　　当心中毒

图6-2　安全警告标志

（3）指令标志

指令标志的含义是必须遵守。

指令标志共有16个,如必须戴安全帽、必须穿防护鞋、必须系安全带、必须戴防护眼镜、必须戴防毒面具、必须戴护耳器、必须戴防护手套、必须穿防护服等。

（4）提示标志

提示标志的含义是示意目标的方向。

提示标志共有8个,如紧急出口、避险处、应急避难场所、可动火区、击碎板面、急救点、应急电话、紧急医疗站。

（5）补充标志

补充标志是对前述四种标志的补充说明,以防误解。

补充标志分为横写和竖写两种。横写的为长方形,写在标志的下方,可以和标志连在一起,也可以分开;竖写的写在标志杆上部。

大学生在顶岗实习的过程中,必须严格按照安全标志的信息进行操作,充分学习并掌握安全标志的内涵,树立按照安全标志作业的意识,严格按照安全提示进行工作。

3.危险源的概念

危险源是指一个系统中具有潜在能量和物质释放危险、可造成人员伤害、在一定的触发因素作用下可转化为事故的部位、区域、场所、空间、岗位、设备及其位置。危险源识别是指将生产过程中常见的危险源,通过正确的方法,准确、及时地加以识别,进而对其进行管理和控制,以避免事故的发生。

4.危险源的构成要素和分类

危险源的构成要素有3个,即潜在危险性、存在条件和触发因素。

工业生产中危险源的分类如下。

（1）化学品类:毒害性、易燃易爆炸性、腐蚀性等危险物品。

（2）辐射类:放射源、射线装置,以及电磁辐射装置等。

（3）生物类:动物、植物、微生物(传染病病原体等)等危害个体生存的生物因子。

（4）特种设备类:电梯、起重机械、锅炉、压力容器(含气瓶)、压力管道等。

(5) 电气类：高电压或高电流、高速运动、高温作业、高空作业等。

(6) 土木工程类：建筑工程、水利工程、矿山工程等。

(7) 交通运输类：汽车、火车、飞机、轮船等。

（五）正确使用防护用品

劳动防护用品是指保护劳动者在生产过程中的人身安全与健康所必备的防御性装备，对于减少职业危害起着相当重要的作用。使用劳动防护用品，可以通过阻隔、封闭、吸收、分散、悬浮等措施，保护身体的局部或全部免受外来入侵的危害。

尽管在生产劳动的过程中采取了多种安全措施，但穿戴和配备劳动防护用品仍是必不可少的环节。在很多情况下，劳动防护用品是保护劳动者安全的最后一道防线。

大学生在进行顶岗实习过程中，要牢固树立安全防范和自我保护意识，严格按照劳动保护用品的使用规定使用防护用品，应做到"三会"：会检查防护品的安全可靠性、正确使用防护品、会维护保养防护品。首先，检查防护品的安全可靠性，防护用品的质量对使用者至关重要，如安全带因质量不好导致使用中发生断裂，后果将不堪设想。在检查之前，劳动者必须掌握所使用防护品的性能，并能发现存在的缺陷和质量问题，保证其可靠性；其次，会正确使用防护品，使用正确与否，直接关系到防护品作用的发挥，劳动者必须了解防护品的正确使用方法和注意事项，以免受到伤害；最后，会维护保养防护用品，特别是对安全帽、安全带等一些特殊的防护用品，要定期检查和保养。

劳动现场的"安全目视化管理"

安全目视化管理是指通过安全色、标签、标牌等形象直观而又色彩适宜的方式，明确现场人员、工器具、设备设施的使用状态以及作业区域的危险状态四大内容的一种现场安全管理方法。

安全目视化管理综合运用了管理学、生理学、心理学、社会学等多学科的研究成果，是提高劳动生产率的一种行之有效的科学管理手段。

（资料来源：陈百兵.安全目视化[J].现代职业安全，2022(7)：10-11）

顶岗实习中勇敢说"不"

近几年，职业教育备受诟病的问题之一，就是一些职业学校打着"顶岗实习"的旗号，把学生"输送"给企业充当廉价劳动力，给学生的身心健康造成了不小的伤害。

据媒体报道，国内某一外语职业学院不少学生被学校安排至深圳、广州等地的电子工厂，开始了为期6个月的顶岗实习。学生们每天被要求至少工作12小时，做着和所学专业毫无关系的流水线工作。近年来，珠三角等地区存在劳动力流失等问题，加之部分企业用工不规范，以及违法违规成本太低等因素的影响，一些职业学校为了创收，俨然与企业联手，将学生实习变为打工,并以扣学分、不发毕业证等手段迫使学生就范。

作为职业教育的一部分,顶岗实习的内容应当与学生的专业学习紧密连接,服务于提高学生专业素质与能力这一根本目标。国家相关部门对顶岗实习乱象进行整顿,对顶岗实习过程进行规范,不仅需要提高企业和学校的违法违规成本,还要对违规行为人追究责任,学生也要学会拿起《职业学校学生实习管理规定》等法律武器,向变味的顶岗实习"潜规则"说"不"。

(资料来源:东方网,有删减)

【思考题】 你期望的顶岗实习是什么模样?如何在顶岗实习中保护自己?

第二节 顶岗实习场景呈现

一、顶岗实习场景呈现的原则

顶岗实习的场景呈现,是职业院校根据自身的培养计划,利用校外资源完成的专业实践性教学环节。学生通常在教师或者技术人员的带领下,到工厂、工地、实习企业从事一定的实际观察或作业工作,以获得有关的实际知识和技能,巩固已学的书本知识,培养独立的工作能力。通过做中学、做中思、做中行,使学生将实践操作中所获得的知识同书本知识、课堂讲授联系起来,做到内外互补、理实结合,从而提升学生的专业素养和职业能力。

视频:保育员岗位

顶岗实习的开展过程,总体上突出"三大结合"。

(1) 实习岗位与专业方向相结合,注重劳动场景中专业化的学习。

(2) 实习目标与社会需求相结合,围绕企业、行业的用人需求展开。

(3) 实习内容与实践劳动相结合,将所学理论运用到实际工作中去,从而完成教学任务。

视频:出纳岗位

在把劳动教育融入顶岗实习场景的过程中,一般遵循两大原则。

(1) 时代性:顺应新时代经济社会发展的需求,以服务经济社会发展为导向,针对产业新形态、劳动新形态培养懂专业知识、会劳动技能、能劳动创造、顺应科技发展和产业变革的复合型人才。

(2) 自主性:顶岗实习要遵循当代大学生热爱自由、追求自由的发展愿望,创新劳动教育形式,以学生喜欢的、接受的方式进行教学活动,发挥学生的主人翁意识和自主性,使学生在实现自我价值的过程中,更深入地理解专业知识,更熟练地运用专业技能,最终将其内化成个人的知识与技能储备。

二、顶岗实习的场景分类与内容

顶岗实习场景按照教学阶段,可以分为基础操作实习、工序实习和综合实操。

(一) 基础操作实习

基础操作实习是顶岗实习的初级阶段,主要包括对常用工具的正确使用和基础性操作动作的训练。通过实践学习,不仅可以掌握基础动作的要领、操作姿势和科学的工作方法,还能掌握基础性作业的力度、幅度和准确度等。以礼品包装为例,礼品部包装的基础性操作主要有:描边、制版、选纸、烫金、啤、裱、胶粘、装饰等。

其中啤和裱都是非常重要的基础性工作,需要在实践中通过大量练习才能掌握。刚开始如果不得要领,不但耗时长,包装也会不贴合,边缘参差不齐,效果不佳。学生需要掌握正确的动作,就要对各个基础性操作反复练习,强调动作协调性,以形成良好的操作习惯,为后续的综合操作奠定良好的基础。

(二) 工序实习

工序实习阶段主要是由各种单一练习操作配合而形成的工艺过程的一个完整动作的练习,主要目的在于使学生将已学过的操作知识和技能应用于实践。根据各专业操作技能、技巧的形成规律,由易到难、由简到繁划分为不同阶段的操作训练。掌握局部动作的训练阶段;初步掌握完整动作的综合操作阶段;动作更加协调、更加完善的独立操作阶段。

(三) 综合实操

综合实操是顶岗实习的最终阶段,主要是巩固、提高和综合运用单项工序操作技能、技巧,使学生逐步达到对整体工序流程熟练的程度。主要目的在于使学生运用已经掌握的知识、技能和技巧,按照实训要求,通过一定的训练,获得能完成实训任务、独立进行复杂工艺操作的能力。

以物流管理的综合操作实习为例,可以培养学生充分利用物流公司现场软硬件,掌握物流操作流程和各环节的具体技能。物流管理的基本流程包括:仓配入库作业、在库管理作业、库存管理作业、库存控制、订单采集与处理、出库配送作业等相关内容。学生在顶岗实习过程中,按照行业通用的规范及要求,重点学习相关职业岗位的技能,提高专业的综合素质及能力。

可见,顶岗实习的场景呈现主要特征体现在以岗促学,通过岗位实践的开展,使学生掌握本专业中某一工种的基本操作技能,能够正确调整和使用专业设备及其附件等,能够根据相关图样和工艺文件独立进行中等复杂的加工,同时也可以了解与本专业有关的几个工种的基本操作。学生在参与顶岗实习的过程中,也逐渐养成热爱劳动、尊重劳动、崇尚劳动的良好品质。

三、顶岗实习中的角色转换与场景适应

(一) 学生角色与职业角色的对比

角色转换是指在社会关系中个体地位的动态转变。人的社会任务和职业生涯不断变

化,角色也随之变化,从一个角色进入另一个角色,这个过程称为角色转换。从学生角色到职业人角色的转换是我们每个人必须经历的过程,也是人生中最重要的一次转折。

学生角色:生活在学校和家庭的庇护下,环境简单,社会经验不足,人际交往单纯,主要任务是储备知识和培养能力,经济未完全独立。

职业角色:工作目的性明确,工作压力大,要承担更多的风险和挑战,走入复杂的社会关系,有更重的社会责任。

(二)顶岗实习环境呈现的特点

1. 以利润为目标

企业的根本目的是获得利润,满足自身的生存和发展。职场作为应用知识和技能的场所,都希望招到适应力强、工作效率高的员工,让每一个员工发挥最大的潜能为企业创造价值,培养员工只是次要目标。

因此,在顶岗实习期间,学生要充分考虑自身的兴趣爱好与岗位的匹配度,勇于试错,敢于尝试,才能摸索出最适合自己的职场岗位,避免在今后真正的就业中走弯路。

2. 注重团队协作

在如今的顶岗实习场景中,大多数工作都是需要通过团队协作来完成的。任何一个人的效率低下或者工作缺失,都会对整体项目完成度造成重大影响,甚至损害他人和企业的利益。因此,在职场中,不是靠个人单打独斗就足够了,更要锻炼自己的团队协作意识与合作精神,相互配合,协调关系,共同成长。

3. 管理制度严格

企业纪律严明,按规章制度办事,违规即罚,要求更多的是服从。由于管理和执行力的需要,企业员工之间的等级差别明显,下级服从上级是基本纪律。顶岗实习时,职场新人很容易仍旧把职场当作学校,追求个性表达和工作自由,从而在不经意间引起同事或者上司的反感,为自己的职场发展制造障碍。在职场中,试错的机会大大减少,企业的容错率也远低于学校,巨大的工作业绩压力下,学生需要兢兢业业,保质保量地完成工作任务。

4. 人际关系复杂

因为企业晋升资源的稀缺等因素,顶岗实习场景中的同事关系,更多的是一种竞争态势,存在较为明显的利益冲突,人际互动复杂。所以,学生在职场工作中面临的一个重要挑战就是需要学会处理与上级、同事的关系,为自己的职业发展建造良好的人际关系网络。

(三)顶岗实习场景适应

1. 文化适应

职业场景的文化其实是一种自发的、动态的、非引导性的,衍生于企业文化但又游离于企业文化的个人价值观与世界观的共性体现。它介于企业内部与外部之间,同时也介于精神层面与物质层面之间。

(1)作为顶岗实习的职场新人,学生对同事一定要热情谦虚、朴实、积极。

(2)要有与人协调、沟通的能力。能正确地、适时地表达个人的愿望,也能及时了解别人的需求。要做到真诚、自信、善待他人。

(3) 认清自己是谁，自己要面对的是什么。

(4) 要虚心学习，主动工作，克服畏难情绪，展现主动热情的个性。从细微处入手，从点滴事情做起，完成力所能及的助人工作。

(5) 避免出现"小事不愿干，大事干不了"的消极情绪，要注意"大处着眼，小处着手"，避免成为志大才疏的人，一丝不苟地做好每件"小事"。小事中见大精神，可为以后做"大事"积累资源。

(6) 独立做好分内工作。进入顶岗实习场景中后，很多事情只能靠学生自己独立完成，很多困难要自己想办法解决，没有老师可以询问，没有同学可以依赖，也没有责任可以推脱。因此，个体要调整好心态，摆脱依赖心理，尽快熟悉自己的工作，并担起责任，独当一面，赢得领导的信任。

所以，刚从学校进入顶岗实习阶段的学生，要尽快把学过的知识与职场环境结合起来，在最短的时间里接受职场文化，适应生产劳动工作的需要。

2. 心理适应

步入顶岗实习场景进行职业劳动，需要个体充分发挥自身的心理机能，包括：整体协作意识、独立工作意识、创造意识等，要努力克服以下5种"心理"：对学生角色的依恋心理、观望等待的依赖心理、消极退缩的自卑心理、苦闷抑郁的孤独心理、因噎废食的浮躁心理。

一般新人刚进入实习场景时，都是从基层做起。因此，作为职场新人，首先要学会心理适应，放平心态，主动调整自己迎合紧张而又有节奏的顶岗实习生活。由于缺少职场劳动生活经验，可能会对一些制度不太习惯，这时千万不要想着用自己的习惯去改变环境，而要学会入乡随俗，随遇而安，主动适应新的环境与氛围。个体要在这个阶段培养出自己的整体协作意识和独立工作意识。

3. 身体适应

进入顶岗实习场景后，学生的身份就已经转变为职场人角色，原来的许多生活习惯就需要加以改变。在实习期间，如果迟到、早退、旷工，耽误的就是整个工作团队的业绩，随时会有被开除的可能。如果因为过度疲劳或者懒惰懈怠，造成了工作失误，更加没有可以挽回的机会。因此，在顶岗实习中，需要提前调整生活作息，加强自我身体管理，遵守职场规则，将精力调整到最佳水平，增强体魄，以快速适应职场节奏。

4. 岗位适应

顶岗实习一般是由学校推荐岗位，学生要学会根据自身的能力和现实的环境，及时调整自己对劳动岗位的期望值和目标，切忌好高骛远。应该脚踏实地，做好科学可行的职业生涯规划，明确个人职业目标，找准个人职业定位，从实际出发强化自己的职业发展，并持续投入钻研，才能得到更好的锻炼与提高。

5. 人际关系适应

初入职场，人际关系也会相应变得复杂，要学会无论是对领导还是同事，无论是喜欢还是反感，都彬彬有礼，进退有据。同时积极工作，努力展现自己的优势和特长，最大限度地争取岗位认可，赢得职场人缘。一个和谐融洽的工作氛围，不仅有利于工作的开展，也有利于个体工作的幸福感提升,从而形成良性的实习循环。总之,学生在顶岗实习中,要有意识地提高自己的职场情商,改善自己在职场中的生存环境。

四、顶岗实习场景的具体操作

对大学生而言,参加顶岗实习是步入职场前的演练,也是重要的人生新篇章的开端,这个过程中充满着很多的未知与挑战。面对陌生的环境和全新的人际关系,需要大学生尽快完成从学生角色到职场人角色的转变,调整好心态,努力适应职业生活的基本要求,快速融入职业生活中,尽快驾驭职业工作环境,从而为未来事业的成功打下坚实的基础。

顶岗实习为学生提供了一个真正融入职场环境的机会,通过实践锻炼促使学生加速熟悉企业需求和岗位要求,争取早日按照企业所需要的工作角色来塑造和发展自己。另外,大学生也可以通过顶岗实习的亲身体验,判断什么样的工作适合自己,提早谋划职业发展路径。

(一)明确自我认知

在职业生涯规划中,只有清醒地认识自己,清楚自己的能力范围,知道自己想要的未来,在接受现实的基础上努力完成学业,才能成为对社会有用的人。自我认知是自我意识的一部分,是伴随着学生成长过程逐步形成和发展起来的,从心理学上看,是"我是一个什么样的人"的问题。

自我认知涉及自我感觉、自我分析和自我评价3个方面的内容,自我感觉主要是指对自己的身体、相貌等自然特征的认知,如察觉到自己的身体是否健康、对自己的相貌是否满意等;自我分析是指对自己的身份、地位等社会特征的认知,如对自己学生身份的认知、对自己在顶岗实习场景中所处角色的认知等;自我评价是一个人在自我感觉和自我分析的基础上对自己做出的某种判断,如对自身特长及工作能力的判定等。

这三者紧密联系,帮助学生发掘自己的长处,认识自己的短处,通过恰当地认识自己,实事求是地评价自己,调动学生自我劳动的积极性和主动性,充分发挥潜能,适应社会,充实己身,促使其完成顶岗实习任务。

明尼苏达工作适应理论指出,当工作环境能够满足个人需求时,个人也能顺利完成工作要求,个人在其工作领域才能持续发展。换句话说,是否能够认识到自身能力和工作环境的匹配度,决定了一个人能否顺利地完成工作。

在学生进入顶岗实习场景时,就需要从自我认知的角度出发,判断个人能力与企业需求是否匹配,当自我认知充分时,就能调动能力匹配工作需求,以获得工作成就;当无法认清个人工作能力时,企业需求无法满足,学生就会产生焦虑、紧张等情绪。所以,在顶岗实习阶段,学生要充分认识自我,正确评价自身和环境,选择自己能胜任的工作,培养和发展个人能力,发挥潜能,努力打造自己满意、企业需要的核心竞争力,通过提高自我认知,找到一条可持续发展的职业道路。

(二)找准实习目标

为了更有目的和有针对性地进行顶岗实习,学生在进入实习场景前,应该认真阅读相关文件,包括顶岗实习告知书、毕业设计任务书、顶岗实习学习计划、顶岗实习三方协议书等内容,在文件指导下,完成实习任务和总结报告,增强主动学习的意识。

同时,要认识到顶岗实习是一个经验积累的过程,也是一个能力培养的过程,学生在与企业的相互了解及考察中,融入企业文化,接触具体业务,体验真实场景。顶岗实习的目的不在于挣了多少工资,而是学生在此期间能否反思总结,及时发现自身不足并加以改善,实习中得出的自我改善结论才是最令人受用无穷的。

很多同学在进入顶岗实习场景时,对工作有很多美好的幻想和憧憬,期望有光鲜亮丽和充满挑战的工作氛围。但当真正进入职场后,学生会发现实际的工作往往是单调枯燥的,更多的是重复简单的劳动,如资料整理、会议记录、数据收集等,从而会减少实习的兴趣和积极性。这就需要学生及时调整心态,正视实习,明白工作没有高低之分,适应落差,摒弃幻想,从小事做起,树立科学可行的实习目标,并为之努力。

(三)掌握企业信息

顶岗实习为学生搭建了接触真实职场环境的平台,方便学生以此为契机找到适合自己的工作岗位,更直观地了解到社会岗位的技能需求。因此,在进入实习企业前,需要尽可能多地通过各种渠道,收集企业信息,为岗位选择提供判断依据。

1. 线下校园招聘会

学校和相关教育部门每年都会定期举办毕业生的就业实习双选会,通过面对面的双向选择,帮助学生和企业互相了解,获得更多的实用信息。同时能够为毕业生争取更多面试机会,不断提升毕业生求职能力。

2. 线上官方网站

随着线上渠道越发广泛,越来越多的企业选择完善官方网站,发布线上宣讲等形式,充分发挥网络媒介"多元主体"的特点,进一步打破线下宣传限制,采用"空中宣讲会+网上申请"的模式进行招聘。学生要善于利用网络资源,提高信息追溯的能力,扩大求职范围,打破传统的信息壁垒,通过网络随时随地了解目标用人单位,确定求职方向。

3. 学校就业部门

学校内一般都设有专门的就业实习服务部门,如就业指导中心、实训管理处等,这类部门的实习信息更具有针对性,一般对口校企合作企业,有良好的工学合作关系,用人单位会根据学校的对口专业提供相应的实习岗位,更利于学生的实习体验。通过学校部门了解企业信息,更准确权威,可信度更高,专业对口性也更强,成功率高。

掌握企业信息是一项积累性的工作,不仅为今后的求职提供信息来源和择业基础,也为明确职业目标、提高就业能力提供了重要帮助,即使离开了学校的顶岗实习阶段,在信息收集上做一个"有心人",也会对个人的发展大有裨益。

(四)遵守实习规范

顶岗实习中的场景规范是指在职场劳动中的职业素质规范,是职业内在要求和学生综合素质的体现,它是相关岗位固有的操作流程和必须遵守的标准,包括职业道德、职业技能、职业行为、职业作风和职业意识等。职业素质规范可以通过树立观念意识、建立思维方式和养成行为习惯等环节进行训练。

1. 遵守单位管理规定

不以规矩,不能成方圆。企业的规章制度就是要让员工遵守规则,形成规范,把无序变为有序。如果学生有令不行、有章不循,按照个人意愿行事,缺乏明确的规矩意识,那么工作中就容易产生无序,甚至是混乱。

顶岗实习前,要积极参与安全教育和入职培训,服从领导,集中注意力,严格遵守实习场所的管理规定,掌握相关安全操作的知识,按规定穿戴工作服,时刻牢记流程规范,才能有效避免安全事故的发生,顺利完成实习任务,这是对他人负责,更是对自己负责。

在企业实习规定下,可以通过清扫场地、整理工具等行为维护良好的企业环境,养成自我管理的职业习惯;可以通过安全教育和岗前培训,树立牢固的安全意识;可以通过规范化流程了解企业协作体系,提前对职场有所感悟,尽快去掉学生思维,尽早融入职场氛围,将自己的工作能力和职场人对标,完成角色转变。

2. 树立岗位意识和劳动意识

大学生在进入顶岗实习阶段时,大多数还是会从一线基层工作做起,虽然是基层岗位,但也有其特有的作用。常言说"干一行、爱一行、专一行",这是一种岗位职责,更是一种可贵的职业信念。要深入生产一线,真切地感受,脚踏实地实践,磨炼和增强自身的职业责任感,从而在劳动中增强岗位意识,这也是今后工作中执着追求与奋斗的根本动力。

参与顶岗实习是劳动实践的一种重要形式,也是学生塑造劳动品格、端正劳动态度的一个练兵场。在实习过程中,兢兢业业完成学习任务,勤勤恳恳战胜困难挑战,都能体现对劳动的态度。

大学生在顶岗实习中,不能简单地将其看成学分任务,而应该更深刻地体会其中的劳动价值,发展性地看待劳动,在工作中更直观地感受他人的劳动行为和劳动态度,在潜移默化中形成崇尚劳动、尊重劳动的价值观。

3. 培养质量意识和专业技能

质量意识是企业生存和发展的基石,直接关系企业的声誉,同时质量意识也渗透在每一位员工的岗位工作中,体现了每一位员工的价值观。具有规范意识和责任意识是拥有质量意识的保证。一些知名企业如格力、海尔等,之所以能够长久发展,与它们长期坚持对产品的精益求精和对顾客的负责到底是分不开的。质量不是一个简单的指标,而是一种精神、一种态度。纸上得来终觉浅,绝知此事要躬行。

在顶岗实习的过程中,学生参与到企业的真实生产中,应秉承认真负责的态度,仔细观察和操作,翔实地记录数据,不弄虚作假,以能够保质保量地完成工作为目标来要求自己。通过真实生产,还可以获得锻炼专业技能和试错的机会,将书本知识运用于实践,在实操中及时发现不足,学习更深入的理论知识,从而再继续验证指导实践。

4. 增强团队合作意识和实践热情

在企业活动中,团队合作必不可少,既要求学生具有与团队成员进行有效交流沟通的能力,也要求其具备大局意识和服务意识。企业追求的是集体利益,因此大学生在顶岗实习中应注重与人的有效沟通,树立正确的大局观和集体观念,尽快在集体中找到自己的位置,养成合作意识。

在具体工作中,学生需要对自身在小组中的地位和职责有一个清晰的认识,以便为之后的团队协作打下良好的基础,因为只有具备足够的协作意识才能在实训中相互支援、提高工作效率,从而使质量得以保障。学生可以虚心向实习单位工人、技术人员和管理人员学习,听从指挥,服从安排。积极参加生产劳动和科学研究,加强实践锻炼,不断提高思想觉悟,做到"讲文明、讲礼貌、讲卫生、讲秩序、讲道德"。

参与实践劳动能使大学生对专业知识和专业技能的掌握由简单到复杂,由生疏到熟练,通过克服一个个学习挑战,完成一个个实训实习任务,大学生能体验动脑动手的有趣过程,感受完成任务带来的快感,在劳动实践中充分发挥自身的天赋和潜力,体会劳动实践带来的幸福感和成就感,从而提高劳动热情。拥有劳动实践热情的大学生更能够在顶岗实习中全身心投入,遇到困难时不气馁、不逃避,也更愿意主动寻找方法去解决问题,用积极的态度对待劳动实践。

"5W1H"项目分析法

"5W1H"分析法是在具体工作中常用的、查找问题并予以解决的工具,运用该方法可以对选定的实习工序或操作从原因(Why)、对象(What)、地点(Where)、时间(When)、人员(Who)、方法(How)6个方面进行梳理,是发现问题、找出问题的一种直观、简洁、实用的方法。

(1) 原因(Why):发现问题并尝试找到问题产生的原因。

(2) 对象(What):明确该工序目前需要解决什么问题。

(3) 地点(Where):分析原因及结果,针对问题点,确定需要进行调查的范围。

(4) 时间(When):确定何时开展实践,预计持续多长时间。

(5) 人员(Who):确定有哪些人参加。

(6) 方式(How):确定开展方式,是以团队的形式还是以个人的形式。

(资料来源:戴雪娇,吴利红.中职生跟岗实习管理5W1H分析法应用研究[J].内蒙古教育,2021(27):25-28)

不停换工作的小李

小李是一名职业院校的大三学生,在独自寻找顶岗实习工作的过程中屡屡碰壁,迫于压力,也不管是否喜欢或者合适,她最终在一家小型私营企业开始了实习,并担心再次失败一口答应了企业的所有条件。

一个月后,小李从同学处了解到,有的同学在大企业实习,有的同学实习工资很高,小李心里不是滋味,萌生了跳槽的想法。一次老板因为小李的工作失误,态度比较强硬,小李自此就开始有意无意地消极怠工,老板找她谈话好几次也不见改善。于是老板开始不再重用她,也不再分配工作内容,待遇自然下降。小李觉得受到了排挤,一气之下辞了工作,又开始重新寻找实习岗位。

在失落和愤怒情绪的冲击下,小李找工作更加不顺利,要么企业不想要她,要么她不愿意去基层工作。后来,小李先是去地产公司做经纪人,觉得在外奔波太辛苦,又去猎头公司做招聘,觉得工作时间太长,再到办公室做文职,又感到人事关系太难处理。小李想换工作,但是不知道下一步该换什么工作。

(资料来源:连碧华,李杰.高职机械类专业顶岗实习岗位适应性探索[J/OL].机械制造与自动化,2022,51(5):78-80,90)

【思考题】 许多学生在顶岗实习过程中会对新环境产生诸多不适应,频繁跳槽,小李的困境该如何解决?你认为怎么才能尽快融入新的实习场景?

第三节 顶岗实习现场管理

顶岗实习是职业院校人才培养工作的重要环节,直接关系到人才培养质量,对于提升学生职业能力和职业素质,培养学生良好的职业道德、熟练的专业技能、较强的可持续发展能力具有重要意义。各职业院校应该严格贯彻落实教育部等五部门印发的《职业学校学生顶岗实习管理规定》(教职成〔2016〕3号)文件精神,加强校企合作、工学结合,创新人才培养模式,与企业合作共同完成顶岗实习教学任务,确保顶岗实习的质量和效果。

顶岗实习一般包括毕业顶岗实习和提前就业实习。对于顶岗实习,学校应选择具有独立法人资格、依法经营、管理规范、规模较大、技术先进、有较高社会信誉或具有较高资质等级的企业。

一、顶岗实习的总体目标及作用

顶岗实习是高职院校工学结合人才培养模式的重要方式,通过在真实岗位上参与生产劳动培养学生的劳动技能和劳动品质。学校要加强校企合作,多途径拓展校外实习基地和校内生产性实训基地,为学生提供充足的顶岗实习岗位。

通过校企协同在实习实训中开展劳动教育,使学生在实践劳动中深入理解专业知识,熟练掌握专业技能,具备技术革新和技能创新的意识,提升综合素质和劳动能力,弘扬劳动精神、工匠精神和劳模精神,强化劳动观念,端正劳动态度,增强法律意识,形成良好的劳动习惯,树立正确的劳动价值观。

(一)提高劳动技能水平和能力

根据专业实训和劳动教育安排,组织学生到企业进行专业实践和顶岗实习,让学生参与企业日常生产工作,在劳动中锻炼身体、培养道德情感,在实践中提高职业劳动技能水平,增强学生的职业认同感、劳动自豪感和工作责任感,培育学生积极的劳动精神和认真负责的劳动态度,提高学生自立自强的劳动意识和劳动能力。

(二)提升专业技能和职业素养

顶岗实习是高职院校学生提升操作技能的最佳途径,学生能够在真实的生产研发设计环境中巩固所学的专业知识,养成严谨务实的工作态度和良好的职业素养,培养自身的实践能力、创新精神,树立事业心和合作意识,增强使命感和责任感。

(三)培养劳动精神、工匠精神

在企业的生产性劳动既是训练学生劳动技能的过程,也是培养学生劳动精神和工匠精神的过程。学生在企业中能够接触、了解更多先进专业技术,掌握更多专业技能,为未来就业、创业奠定基础。在实习实践过程中学生还可以感受企业文化,参观劳动成果,领悟工匠精神,提高自身的劳动能力,培养吃苦耐劳、爱业敬岗的职业精神,树立正确的劳动价值观。

二、开展融合性生产劳动教育

(一)劳动教育形式选择

为实现职业院校劳动教育目标,需要合理地选择劳动教育的有效形式,将劳动教育与生产实习相融合,是职业院校劳动教育最典型的形式。劳动教育应重点培养学生吃苦耐劳的品质以及适应艰苦行业和岗位的能力,以态度转变和正确价值观的确立为基本导向。职业院校生产劳动教育一般采用三种具体形式。

1. 企业顶岗实习与劳动教育相结合

以劳动教育补充、丰富、优化顶岗实习内容,以顶岗实习作为劳动教育的一种常规形式,实现专业技能与劳动素养的同步提升,理实一体、知行合一。

2. 校内技能训练和公益性生产劳动相结合

在校内实训基地开展技能训练和公益性生产劳动,例如一些院校的金工实习、机电设备修理、仪器设备安装调试等。

3. 学徒形式在企业完成生产劳动

通过学徒形式在企业完成生产劳动,做到学习过程与劳动过程合二为一。

(二)劳动教育对职业素养的作用

1. 培养深厚的职业情感

学生参与社会职业劳动要学会适应劳动组织中的劳动关系。职业院校学生要热爱未来的职业,在工作中与行业人员形成相近的职业认知和职业道德,融入本行业的劳动共同体,通过参加生产性劳动,逐步形成良好的职业态度,成为行业中的一员。

2. 培养爱岗敬业的职业精神

职业劳动伴随学生的职业生涯,是人生最重要的价值所在。职业院校学生要在未来的职业劳动中获得生活保障,在劳动过程中施展才能,实现价值,全面提升自身整体素质,在职业活动中成就人生。通过生产劳动,学生可以真正发现问题、分析问题,创造性地解决问题,提高创新能力,培养爱岗敬业的职业精神。

3. 体验劳动关系

生产劳动教育对学生职业素质的形成意义重大,学生通过生产劳动,在现实生产环境的熏陶中实现素质养成,在与企业职工的交往中体验劳动关系,在现实的生产组织上提升合作能力,体会到各个工序之间、各个工种之间、各个班组之间需要处理的具体问题,自觉地融入生产组织生态当中。

(三)顶岗实习中融入劳动教育

职业教育是培养高素质劳动者和复合型技术技能人才的教育类型,在企业的生产性劳动既是训练学生劳动技能的过程,也是培养学生劳动精神和工匠精神的过程。劳动教育是构建高层次和高水平教育体系的重要内容之一,在实施过程中要结合教育教学规律和学生发展需求开展形式多样的劳动教育活动,充分发挥劳动教育在顶岗实习过程中的重要载体作用。

教育部印发《大中小学劳动教育指导纲要(试行)》中明确指出职业院校学生要"依托实习实训,参与真实的生产劳动和服务性劳动,增强职业认同感和劳动自豪感"。职业院校要充分认识到实习实训的重要地位,深化校企合作,强化实习过程管理,把劳动教育创新融入学生的顶岗实习当中。

在实习管理中,要加强校企沟通,使学生平稳有序、心情愉悦地度过实习阶段,热爱劳动、热爱专业,增强毕业后从事该行业的意愿,成长为该行业的优秀人才。同时,让学生把自己作为工作岗位中的一员,严格按照规章制度约束自己,认真负责地完成自己的工作任务,不断完善自己,提升自身的自主能力、专业能力和综合能力,实现为社会输送技能型和应用型人才的人才培养目的。

1. 加强实习实训课程建设

实习实训是高职教育人才培养的重要环节,是劳动教育的主要载体,具有传承职业劳动技能与职业劳动精神的使命职责。在进行劳动教育课程体系设计时,要突出实习实训课的主导地位,以课程为主要载体开展劳动教育,强化学生的实践体验。

(1)完善、优化实习实训教学体系

高职院校要在实习实训教学中不断完善、优化教学体系,以实习实训操作技能为载体,根据认知实习、跟岗实习、顶岗实习等不同形式的特点和要求,系统设计劳动教育内容,推动劳动教育与实习实训深度融合,促进职业技能与职业精神高度融合,在实习实训教学中融入劳动价值观和劳动精神,引导学生崇尚劳动、尊重劳动,从劳动中获得乐趣和自我价值的实现。高职院校要根据教育部颁布的专业教学标准、行业企业用人需求和新技术、新工艺、新规范的发展趋势,及时更新实习实训教学内容,加强综合性实践项目的开发和应用。

(2)注重德技双修

加强实习实训课程建设,要以提高学生专业劳动素质、专业技术能力和职业胜任能力为核心,同时注重德技双修,教师在传授专业技能的同时,要融入社会主义劳动价值观和劳动精神的培育,教育学生树立良好的职业道德和职业观念。

(3) 加强顶岗实习管理

职业院校要坚持学校和企业双导师制,注重教育引导学生同企业员工多沟通交流,培养与普通劳动者的感情,提升劳动技能,养成爱劳动的习惯,增强学生对劳动的认知理解,提高就业核心竞争力。

2. 搭建校外育人载体

搭建育人载体,强化劳动实践,是高职院校开展劳动教育的落脚点,更是职业教育培养技术技能型人才的着力点。高职院校要以校内、校外劳动教育实践环节为抓手,在劳动实践过程中锤炼学生的工匠之术,培养勤劳、诚实的劳动品质。在顶岗实习环节,要让学生将劳动教育与生产劳动有机结合,深化对劳动价值的正确理解,丰富劳动体验,提高劳动能力。

3. 校企合作、产教融合

实习实训是提升学生专业知识技能的主要方式,是培养劳动价值观和养成劳动品质的主要阵地,校企合作、产教融合是高职教育发展的重要途径,基于企业真实环境的专业实践和顶岗实习是劳动教育的最直接体现。

(1) 校企合作培养劳动品质和技能

高职院校要充分整合企业行业资源,探索校企深度融合办学合作平台,利用优秀的专兼职师资队伍与丰富的实践教学资源,与企业共建校外实践教学基地,把劳动教育与生产实践结合起来,为学生开展劳动教育提供专业实习和劳动实践平台,培养学生的劳动精神,锤炼学生的劳动素养,助其养成专注、敬业、追求卓越、敢于挑战的创新精神和善于沟通合作的团队精神,形成创新和团结协作的职业品质和劳动品质,提高专业技能。

(2) 产教融合服务地方经济

高职院校要深入推进校企"项目化"合作教学模式,以企业真实需求为基点,立足岗位要求,与企业共同研究、科学合理地设计人才培养体系,共同开发基于专业教育的劳动教育类实践课程。要把专业教育和实际生产劳动结合起来,以智能化、时尚化、数字化产品项目运营为教学载体,共享教学成果,促进协同育人。

产教融合、校企合作,双方可以创新更多的合作形式,实现校企双赢,更好地服务地方经济发展。学校可以联合政府及企业,通过搭建政、校、企合作平台,进一步深化校企多方合作,实现产、学、教、研深度融合,为产业跨越式发展提供高质量技能人才保障。例如,让会计专业的学生到税务局顶岗实习,学习税务登记、账簿凭证管理、纳税申报、税款征收管理等工作。

4. 顶岗实习与劳动教育、创新创业相融合

新时代劳动教育旨在培养学生的创新精神,劳动教育要转变教育理念和教育模式,在顶岗实习中,融入创新创业精神,培养学生的劳动观念、劳动态度和劳动习惯。劳动教育与创新创业教育的相互融合,为劳动教育注入了新的理念和内容,同时为创新创业教育提供了正确的价值引领。高职院校要结合新时代社会发展的需求,将劳动教育价值观的塑造与创新精神、创业能力的培养相融合,提高新时代技术技能人才从事创造性劳动的能力。

 **案例品读**

专业实践教育与劳动教育深度融合的途径

——湖南商务职业技术学院深入开展校企合作共建乡村振兴产业学院

基于产业人才需求,校企共建产业学院,全面融入劳动教育探索建立高职流通类专业群发展新范式,湖南商务职业技术学院深入开展校企合作共建乡村振兴产业学院,借助湖南农产品流通特色产业——茶产业,和学校茶艺与茶文化专业开展产教融合,搭建流通类专业实践教育与劳动教育协作培养平台。具体实施如下。

首先,学校茶艺与茶文化专业的大一专业认知实习是组织学生去茶厂、茶园、茶叶市场、茶馆等了解行业企业生产经营现状。学校还邀请企业相关人员及时讲解并实操茶叶的采摘、制作等流程,强化同学们的劳动意识,增强对专业劳动的认知,以此培养学生尊崇劳动的精神,在教育精神层面实现专业教育与劳动教育的融合。

视频

其次,针对大二专业的顶岗实习,校企联合进行培养,将学生分组分配到不同茶厂或茶馆门店,根据具体课程实习内容由企业设计实习方案,以企业的实际生产经营需求为主。通过顶岗实习,让学生深入了解企业文化、熟悉茶叶制作销售要领、茶馆接待流程、茶叶冲泡方式等,以便在这些训练中培养学生的工匠精神,将模块化的专业知识融入劳动技能实践体系中,切实实现专业实践教育与劳动教育的深度融合。

最后,大三毕业实习,同样是校企联合培养,学生单个进入茶企实习,并充分理解茶文化的三个内涵:根植于内心的高尚品行;以约束为前提的自由;为他人着想的善良。这与我们劳动教育的劳模精神培养相契合。

基于现代学徒制的"双导师"师资培育,建立劳动实践型师资队伍。现代学徒制是校企深度合作,注重技能传承,对学生进行的以技能培养为主的现代人才培养模式。"双导师"指的是职业院校的专任教师和合作企业的师傅,他们将共同负责学生的专业实践课程。

基于现代学徒制的"双导师"制可将劳动教育与专业实践教育的师资合二为一,进行"一体化"建设。一方面学校积极创造条件鼓励教师深入企业一线顶岗锻炼,参与顶岗企业的各项管理、生产和服务等工作。同时制订一套完整的促进专业教师参与到专业劳动教育中的激励措施。另一方面企业派出骨干担任学校专业导师时政府应给予企业相关政策优惠,同时对企业派出的骨干进行相应的劳动教育教学培训,以求打造二合一的一体化劳动实践型教师队伍。

实践课程大部分采取"企业导师"制教学方式,实训课程由企业导师指导学生开展企业真实项目顶岗操作。将专业实践教育与劳动技能实践深度融合,使现有人才培养体系真正结合为一个有机的整体,这也正是专业实践教育与劳动教育融合的意义所在。

(资料来源:贾妍,辛磊.高职流通类专业实践教育与劳动教育融合探索[J].经济师,2022(9):207-208)

三、顶岗实习现场管理内容

职业院校要优化顶岗实习阶段的管理工作,制订科学合理的顶岗实习制度,规定实习生在单位的日常工作职责、工作内容,做好顶岗实习工作的总结。学校要与企业协商好考核内容与要求,规定实习指导教师的工作职责、指导内容及要求,制订校企、政府、学生和第三方机构协会等共同参与的多元管理体系。此外,还需要加强实习实训过程管理,丰富劳动教育的形式,切实将实践教学纳入教学质量监控体系。顶岗实习中的现场管理内容主要包括以下两方面。

(一) 企业管理

顶岗实习过程中企业管理的内容主要有以下几点。

1. 实习内容与实习计划

企业要科学合理地统筹安排实习内容,要与高职院校共同制订顶岗实习计划。实习岗位内容要与学生的专业对口、技术含量高,实习技能具有良好的通用性和可发展性,同时要保证顶岗实习过程的安全性。

2. 企业导师准备

企业顶岗实习落实学徒制,为每名学生配备企业导师来指导学习,企业内部要对企业导师进行岗前培训,保证顶岗实习的教学效果和工作成效。

3. 学生管理

企业要对参与顶岗实习的学生严格管理,包括记录学生考勤、违规违纪情况等内容,如出现问题要及时反馈给学生及带队教师。此外,企业要安排学生轮岗实习,企业要与高职院校针对企业实际情况划分不同的实习模块,科学合理地安排学生在各个模块轮岗学习,以便其全面了解整个生产过程。

(二) 高校管理

1. 做好统筹规划

高职院校要统筹规划,分级管理学生的顶岗实习过程。院校要成立顶岗实习工作组织领导小组,负责统筹安排顶岗实习的总体学习计划,与学校协同管理部门一同协调指导二级学院做好顶岗实习学生的动员、思想政治教育、组织管理等工作。二级学院作为顶岗实习教育教学管理的主体,全面负责学生顶岗实习的组织、实施和管理工作,包括顶岗实习工作的组织、协调、检查、考核及评优等相关事宜,确保学生顶岗实习的质量与效果。

2. 建立实习管理平台

学校充分利用顶岗实习管理平台,与实习实训单位共同加强实习实训过程管理,通过在线监控、定期检查、实地观察、资料抽查和学生评教等方式,对实践教学过程与教学成效进行全方位、全流程、实时动态化的过程管理。例如,教师定期在"实践教学信息化管理系统"检查学生完成企业认知测评、实习日志、实习总结和毕业设计的情况。

3. 教师日常管理

日常管理决定着顶岗实习的教学质量,教师要指导学生在实习实训中强化对劳动流程、劳动标准、劳动检查等制度的学习,加强新技术的运用,增强对劳动观念、劳动习惯、劳动制度、劳动过程与成果的思考和对劳动精神的培养。学生在企业教师指导下参与企业生产和技术创新,提升劳动素养。

在顶岗实习中,一般配备2~3名教师,包括企业教师和校内教师。其中校内教师负责学生的出勤、业务完成情况、心理疏导、岗位变动的组织协调、日常生活、技能辅导、业务水平分析评价、顶岗实习总结等,发挥学生和企业之间的纽带作用。

例如,北京某职业院校的毕业顶岗实习的教学安排实行课程化管理,包括企业认知、岗位业务、毕业设计、职业能力展示四部分。顶岗实习实行"三对一"教学模式,即每位顶岗实习学生在校内专业指导教师、校内德育教师和企业指导教师"三位导师"共同辅导下完成《顶岗实习》课程学习。

该校财经类专业的会计岗位对专业知识的要求较高,学校可以安排有过下企业经验的老师到企业为实习学生进行集中讲课,解答专业问题。

4. 学生自我管理

加强学生在顶岗实习过程中的自我管理。教师需要组织学生成立自我管理小组并组建党团组织,小组协助老师做好联络工作以及实习期间的各项事务,如组织学术活动和娱乐活动等。

四、顶岗实习现场管理职责

职业学校学生实习管理规定(2021年修订)中明确指出:"职业学校应当充分运用现代信息技术,建设和完善信息化管理平台,与实习单位共同实施实习全过程管理。""职业学校和实习单位应当分别选派经验丰富、综合素质好、责任心强、安全防范意识高的实习指导教师和专门人员全程指导、共同管理学生实习。要加强实习前培训,使学生、实习指导教师和专门人员熟悉各实习阶段的任务和要求。"根据目前职业院校的师资现状,在生产现场开展的劳动教育应主要由企业人员担任,学校教师处于辅助地位。

(一)现场管理教师职责

(1)具体负责学生顶岗实习期间的管理工作:全面掌握学生基本情况,做好顶岗实习前的准备工作,落实顶岗实习计划,并结合学生顶岗实习岗位,为学生制订具体的顶岗实习方案和计划进行指导。

(2)负责学生顶岗实习期间的考勤、业务考核,定期采取多种形式与学生和企业指导教师联系,了解学生动态,并定期检查顶岗实习进度和质量,及时处理顶岗实习中的各种问题,并做好记录。

(3)关心学生,为人师表,积极主动做好学生的思想政治教育工作,做好学生的日常管理和安全教育工作,及时向学院、家长通报学生的顶岗实习状态。维护学生合法权益,确保顶岗实习学生的人身安全、身心健康和思想稳定,指导学生做好顶岗实习记录。

(4)按照学院财务制度和顶岗实习要求,做好顶岗实习经费的管理、使用和报账工作。

(5)做好顶岗实习学生的情况记录,定期开展顶岗实习期间的各项活动。

(6) 爱岗敬业,忠于职守,承担顶岗实习责任,及时向学院报告各类情况。

(7) 顶岗实习任务完成后,要做好顶岗实习总结工作,并指导学生做好个人顶岗实习总结,协助企业对学生顶岗实习的成绩进行考核等。

(二)企业指导教师职责

(1) 协助院校教师指导学生制订具体的顶岗实习方案和计划。协助教师积极为学生解决顶岗实习中的工作和生活问题,妥善处理各种突发事件,确保顶岗实习顺利进行。

(2) 加强业务指导,传授技术、工作方法和经验,培养学生职业能力和素质。

(3) 做好学生的日常管理和安全教育工作,及时与专业教师及辅导员联系,通报学生顶岗实习状态。要关心学生,爱护学生,积极主动做好学生的思想政治教育工作,维护学生的合法权益,确保顶岗实习学生的人身安全、身心健康和思想稳定,负责学生顶岗实习期间的考勤、业务考核,指导学生做好顶岗实习记录。

(4) 顶岗实习任务完成后,负责与学校共同对学生顶岗实习期间的情况进行综合考核。

(三)专兼结合的师资队伍建设

高职院校要加强对"双师型"教师的培养,开展在实习实训中有关劳动教育教学的培训与指导,充分利用产教融合企业资源,建立企业兼职劳动实践指导教师队伍,引导学生在参与企业生产和技术创新的过程中,增进对劳动精神的理解,增强劳动使命感。

1. 分工明确,专兼结合

职业院校劳动教育的内容和形式决定了教育主体包括校内专任教师和校外兼职教师两个方面。校内教师主要负责专题教育课程、日常生活劳动、校内外公益劳动和校内专业课程中劳动教育内容的融合,实现学生认知结构和劳动价值观的转变。

校外教师主要是结合顶岗实习开展生产劳动教育,将生产知识学习、生产技能训练和生产劳动教育融为一体。在企业生产实习现场的劳动教育,可以让学生更好地感受劳动者吃苦耐劳的优秀品质,体验产业劳动者的劳动情感,并通过实践检验学生在生产中的心理适应能力和价值认同水平。

2. 加强培训,服务教学

在学习资源、教学方法和教育评价等方面,职业院校的劳动教育直接服务于人才培养质量提升,学校和实习单位应着力构建专兼职结合的实习实训劳动教育教师队伍,加强对双师型教师有关劳动教育的培训与指导,强化教师的劳动教育意识,引导教师在实习实训教学中,自觉强化对学生劳动实践和劳动责任感、使命感、荣誉感的教育。

同时充分利用企业资源,建立企业兼职劳动实践指导教师队伍,将生产一线获得的经历、经验及案例融入教学中,引导学生在参与企业生产和技术创新的过程中,接受锻炼,磨炼意志,树立正确择业观,提升就业创业能力。例如,聘请劳动模范、大国工匠等优秀社会人士,开展劳模精神、劳动精神、工匠精神专题教育,营造浓厚的劳动教育氛围,培养学生到艰苦地区和行业工作的奋斗精神和劳动能力。

顶岗实习指导教师工作职责（管理办法部分内容节选）

顶岗实习是教学计划中规定的必修环节，毕业顶岗实习实行课程化管理。顶岗实习实行"三对一"教学模式，即每名顶岗实习学生由校内专业指导教师、校内德育教师和企业指导教师"三位导师"共同辅导完成《顶岗实习》课程学习。

（一）校内专业指导教师职责

（1）现场实地了解实习学生情况，协助企业指导教师进行《企业认知》《岗位业务》课程的指导，负责对学生顶岗实习期间的专业指导和过程监控。

（2）要求每周指导不少于1次，指导形式不限（走访、电话、电子邮件、网上交流等）。每两周面对面指导1次，并认真做好记录，及时指导和解决学生实习中遇到的各种专业问题。

（3）通过"实践教学信息化管理系统"评阅学生实习日志，评阅学生实习日志不少于20篇，并及时反馈给学生。

（4）负责学生的《毕业设计》课程指导，包括毕业设计开题时《毕业设计任务书》的填写、毕业设计写作指导、毕业设计中期检查、毕业设计成绩评定以及参加毕业设计答辩工作。

（5）根据二级学院《职业能力展示》教学安排，负责对实习学生进行《职业能力展示》课程的教学指导。

（6）客观、公正地对每位学生完成实习任务情况进行全面考核，对学生的实习表现进行成绩评定，完成《顶岗实习课程评价表（校内专业指导教师评价用表）》。

（7）指导学生撰写顶岗实习总结报告。

（8）顶岗实习结束后，听取实习单位对学生顶岗实习工作的意见，完成顶岗实习指导工作总结。对学生实习质量进行分析与评价，对今后的实习工作和教学改革提出意见和建议。

（二）校内德育教师职责

（1）对实习学生进行道德、纪律、安全、爱护公共财产等教育，教育学生遵守实习单位的规章制度、服从管理和领导，制订切实可行的措施，保证顶岗实习的顺利进行。

（2）及时记录实习学生在企业的工作状态、心理状况以及需要解决的问题，检查学生实习实践的情况，与企业指导教师沟通，积极关心实习学生的生活和工作，并向学生发布学校各类通知。

（3）了解学生在实习期间的思想动态，及时解决学生出现的思想问题，指导学生树立正确的人生观、价值观和职业观，加强责任感、工匠精神的培养。定期向二级学院顶岗实习领导小组汇报学生实习思想动态。

（4）实习结束后，对学生的实习表现进行成绩评定，完成《顶岗实习课程评价表（校内德育教师评价用表）》。

（三）企业指导教师职责

企业指导教师由实习单位（企业）指定，原则上由实习企业组织纪律强、业务能力强的优秀员工担任。具体职责如下。

（1）熟悉学校顶岗实习培养目标和关于顶岗实习学生管理的相关制度。按照二级学院

《顶岗实习》课程学习计划，对实习学生进行《企业认知》《岗位业务》课程的教学指导。

（2）按照本单位规章制度要求，对顶岗实习的学生进行严格管理，配合学校做好学生的思想、安全、遵纪守法、职业精神、职业道德等方面的教育，负责学生在实习期间的考勤、工作情况考核和督促，并将学生实习情况如实反映给学校。

（3）指导学生完成实习生产任务，提高学生的专业技能和解决实际问题的能力。

（4）配合学校共同做好实习学生的实习考核鉴定工作，完成《顶岗实习课程评价表（企业指导教师评价用表）》。

（资料来源：北京财贸职业学院学生顶岗实习管理办法（试行），北京财贸职业学院文件北财院发〔2017〕33号）

第四节　顶岗实习创意创新

一、加强顶岗实习管理创新的意义

（一）优化配置产教资源

通过加强高职院校顶岗实习管理创新，重点关注校企契合度与家长认知度的提升，优化实习集散度与过程控制制度，将职业技能人才培养过程中的生产实践与理论教育有机融合，能够突破高职院校顶岗实习在师生数量、岗位配置、企业资源以及技能娴熟方面存在的问题，使各种产教资源得到优化配置和有效利用。

（二）促进人才培养模式优化

通过加强高职院校顶岗实习管理创新，能够促进工学结合人才培养流程的优化，连接人才培养与人才应用，促进企业需求侧和教育供给侧要素的全方位融合。在顶岗实习管理创新中，高职院校需要从专业发展与学生就业出发，整合、吸纳产业链的中下游企业，为学生顶岗实习配置最优的实习岗位，促进产业型人才聚集，实现校企合作下的技术技能人才培养目标。

（三）开拓创新管理模式

顶岗实习管理手段与方式的创新，有助于创新管理模式。高职院校从自身的价值与功能定位出发，借助顶岗实习的过程体验与感知，为产教融合工作以及实习管理实施寻得新的机遇与动力。高职院校不断深化顶岗实习管理创新，改善管理方式与方法，对管理机制、宏观环境、岗位变化以及学生期望等多方面进行干预调节，为产教融合下的高职院校顶岗实习管理创新赋能，实现精细管理。

二、顶岗实习创新手段

（一）校企双元管理、协同育人

社会层面的劳动教育，主要集中在顶岗实习和毕业实习。企业追求利益最大化，学校追求育人最大化,很多时候校企在协同育人的思想和方式上还存在很大的分歧。因此,打造新时代校企协同育人的劳动教育模式,使企业的角色由用人单位向协同育人单位转变,是当前顶岗实习与劳动教育有机融合的重要任务,需要加强校企沟通,促进学校与企业的双元管理衔接。

构建校企顶岗实习的双元管理工作机制,共同商议、相互支持,强化企业顶岗实习前的人才培养参与度和高职院校顶岗实习中的管理度,通过校企结合座谈会、顶岗实习动员会等形式,实现"引企入教"。另外,在沟通协调中制订管理职责与衔接机制,安排合适的管理人员接洽相关事宜,实现顶岗实习管理信息的共享,使高职院校与企业都能以积极、负责的态度开展顶岗实习的双元管理工作。

(二)建设劳动教育师资队伍

高职院校作为劳动教育的主场地,担负着立德树人的重大使命,建设一支高水平劳动教育师资队伍是实现育人目标的有力保障。师资力量得到提升,能够在学生顶岗实习过程中给予更多指导,帮助学生解决实习中存在的问题,为学生提供更多的顶岗实习机会。

学校可以通过各种讲座、活动、培训等培养教育工作者,不断提升教育工作者的劳动技能指导水平。此外,需要培养或引进劳动教育专任教师,支持企业技术和管理人才到校任教,为顶岗实习管理工作的开展提供支持,通过组建劳动教育团队,提升劳动教育的整体水准,保证劳动育人质量。

(三)建设劳动教育课程体系

劳动教育的课程体系一般涵盖劳动课堂、课堂劳动和生产劳动。高职院校在进行劳动教育时可以同步推进劳动专业课堂、劳动渗透课堂和企业生产劳动课堂。劳动专业课堂可以通过日常的志愿者活动、暑期社会实践、暖冬行动、创新创业等形式开展。

劳动渗透课,需要专业任课教师提高劳动教育意识,根据学科特点挖掘其包含的劳动教育元素,适时开展劳动教育,把劳动教育融入专业课程的教学过程中。生产劳动课堂主要通过顶岗实习和毕业实习来实现,在此过程中要强化劳动精神、劳模精神、工匠精神。

(四)校企合作、共建劳动教育课堂

劳动教育要充分利用校企合作单位,在顶岗实习和毕业实习过程中融入职业道德、企业规则、专业技能等劳动元素,在实习中不断强化,将劳动教育纳入实习前、实习中、实习后的各个教育环节中,使劳动教育与专业教育工作体系更加契合,把对劳动的思想认识、情感态度、技能操作等内容全面融入实习结果评价体系中。此外,通过学生生源地、双向选择、人文情怀等方面,不断提升毕业学生的留企率,提高企业在校企协同育人中的积极性。

在评价体系的设计中,对于顶岗实习等企业生产劳动课堂,可以建立团队互评、指导老师评价和企业评价相结合的综合评价体系。通过构建科学合理的高职劳动教育评价体系,提高劳动教育质量、树立"大国工匠"精神、助推产业结构转型升级、培养社会主义的合格建设者和可靠接班人。

（五）推动实习实训基地建设

职业院校要推动实习实训基地建设，拓宽劳动教育育人渠道，进一步深化产教融合、校企合作，双主体育人，依托现有资源，因地制宜推进实习实训劳动教育基地建设。推动建立功能完善、设备齐全配套的校内实习实训劳动教育基地，重视新知识、新技术、新工艺、新方法的应用，丰富劳动实践教育内涵，让学生增强诚实劳动意识，积累职业经验。

选择合法经营、管理规范、实习设备完备、符合安全生产法律法规要求的实习单位共建企业实习实训劳动教育基地，运用企业的职业文化育人，强化安全生产、劳动流程、劳动规范、劳动保护等的教育，引导学生建立职业精神，形成良好的劳动习惯。

三、顶岗实习管理改革创新模式

（一）深化顶岗实习管理机制

1. 构建长效沟通机制

为了能够有效地深化顶岗实习管理机制，需要建立学生与企业、学校、家庭的长效沟通机制，借助先进的通信手段来实现信息的互通，提升管理的效果。学校要及时地了解学生工作的情况以及思想动态，与家长、学生、企业进行必要的沟通交流。例如，学校与企业沟通解决学生存在的问题，指导教师和学生沟通解决学生思想和生活的问题，实现科学管理。

2. 构建有效激励机制

为确保顶岗实习工作顺利落实，需要企业和学校积极配合，因此可以对企业采取一定的激励措施。例如，针对企业的实际需求培养企业需要的人才，和企业签订合同对人才进行专门的培养，积极帮助解决企业遇到的各种难题，加强和稳固学校和企业之间的合作效果，借助激励措施，构建稳定的校外实训基地。

3. 设立转正奖励机制

高职院校需要联合企业完善奖励机制，促进学生更多地开展顶岗实习。例如学校可以和企业签订合同，对进入顶岗实习阶段的学生进行评价，优秀的实习生在同意之后可以获得该企业的转正奖励。通过就业吸引，能够更好地调动学生的实习积极性。

（二）创新顶岗实习组织管理机构

顶岗实习是专业教学重要的环节，为保证企业的生产经营与学校计划安排吻合，需要建立企业领导参与的管理机构。例如，决策层由学院的教学副院长、各个实习企业的技术副总经理、实训处处长、教务处处长、招生就业处处长和各系的主任组成，对顶岗实习的工作进行全面的统筹和指导。另外，教务处等部门作为管理监督层，对顶岗实习进行监控，汇总具体的实习信息，对实习计划的执行情况做好检查，落实好毕业设计答辩等工作。

操作执行层确定学生具体的实习岗位并制订实习计划。由实训的专职教师和校内指导老师、企业指导教师对学生实习进行管理并开展论文的指导工作。通过管理组织机构的创新，从决策到执行层都有了企业的参与，制订的顶岗实习方案还有计划也充分考虑了具体的教学要求和企业的实际情况。

（三）创新顶岗实习过程管理

在顶岗实习的过程中存在着学生分散和管理难度大等问题，因此，职业院校要充分利用先进的信息化手段，实现学生基础信息管理、实习监控管理，设计开发适合本校实际的科学管理的实践教学信息化管理系统。教师和管理人员可以根据自己的权限去了解学生实习的具体情况，进行相关数据的统计和分析，开展实习交流指导、毕业管理等工作，及时掌握学生的实习情况，对学生进行有效的管理和监控，提升实习管理的效果。

（四）创新学生顶岗实习考核评价指标

在构建校企育人双重主体、学生学徒双重身份的人才培养机制下，加强过程监管、规范考核评价至关重要。完善实习实训考核评价体系，确保劳动教育实效，学校要建立以育人为目标，融入劳动教育的实习考核评价制度，建立顶岗实习劳动过程性评价与终结性评价的指标体系。高职院校要联合企业对各工作岗位工作职责进行疏导，以校企合作、产教融合为育人方向，协同产教管理，共享学生顶岗实习期间的管理信息。

例如企业将学生的在岗表现、工作成果等信息共享给学校，学校则将学生的出勤信息、专业信息分享给企业，实现顶岗实习的双向管理。通过"双师型"师资队伍的打造，构建集学校领导、指导教师、实习教师、企业导师于一体的管理团队，实现学生顶岗实习产教协同管理，把劳动教育评价结果作为衡量学生全面发展情况的重要内容，形成全面规范的管理考核机制。

拓展阅读

顶岗实习成绩评定——校企共同完成顶岗实习成绩评定

学生的技能水平、职业道德、职业素养、工作纪律等内容以及在实习过程中完成的技术改革和创新成果是顶岗实习的考核评价标准。顶岗实习结束后，按照顶岗实习考核要求，由校内外指导教师共同对学生进行成绩评定。课程考核方式及成绩分配情况如表6-1所示。

表6-1 顶岗实习成绩评定表

类别	考核项目	考核方式	占总成绩的比例
校内专业和企业指导教师评价	企业认知	由企业认知考试成绩、企业指导教师评价和校内专业指导教师评价三部分组成。其中，企业认知考试成绩占5%，校内专业指导教师评价占35%，企业指导教师评价占60%	50%
	岗位业务		
	毕业设计	由校内专业指导教师评价和毕业设计答辩小组评定两部分组成，各占50%。满分100分	30%
	职业能力展示	由校内专业指导教师根据学生参加毕业生职业能力大赛的成绩打分。满分100分	10%

续表

类别	考核项目	考核方式	占总成绩的比例
校内德育教师评价	对《顶岗实习》课程的总体评价	由校内德育教师(辅导员)根据学生顶岗实习过程中在思想道德、工作状态、生活状态中的表现进行评价,满分100分	10%
学生自评	对《顶岗实习》课程的学习评价	对实习过程中的职业态度、工作规范与技能水平、工作成果的总体评价	不记入总成绩
总分		100	

(资料来源:北京财贸职业学院学生顶岗实习管理办法(试行),北京财贸职业学院文件(北财院发〔2017〕33号))

总而言之,高等职业院校只有加强顶岗实习的教育与管理,全面做实顶岗实习教育教学环节,才能切实有效地推进工学结合、校企合作教育的人才培养模式,不断提升高职院校办学的质量,提升学校的声誉和综合实力。通过落实顶岗实习,高等职业院校与实习单位密切合作,构成一个互助共利的关系,实现教学与实践的整合,企业和学校双赢。

以产教融合为依托,深化高职院校顶岗实习管理创新是职业教育改革的内在要求。高职院校要在正确认知顶岗实习管理创新的价值基础上,结合本校顶岗实习实际情况,寻求创新之策。

结尾案例

以劳动教育锻造高职院校新时代工匠

——唐山工业职业技术学院劳动教育的具体实践

依托实习实训深入开展劳动教育。

一是以各专业开设的实习实训课为主要载体开展劳动教育,具体结合实习实训课设计的项目任务,深挖教学内容中蕴含的劳动精神、劳模精神、工匠精神内涵与价值取向,设置与专业内容"紧密对接、互嵌融合"的专题教育,通过创设沉浸式、参与式、思辨式、互动式主题教育情境,增强劳动主题教育的感染力、思想性和针对性。

二是以学院打造"教师乐教、学生乐学"的"金课堂"为抓手,在真实生产案例、作业项目、企业订单中嵌入劳动教育内容,在项目化、模块化、一体化实训实习教学中潜移默化,培养学生正确的劳动价值观和良好的劳动品质。

三是依托学院中车集团唐车公司、首钢京唐钢铁有限公司等优质校外实训基地和劳动教育基地,统筹开展岗位综合实践和顶岗实习,为学生提供企业实习岗位,生产一线师傅全程指导,让学生亲历基于岗位的劳动实习过程,学会劳动技能,深化岗位责任和劳动质量意识,积累职业岗位工作经验,树立正确的劳动观念。

(资料来源:现代高等职业技术教育网,有删减)

【思考题】 根据自己院校实际情况及二级学院专业特色思考,如何实现劳动教育与实习实训有机融合?

课后练习

一、选择题

1. 顶岗实习是高职院校工学结合人才培养模式的重要方式,其对于人才培养的作用体现在( )。

    A. 提高劳动技能水平和能力　　　　B. 提升专业技能和职业素养

    C. 培养劳动精神　　　　　　　　　D. 培养工匠精神

2. 职业院校要形成规范的顶岗实习管理考核机制,产教协同管理,综合考评学生的表现。其中考核团队包括( )。

    A. 专业指导教师　　　　　　　　　B. 企业指导教师

    C. 校内德育老师　　　　　　　　　D. 行业专家

3. 学生参加岗位实习前,必须和实习单位、( )签订实习协议。

    A. 职业学校　　B. 教育部　　C. 学校老师　　D. 所在社区

4. 实习管理中,不得安排学生从事( )级强度及以上体力劳动或其他有害身心健康的实习。

    A. Ⅰ　　　　B. Ⅱ　　　　C. Ⅲ　　　　D. Ⅳ

5. 实习报酬原则上支付周期不得超过( )个月。

    A. 1　　　　B. 2　　　　C. 3　　　　D. 半

二、判断题(请判断对错,正确的打√,错误的打×)

1. 在顶岗实习中,学生因个人原因,给实习单位造成财产损失的,由学校进行统一赔偿。( )

2. 顶岗实习企业为防止学生临时辞职,造成损失,可以要求学生提供担保或者收取学生财物。( )

3. 安全标志的意义是为了给大家提醒和建议,紧急情况下可以忽略。( )

4. 实习实训是高职教育人才培养的重要环节,是劳动教育的主要载体,但对于传承职业劳动技能与职业劳动精神的使命职责意义不大。( )

5. 顶岗实习是专业教学重要的环节,在顶岗实习安排中不需要考虑企业的生产经营。( )

三、实践场景

制订顶岗实习的学习计划与目标

1. 实践目的

(1)制订顶岗实习的计划和目标,了解顶岗实习的具体内容和岗位职责。

(2)掌握实习岗位的劳动业务流程,为学生将来走向社会,从事相关岗位的工作奠定良好的基础。

(3)提升职业素养及职业技能,为实习和就业提供劳动技能支持。

2. 实践准备

(1)资料收集工作,了解实习岗位的计划和目标,对所需职业技能和职业素质要求进行充分的自我评估。

(2) 确定顶岗实习岗位,小组成员分工合作,查找相关信息。

(3) 通过集体讨论,共同制订本组的顶岗实习计划与目标。

3. 实践流程

(1) 确定顶岗实习具体岗位。

(2) 研讨岗位具体工作内容。

(3) 集体讨论分析岗位对人才与技术的需求。

(4) 撰写实习岗位顶岗实习计划与目标。

4. 实践要求

按照不同岗位需求,与职业素养和专业技能对照,确保专业对口,实习计划与目标要体现劳动教育与专业相结合的原则。

第七章 尊重劳动者

学习目标

（1）通过本章的学习，从尊重劳动者的角度树立职业意识、承担职业责任、培养职业精神、提升职业素养。

（2）能够通过实际行动不断完善自己的劳动素养。

导入案例

陈晓琳：护山养林 33 载　心有百花

陈晓琳，女，北京百花山国家级自然保护区清水管理站职员（图 7-1）。工作 33 年，陈晓琳走遍超 2 万公顷国家一级防火林区的每一座山梁。春天起树栽树整地育苗，夏季除草灭荒病虫害防治；监测期她每天查看诱捕器上报数据，辖区防火她每日巡护风雨无阻。她坚持学习森林防火管护、动植物保护等知识及相关法律法规，位置高度深度坡度哪座山哪条沟适宜的树种她一清二楚。

陈晓琳自 1989 年 6 月中专毕业后，就在门头沟区深山区的清水林场工作，从事林业工作 33 年来，陈晓琳走遍了清水林场境内的每一座山、每一道梁。她坚持利用业余时间学习林业相关法律法规、动植物保护、森林防火、病虫害防治、森林管护等知识，丰富自己的专业素养，提升综合素质。

图 7-1　工作中的陈晓琳

她热爱学习，善于总结，因为她深知在巨大的动植物资源宝库中，要更好地开展自己的工作，一定要有专业的知识做有力支持，所以这里的每一座山、每一条沟的位置、高度、深度、坡度、土层厚度、是否适宜种树，她都一清二楚，从不含糊。她打心底热爱这份事业，无怨无悔地将自己的青春奉献给了这座大山，在平凡的岗位上做出了不平凡的业绩。

（资料来源：北京榜样网站，有删减）

【案例分析】　陈晓琳在平凡劳动岗位上用心工作，在一线工作 33 年，并不断提升专业素养,成为大家欣赏称赞的劳动模范。这个案例告诉我们劳动最光荣,劳动最伟大,我们通过自己劳动可以创造出美好的东西。在新时代,我们更能够体验到国家对劳动者的尊重。

第一节　树立职业意识

一、职业意识的内涵

职业意识广义上说是从业人员对自己的本职工作具有足够的认可度,同时理解自己的工作,包括从业人员的职业心理素质以及思想素质。狭义上来说是人们对职业劳动的认识、评价、情感和态度等心理成分的综合反映,是支配和调控职业行为和职业活动的调节器,包含经营意识、前瞻意识、营销意识、全局意识、危机意识、安全意识、角色意识、自动意识、表率意识、责任意识、诚信意识、规则意识、自律意识、问题意识、自信意识、竞争意识、沟通意识、团队意识、服务意识、创新意识、效率意识等方面。

拓展阅读

职业意识的细化分类

1. 诚信意识

诚信意识是人将符合社会发展方向与时代潮流的诚信准则内化为个体的道德意识,它是诚信准则在个体知、情、意三方面的统一与协调的状况。"人无信不立",诚信是人立身处世的根本,在推动人的全面发展方面起着重要作用。它不仅是人际交往的基本原则,还有利于个体的道德修养以及身体健康的发展。将诚信意识内化为自己的生活习惯与生活态度,可以潜移默化地帮助大家成长。

2. 责任意识

责任意识就是对本职工作负责,忠于职守,尽职尽责的意识。树立责任意识是从业人员最基本的职业素质。无论选择什么职业,也无论是否满意这一职业,只要选择了岗位,就必须尽职尽责地做好本职工作,这是对每个从业人员最基本、最起码的要求。

3. 团队意识

团队意识是指在职业活动中,从业者个人以及所在的部门与其他劳动者、协作单位之间要精诚团结,互助互爱,密切协作,以共同做好工作、实现特定目标。从业者互帮互助,密切协作,齐心协力,共同奋斗才能发挥集体的智慧和力量。随着生产力的发展,生产的社会化程度越来越高,行业与行业,企业与企业,以及企业内部各部门、各成员之间相互联系、相互依赖的程度也越来越高。要自觉维护团结、加强与人合作、理解关心他人,形成良好的团结协作氛围。

4. 自律意识

自律意识是指在没有人现场监督的情况下,能自我约束、自我监督、自我抉择、自我调整、自我激励的自觉意识。从业者要分清职业与业余的不同，在工作中，能够克制自己的偏好，克服自己的弱点，约束自己的行为。

5. 学习意识

学习意识是我们对于学习的一种潜在看法。当我们看到一种新的事物时，有良好学习意识的人便会去探究为什么。时代进步、社会发展突飞猛进，新的知识不断出现。一个人要想有所成就，就只有具备良好的学习心态和意识，不断充电、吸氧、与时俱进，才能跟上时代步伐，才有可能实现人生价值，获得职业生涯的成功。

6. 创新意识

创新意识是指人们根据社会和个体生活发展的需要，引起创造前所未有的事物或观念的动机，并在创造活动中表现出的意向、愿望和设想。它是人类意识活动中的一种积极的、富有成果性的表现形式，是人们进行创造活动的出发点和内在动力，是创造性思维和创造力的前提。

7. 角色意识

角色意识是指每一个岗位都有特定的职责权限和工作内容，做岗位要求的事，并把事情做到岗位要求的程度，是角色意识的根本体现。

8. 竞争意识

竞争意识是以个人或团体力量力求压倒或胜过对方的一种心理状态。它能使人精神振奋，努力进取，促进事业的发展。它是现代社会中个人、团体乃至国家发展过程中不可缺少的心态。竞争意识是人生存和发展的重要素质，也是高职学生培养健康的竞争心理的重要前提。

9. 全局意识

全局意识就是要解放思想，从不同角度看待问题，不被表面现象迷惑，既不能把简单问题复杂化，也不能把复杂问题看简单。善于全局思考问题，在全局下行动，为全局做贡献，客观地分析考虑问题。

10. 危机意识

危机意识是人类进步的原动力。在自然界和社会中，一切生物的生存过程都是时刻在防范危机并与危机斗争的过程。危机意识能够激励人们奋发图强，防微杜渐，使危机不发生，即使危机发生了也能力挽狂澜，转危为安，要时刻保持居安思危意识，业精于勤，荒于嬉；行成于思，毁于随。

11. 安全意识

安全意识是员工在安全生产生活中对客观事物认识的一种反映。要正确把握并处理好安全与效益、安全与发展、安全与稳定、安全与改革、安全与建立和谐社会的关系。安全是企业发展的基础，关系生命，关系发展的永恒主题。

二、职业意识的重要性

（一）有利于学生个体全面发展

党的二十大报告提出："全面贯彻党的教育方针，落实立德树人根本任务，培养德智体美劳全面发展的社会主义建设者和接班人。"职业意识作为职业主体必须具备的重要素质，深刻地影响甚至支配着高职学生的学习态度、角色定位、行为方式乃至就业和职业生涯。可以说，职业意识是学生个体发展职业生涯，影响其最终走向职业成功的内在前提。

（二）有利于促进行业快速发展

1. 破解行业难题，满足人才需求

行业市场用人越来越趋向于务实是现代市场主体日渐成熟的重要体现，单一追求学历的标准受到冲击，用人标准不再重理论而轻技术，企业选择劳动者的现实标准转为是否适应岗位的需要、是否能为企业长期稳定发展带来更大潜能、是否能为企业创造更多的精神及物质价值。

在这一用人模式的转变之下，高职毕业生在拥有技能优势的同时，良好的职业意识能将为他们迎来更多的市场青睐，使他们成为最容易与行业对接的群体，满足行业企业的用工需求。

2. 实现文化转型，护航企业发展

在日益发展和完善的市场经济形势下，企业越来越明确地意识到被管理者的职业意识弱化会降低管理的效率，而管理在企业效益问题上具有极为重要的地位和作用。

具有成熟意识和良好判断力的企业，已开始将建设企业文化作为转型及拓展的重要路径，并且通过强化职业意识的培养来加快企业文化的构建，从而更好地实现企业的整体战略目标。良好的职业意识作为强大的软实力，能够给企业带来长久发展的生命力，更好地保障企业稳步发展的势头。

（三）有利于促进社会和谐发展

高职毕业生作为新时代新增劳动力的主体，其职业意识状况，将直接影响着行业产业的发展态势，从而影响市场经济的繁荣稳定。帮助高职毕业生实现"零过渡期"上岗，使学生在职业教育过程中提高对职业意识的认同，增强其职业选择能力，会增进学生就业后对本行业企业的职业规范的理解、掌握和遵守，适应企业对于劳动力素质提高的客观需求，从而提高劳动人才对企业的贡献效力，提升企业乃至行业的发展速率。

三、职业意识的影响因素

1. 职业方向

职业方向是高职生的个体因素，学生本身的基因以及智商等对于学生职业方向会产生影响。学校对某一门课程的态度，会直接影响到学生对专业及相关课程的选择，进而影响到学生对未来职业的选择。专业的选择会确定学生的职业方向，学生对自己未来职业的认识和认同感，会影响学生职业意识的形成，而其本身的基因或智商等因素会使其在职业中达到不同层次。

2. 职业能力和兴趣

高职院校学生对事物普遍具有比较强烈的好奇心。在好奇的基础上能够喜欢自己未来的职业方向,就能够产生兴趣;高职生的兴趣会出现阶段性的明朗化,很多学生都能够表达出自己的兴趣所在,对自己未来的职业具有设想,并通过想象产生认同感,最终将之转化为职业兴趣。学生通过各种水平测试和考试、取到毕业证书的过程中逐渐获得职业能力,进而提升自己的职业意识。

3. 家庭环境

家庭环境属于外部的环境因素。对于独立个体而言,家庭会对其成长和思想的形成产生重要影响。就职业意识而言,家庭环境也会影响职业意识的形成,比如家庭成员的职业、职业能力以及职业意愿、职业意识等,都会直接影响学生的职业意识。如果父母的职业规划性比较强,学生的职业规划性就相对比较强;父母比较自由散漫,学生就会表现出对职业规划的随意性,进而影响学生的职业意识。

4. 学校环境

目前学生从接受基础教育到职业教育的过程中,职业意识培养持续缺失,再加上各个阶段的教育过渡和衔接不到位、不平稳,影响了学生职业意识的形成,在高职教育中往往也更加重视职业技能而忽视职业意识的培养,所以学生本身缺乏职业意识的现状也无法得到改善,而学生缺乏职业意识也会导致高职教育的成效不佳。

5. 社会环境

在实际社会中,职业和职业之间存在差距,呈现出不同的等级,这也会影响到学生职业意识的形成。社会因素对于学生的影响非常大,学校相当于一个小社会,社会的风气和思维意识都会影响到学生职业意识的形成。目前针对高职院校的学生进行的职业兴趣调查分析发现,多数高职生希望自己未来的职业是经营类、艺术类的职业,而选择技术类职业的学生却不多。就目前社会职业等级而言,学生都更加青睐于看似等级比较高的职业,而不愿意选择比较辛苦的职业。

四、职业意识的提升途径

1. 客观地认识自己

要树立正确的职业意识,首先必须全面地认识自己。

一要全面地认识自己的生理特点,主要包括性别、身高、体重、视力、健康状况、体质和相貌等。

二要全面地认识自己的心理特点,主要包括兴趣、能力、气质和性格特点、人格类型以及道德品质等。

三要全面地认识自己的学习水平和将来可能达到的状态。

四要正确地认识自己的学识能力等与未来职业需要之间的差距,要在全面认识自己的基础上,结合自己的发展潜力,对自己进行合理的定位。

2. 全面地了解社会

树立正确的职业意识,要全面、科学地了解社会,了解职业。

一要了解党和国家的路线、方针、政策。

二要了解我国社会的经济构成及其发展状况。

三要了解我国的基本国情。

四要了解各地区的产业结构、行业结构和职业结构。

五要了解各种产业、行业和职业对职工共同的基本要求和不同的具体要求。

六要了解自己所学专业所对应的职业群,以及该职业群在社会主义建设中的地位和作用。

七要了解该职业群中各种职业的社会价值、工作性质、工作条件、工作待遇、从业人员的发展前途,以及该职业群中各种职业对人员的素质要求,包括学历、专业、性别、智力、体力、性格等方面的要求。

3. 树立正确的劳动价值观

牢固树立尊重劳动的思想观念。对一切创造物质财富和精神财富的劳动、一切有益于人民和社会的劳动,都应该承认、尊重和保护,包括尊重其合法权利、实现其合理报酬以及给予应有的褒奖等。不论是体力劳动还是脑力劳动,不论是简单劳动还是复杂劳动,一切为我国社会主义现代化建设作出贡献的劳动都是光荣的,都应该得到承认和尊重。

4. 树立正确的人生观

人生观是人们对于人生目的和人生意义的根本看法和根本态度,不同的人生观会产生对人生的不同看法和不同态度,而对人生的不同看法和不同态度,则会引导人们选择不同的人生道路。因此,要根据时代的要求,根据社会发展的要求,坚持以辩证唯物主义和历史唯物主义的立场、观点和方法看待人生,坚持以最广大人民群众的根本利益为核心,坚持以实现社会主义的共同理想为目标,不断地加强学习,不断地提高自己的思想觉悟,不断地提高自己的思想素质、文化素质、能力素质,不断地完善自我,做到自尊、自爱、自强。

5. 重视专业实践

专业实践是了解职业需求、认识职业特点、实现高校毕业生和企业职场之间对接转换的直接方式,是职业意识培养的有效途径。专业实践时学生具有双重身份,即学生与职工,学生要协调好这两种身份,在工厂里要严格遵守企业的规章制度,跟着师傅不仅要学知识,也要学做人,使技能和思想双提高。通过顶岗实习,学生会认识需要加强提升的职业技能,拓展职业认知的深度和维度,树立比较客观的择业观,为以后的职业规划奠定基础。

第二节 承担职业责任

一、职业责任的内涵

职业责任是人们在特定职业领域中要承担的特定责任,具体分为人们本应该完成的本职工作和该担负的义务。社会是由各行各业的从业者构成的,因此职业责任不仅是对职业本身提出的要求,还是一种社会需要。公民是否具有职业责任感,不仅关系从业者的自身发展需要,也关系到用人单位的前途和国家的命运,影响重大。

职业责任是以人所特有的社会属性,即根据社会分工和劳动分工的不同而产生的社会关系为基础划分的,人不仅属于自己要为自己负责,人的生存和发展更要依赖于社会关系,作为以获得物质利益为重要目的的劳动者,具有法律及其纪律的他律性和意志的自律性,根据自己的职业活动的不同而遵守各自的职业责任,在职业活动中承担与自己能力相当的责任和义务。

职业责任特点是:职业责任具有明确的规定性;职业责任与物质利益存在直接关系;职业责任具有法律及其纪律的强制性。

职业责任的种类:消极责任和积极责任两种。消极责任是把责任作为一种义务的责任,是关于在给定状态下谁来承担责任的问题,即在事情发生后所要承担的责任。消极责任的一个中心问题是"你为什么那么做";而积极责任则重点强调当前状态下的活动,或是对未来不希望发生的事情的阻止行为,它的中心问题是"需要做什么"。

二、职业责任的内容

(一) 义务责任

劳动者有职业义务遵守工作标准的操作程序和规范,并按其合同约定履行其工作的责任,这是劳动者的基本职责。义务责任有个人责任、集体责任和社会责任。

1. 个人责任

工作标准是劳动者在从事某一具体工作实践中需要共同遵守的准则或依据。这种工作标准是公众期望劳动者所能接受并履行的标准,也可以称为"关照标准"。虽然满足关照标准并不意味着一定不会发生意外,但是一旦违背关照标准就要承担法律责任,这比法律规定的关照标准更为严格。

2. 集体责任

劳动者对自己供职单位所承担的职责和义务。不同职业或不同岗位的责任是不同的,其责任大小也是有差别的。管理者的责任都大于普通员工的责任,职业责任与职业行为相伴随行。无论是管理者还是普通员工,在职业行为之前必须明确责任意识,对工作尽心尽力,就是对集体的负责,就是勇于担当对集体的责任。在实际工作中,那些有职业责任感的人不仅在工作中严谨认真、一丝不苟,而且总是主动承担工作中的过失。

3. 社会责任

社会责任是指根据社会分工需要的不同划分社会成员职业,社会成员对自己在社会中所处的位置承担相应的社会责任。每个人都是社会的一分子,每个人都应该承担一定的社会责任。正是因为社会分工赋予了各种职业各种责任。每个职业人都应该明确自己的职业和社会之间的联系,明确其中的社会责任和义务。

（二）道德责任

道德责任是指劳动者在履行职业职责的过程中,由于违反职业道德而受到同行和社会舆论的谴责或自我良心的谴责。这是劳动者最基本的一种承担职业责任的形式。

（三）纪律责任

纪律责任是指劳动者在履行职业职责的过程中,因违反职业规范、职业纪律而应当受到的纪律处分,纪律处分一般有警告、记过、记大过、降级、降职、撤职、开除等。

（四）行政责任

行政责任是指劳动者在履行职业职责的过程中,因违反行政法规而依法应当承担的责任。如对律师的行政处罚就有警告、没收违法所得、停止营业、吊销执业证书等方式。

（五）民事责任

民事责任是指劳动者在履行职业职责的过程中,因故意或过失而违反了有关法律、法规或职业纪律,构成民事侵权、形成债权债务关系等依法应当承担的责任。

（六）刑事责任

刑事责任是指从业人员在履行职业职责过程中,因个人行为给国家、集体或个人造成损失、伤害,并触犯了刑法的有关规定依法应当承担的责任。

（七）自我发展责任

马克思主义关于人的自由全面发展理论告诉我们,人类社会发展的终极目标是实现从必然王国向自由王国的进阶,以顺利实现人的自由全面发展。面对客观形势变化和信息化时代巨变的客观要求,劳动者必须要不断地提升自我,从而顺利地完成自己的职责使命。

三、职业责任的影响因素

1. 职业责任认知

劳动者对职业责任的认知和对自我的分析,决定着自己未来的发展方向,以及用什么样的态度来面对未来从事的工作。职业责任认知,就是充分了解自己的性格和特征,并通过分析来得出一个自己应当努力的方向。

2. 职业责任意识

职业责任意识是影响劳动者职业责任实现的最为关键的主观因素,职业责任意识是在一定的职业责任认识的基础上形成的稳定的情感和意向,职业责任意识一旦形成,人便会以一种自觉、自愿的态度对待其在职业活动中应该遵守的规范和履行的义务。它是一种对职业的负责任的态度,劳动者强烈的职业责任意识是完成职业责任的内在动力。

3. 职业认同感

劳动者的职业认同来自"他者"认同和自我认同。"他者"认同与劳动者的职业生存和发展环境密切相关,自我认同是影响劳动者职业责任履行的重要的内在因素,进而影响职业责任的实现。

4. 薪酬与福利

薪酬与福利是影响劳动者职业责任感的重要因素。如果企业薪酬制度制订得不够公平合理,不能够按时开支,员工就会感到自己受到了不公平对待,从而影响职业责任感。

5. 激励

激励因素是影响用人单位员工职业责任感的关键因素,激励因素是指与工作自身特点和工作内容相关的因素,包括工作兴趣、成就感、挑战性等。激励可以分为奖励、惩罚、物质激励与精神激励。

6. 管理体制

管理体制一定程度上决定从业者的职业责任感。如果用人单位管理体制存在组织职能划分不清、薪酬制度、晋升制度不够公平合理等问题,都将会影响员工职业责任感的产生与培育。

7. 企业文化

企业文化能够满足企业员工的精神需求,提升员工对用人单位核心理念的理解和认同度,不仅可以使其产生使命感、归属感、成就感和幸福感,而且能激发积极性,使其对未来充满憧憬。

8. 人员配置

人员配置是用人单位各活动中最基础的工作,也是一项关键的组织职能。任何组织都必须具有人员配置系统,来指导、获取和使用劳动力队伍。

9. 领导者

领导者的领导方式影响着员工的职业责任感。领导者应当恩威并重,公平、公正地对待单位员工;同时作为领导者,要能够敏锐地觉察员工的情绪状态,了解并适当地满足员工的需求。

四、职业责任的提升途径

1. 掌握职业技能

掌握职业技能是劳动者承担特定职业角色的前提。尽管在进入劳动组织之前我们已经获得了一定的专业知识,但是要将这些知识转化为职业技能,适应相应的工作岗位,仍然需要职业技能训练。熟练地掌握职业技能才能够真正融入职业角色,才能在特定的工作岗位中立足。目前我国全国技能人才总量超过 2 亿,高技能人才总量已超过 5000 万,但人力资源市场上的技能人才仍供不应求。

2. 内化劳动规范

任何劳动组织都有一套制约劳动者行为的规章制度、惯例、习俗等劳动规范,以保证劳动组织能够顺利运行。作为一名新人,劳动规范最初是一种外在的约束力量,我们需要逐步了解、学习、遵从这些业已形成的规范。当我们逐渐明确职业角色,不再将劳动规范当作外在强制性约束,而是形成自觉的行动时,就完成了劳动规范的内化。只有完成劳动规范的内化,才能真正融入劳动组织,成为劳动组织的一员。

3. 认同组织文化

劳动者的社会化还包括对劳动组织文化的认同。组织文化的核心是组织的价值观,包括劳动组织的生产经营理念、效益观念、道德观念、发展理念与愿景等。组织的价值观是无形的、潜移默化的,又是无处不在的,既体现在劳动组织整体的规范体系中和劳动组织的运行中,也体现在个体劳动者的劳动行为中。

4. 培养自身职业责任感

在社会生活中,劳动者通过与他人和社会的接触,明确社会对该职业的规范和评价标准,认清自己所从事职业在社会中的地位与责任,并形成职业责任意识。当劳动者深刻地认识与体验到,个人的生存与发展要依赖社会的发展与别人的劳动,社会发展需要所有劳动者的共同努力时,就具备了承担其职业责任的自觉性。

5. 强化职业责任行为养成

职业责任行为养成应该参考国家或企业的职业责任定位和职业标准规范的内在要求,依据劳动者的实际责任能力,而不仅仅是一味追求身份伦理和理想化的完美劳动者。劳动者要达到对职业责任认知、情感、意志、信念以及行为的统一。重视培养劳动者较强的职业责任实践能力,使他们具有良好的职业责任行为和职业素质是职业责任培育的最终目的和归宿。

6. 提升职业认同感

每一个劳动者在希望自己的工作能够得到尊重和认可的同时,更期望不断地拓展自己的发展空间,这是劳动者自身发展的需要,所以要经常性地对劳动者进行职业认同培训。职业认同度是影响劳动者实现职业责任的主观因素,职业认同不但可以激发劳动者对工作的热情,也可以激励劳动者担当起工作改革与创新的重要职责。

第三节　培养职业精神

一、职业精神的含义

职业精神是各行业从业人员在职业活动中激发出来的活力和意志的体现,是持续的、稳定的,具有强烈社会性和职业性的,为人们普遍认同的价值观念、态度和精神面貌的总和,是职业人员在具备职业技能,遵守职业道德的基础上形成的更高层次的精神境界。

职业精神属于认识的范畴,是人们在职业活动中的思维方式、观念意识等的反映。在职业活动中,职业精神不仅可以指导工作者的行为方式,也会影响从业者的道德认知和价值观念。

职业精神是职业习惯、职业态度、职业追求的集成与升华,能够集中展示某类社会群体的精神风貌。比如,工人的职业精神是"制造",军人的职业精神是"勇敢",教师的职业精神是"奉献",医生的职业精神是"救人",科学家的职业精神是"探索"……换言之,职业精神是围绕一种职业而形成的稳定持久的工作主动性,是一种主体性工作风貌。

职业精神主要体现在如下四个方面。

第一,职业精神是个体在职业活动中的所表现出来的心理状态,通常这种心理状态能反映出职业人对所从事的岗位是否热爱,是否能够发挥出自身的价值,是否能带来成就感或者创造一定的收益。

第二,职业精神会受到外界环境的影响,在一个积极健康的社会环境中,职业精神会朝着好的方向发展,反之就会朝着相反的方向发展。

第三,职业精神是稳定和连续的,是生活和工作中慢慢形成的职业习惯,因此要改变职业精神不是一蹴而就的事情,需要长期地引导和培养。

第四,是职业精神具有调节功能。不仅能调节本职业中的若干关系,还能调整该职业同社会各方面的关系,既维护自己的职业信誉和职业尊严,又满足社会各方面对本职业的要求。

社会主义职业精神的基本要素

社会主义职业精神的基本要素包括职业理想、职业态度、职业责任、职业技能、职业纪律、职业良心、职业信誉和职业作风。

第一,职业理想。社会主义职业精神所提倡的职业理想,主张各行各业的从业者,放眼社会利益,努力做好本职工作,全心全意为人民服务、为社会主义服务。

第二,职业态度。树立正确的职业态度是从业者做好本职工作的前提。职业态度具有经济学和伦理学的双重意义,它不仅揭示从业者在职业生活中的客观状况,参与社会生产的方式,同时也揭示他们的主观态度。

第三,职业责任。这包括职业团体责任和从业者个体责任两个方面。

第四,职业技能。在社会主义现代化建设中,职业对职业技能的要求越来越高。良好的职业技能具有深刻的职业精神价值。

第五,职业纪律。社会主义职业纪律是从业者在利益、信念、目标基本一致的基础上所形成的高度自觉的新型纪律。

第六,职业良心。这是从业者对职业责任的自觉意识,在人们的职业生活中有着巨大的作用,贯穿于职业行为过程的各个阶段,成为从业者重要的精神支柱。

第七,职业信誉。它是职业责任和职业良心的价值尺度,包括对职业行为的社会价值所做出的客观评价和正确的认识。

第八,职业作风。它是从业者在其职业实践中所表现的一贯态度。

二、职业精神培养的必要性

1. 助力国家高质量发展

新时代我国高质量发展,离不开心怀职业理想、懂得团结协作、具有敬业精神的高技能人才,高技能人才已成为我国人才队伍的生力军,在实现中国制造、中国创造中发挥重要的支撑作用。职业精神是中国精神在职业领域的集体体现,是社会主义核心价值观的重要内容,与国家建设现代化强国的目标是一致的。

培养高技能人才的职业精神,将助力国家高质量发展,那些具备职业精神的高技能人才,是实现国家高质量发展的必备条件,他们身上体现着劳模精神、工匠精神,表现为爱岗敬业、忠于职守、攻坚克难、开拓创新等职业精神,这些精神推动他们不断地突破发展"瓶颈"、解决发展难题、取得发展成绩,实现国家高质量发展。

2. 推动企业核心竞争力提升

新时代的企业竞争日益激烈,高技能人才是提升企业核心竞争力的关键,他们是先进制造业的开拓者,是先进企业文化的创造者,也是大国工匠精神的传承者,是推动企业顺利转型升级的重要力量。企业核心竞争力与企业文化(包括物质文化、制度文化和精神文化三个层面)密切相关,职业精神是企业精神文化的灵魂,优秀的企业文化包含崇高的职业追求、高度的职业责任感、严格的职业纪律、积极的职业态度等职业精神的重要内容。

企业需要素质硬、能力高、适应强的高技能人才群体,就要培养高技能人才的职业精神,打造一支具有爱国情怀、敬业精神、责任担当、勇于创新的大国工匠队伍,推动企业开发高质量的产品,进而提升企业的核心竞争力。

3. 促进学校人才培养提质培优

习近平总书记在全国教育大会上指出,要把立德树人融入思想道德教育、文化知识教育、社会实践教育各环节,贯穿基础教育、职业教育、高等教育各领域学科体系。立德树人是职业教育的根本任务,职业精神是这一根本任务的集中体现,也是学校提质培优不可缺少的重要内容,职业精神已成为衡量办学水平的重要指标。

金杯银杯不如用人单位的口碑,企业对毕业生的认可度、满意度,很大程度上跟毕业生的职业精神相关,用人单位招聘人才时,最看重的就是毕业生是否具有爱岗敬业、团结协作、遵规守矩、吃苦耐劳、勇于创新等职业精神,职业精神是优秀毕业生的必备素质之一。

实践证明,企业的优秀员工是那些具有崇高的职业理想、积极的职业态度、极高职业荣誉感等职业精神的毕业生,这些人不仅能胜任工作岗位,还能解决企业发展问题,攻破技术难关,更会成为企业发展的中坚力量。

4. 帮助学生全面可持续发展

"十四五"规划提出了增强职业教育的适应性,也包括要适应每个学生的全面可持续发展。学生最终是要走向工作岗位的,能否实现充分就业和高质量就业,离不开对学生职业精神的培养。职业精神是学生职业素质的重要内容,直接影响其将来能否胜任工作岗位,能否取得工作成绩。

培养职业精神可以提升学生岗位适应性,合理的职业理想和职业规划,能够帮助学生认清自己所处的职业发展阶段;严格的职业操守、职业纪律,能帮助学生在职业生活中少走弯路;团结协作、勇于创新的职业态度,能够帮助学生攻克职业发展中的难题。总之,培养职业精神有利于学生的全面可持续发展。

三、职业精神的培养

1. 培养自我意识,激励主动发展

自我教育是在积极谋求自我发展的主观意识的支配下,根据社会发展的需要与要求,充分发挥主观能动性和教育自主性,有意识地提升自我选择、内化、反思、评价、修正、规范的主观能力,实现自我完善的过程。医学高校教育工作者应积极激发医学生自我教育的动机,培养自我教育的意识,帮助学生建立全面理性的思考习惯,引导学生提升处理问题时自我发现、自我选择、自我解决、自我提高的能力,让医学职业精神内化为医学生的高尚品质,转化为医学生的行为。

2. 赋能终身教育,延展培育时空

随着医疗水平及科学技术的飞速发展,医学教育不再仅仅局限于课堂和校园内,以终身教育和终身学习体系为主的教育教学手段在医疗卫生行业中越来越受到重视。终身教育是指人在一生中经历的不间断、连续的教育,这种教育强调社会、团体对个人的监管力量与教化作用,是个体处于教育受众地位的一种社会行为。

医学职业精神的培养需要"知、情、意、行"的过程,并非是一朝一夕、一蹴而就的事,而是要通过不断接受知识的输入,并经过一个漫长发展和自我消化来实现的。医学院校应以课堂教学为入口,构建全盘覆盖、类型丰富、层次递进、相互支撑的课程体系。

同时,扩展时间维度和空间维度,把在校医学生、实习医学生以及医务工作者都纳为需教育对象,"知、情、意、行"分别为重点进行个性化、阶段化教育。高校应坚持职业精神的全程培育,即从基础教学阶段、临床见习、实习阶段直到临床工作阶段的全面人文精神培育,积极拓展学生谋求终身教育的学习渠道,可开设多种公开课,使学生通过多种渠道保持终身学习的机会。

3. 强化劳动精神、劳模精神和工匠精神

弘扬劳动精神、劳模精神和工匠精神是培养职业精神的一种有效途径,是某一具体职业领域的劳动者在职业活动中以实际行动诠释的职业精神,是在不同维度上追求卓越、超越自我的精神境界。培养职业精神,在高度上需要学习劳模精神,在广度上需要弘扬劳动精神,在深度上需要践行工匠精神。

 小贴士

职业精神在"三种精神"体现

劳模精神为"爱岗敬业、争创一流、艰苦奋斗、勇于创新、淡泊名利、甘于奉献",劳动精神为"崇尚劳动、热爱劳动、辛勤劳动、诚实劳动",工匠精神为"执着专注、精益求精、一丝不苟、追求卓越"。从不同层面理解劳动的"三种精神"。一是劳模精神。劳模精神处于国家激励

层面,体现出高度的政治性。劳模是劳动者群体中的佼佼者和杰出代表,有良好的精神风范和价值理念。二是劳动精神。劳动精神处于社会通用层面,体现出广泛的群众性。劳动创造了人本身,劳动是成长为人、融入社会的载体。三是工匠精神。工匠精神处于个体极限追求层面,体现出鲜明的先进性。

广义的职业精神来源于劳动精神,表现为工匠精神,可升华为劳模精神。狭义的职业精神,即劳模精神、劳动精神、工匠精神在某一类职业活动中在专业化劳动者身上的结晶,是自觉化的精神和能力等。无论广义还是狭义,职业精神均在所有的专业化劳动者中有所展现。可以说,劳动的"三种精神"是职业精神的最高标准和源头活水,职业精神是劳动的"三种精神"的具体体现和有效载体。

4. 树立职业榜样,把握注意过程

注意过程是观察学习的起始阶段,榜样与观察者的关系直接影响学习者对榜样的注意。榜样行为的复杂性和典型性,容易引起观察者的注意并且加以学习和模仿。所以在特色职业精神培育中树立的榜样应充分考虑榜样的复杂性和典型性。榜样必须具有该领域的行业特征,让学生明确榜样学习的目的。如对于高职商科人才来说,范蠡作为商圣鼻祖,是古往今来最具有复杂和典型特征的榜样,因此充分发挥其榜样示范作用,对于特色职业精神培育有着重要的意义。

5. 增强结果保持,落实实践教学

社会学习理论认为观察学习者通过保持注意过程从而获得的榜样形象,通常需要依靠意象系统和语言系统来加强。意象系统的加强需要依赖社会实践活动,在实践中加强自身的行为结果。应多倡导学生开展社会实践活动,在实践活动中更有助于学习效果的保持。其中复杂行为的保持需要依靠语言系统,通过举办相关的演讲、征文、小品等语言类活动,可以加强对特色职业精神的培育。

6. 强化职业坚守

职业坚守是一种情怀理念与理性自觉,是新时代教师对德行自觉的精神追求。在教师共同体中分享新时代职业精神的养成经验,在不断自觉自建的过程中学会认同自身职业、学会理念建构、学会审美、学会教学技艺等。

可以说,新时代教师职业精神是当代教师的精神追求,其价值在于给教师以希望、信心和力量。搭建校企合作协同育人平台,学生在实习期间,和企业其他员工一样学习企业的制度和规范,训练技能,感受岗位的复杂性,更加全面地了解工作规律,学会提高工作效率,体会团队意识,更加理解职业精神。

第四节 提升职业素养

一、职业素养的内涵

职业素养是指劳动者通过学习和实践所获得的,在工作过程中表现出来并发挥作用的内在品质和外在行为方式,由职业技能、职业行为习惯、职业道德、职业理想、职业意识5个关键要素组成,并表现为显性职业素养和隐性职业素养两类。

显性职业素养包括职业知识,职业技能和外在的职业行为习惯。是人们直接表现出来的,是可以被量化的。这些外在表现的专业知识和技能可以通过考试测验,以及各种学历证书、技能证书、"1+X"证书来检验水平,职业行为习惯可以通过观察来了解和纠正。

隐性职业素养指的是职业意识、职业理想和职业道德,这些隐性职业素养是个人内化的职业修养,是难以被测量的内在品质。企业员工的职业素养应该由显性职业素养和隐性职业素养共同组成。要想在竞争的职场中立于不败之地,显性职业素养和隐性职业素养两者缺一不可。因此职业院校在对学生职业素养的培育过程中,要更注重对冰山以下的隐性职业素养的教育。通过长期的学习、训练和实践等方式逐步形成稳定的职业素质,有助于高职生从"受教育者"向"职业人"过渡。

高职学生的职业素养内涵架构,显性职业素养和隐性职业素养相互影响,相互促进,最终表现为我们可以观察到的显性职业素养,如图7-2所示。

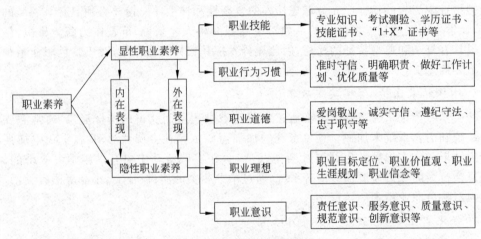

图 7-2　职业素养结构框架图

职业素养的要素分析

1. 职业技能

职业技能主要包括职业动作技能和职业智力技能。动作技能主要是指在长期的职业实践和工作中反复训练的动手操作能力。智力技能是学生知识理论储备、思维能力和解决问题的能力。职业技能是劳动者首要的职业能力,高职院校要培养学生的专业技能,特别是实践操作技能,夯实学生的显性职业素养。

2. 职业行为习惯

职业行为习惯是指一个人长期从事某种职业而养成的那种极具职业特点的言谈举止,是劳动者对所从事工作的认识、态度、情感和评价等心理过程的外在行为反映。良好的职业行为习惯是高效完成一项工作任务的必备要素,是职业素养外在行为的表现。具体表现为准时守信、勇担责任、做好工作计划、言行一致、追求卓越,优化质量和自我反思等。

3. 职业道德

职业道德是指与人们的职业活动密切相关的符合岗位特征的道德认识、道德情感、道德意志和道德行为的总和。职业道德不仅是劳动者在职业劳动中的情感积淀和行为标准,同时也是将个人的思想品质内化于岗位之中,形成自己独有的职业操守和职业精神。它的具体表现为爱岗敬业、公平正义、遵纪守法、为人正直等品质。因而高职院校必须坚持以学生为本,德育为先的教育原则,加强对高职生职业道德的教育。

4. 职业理想

职业理想是基于社会要求和个人择业观的指导,个人所从事的职业想要达到的职业境界,即在个人事业方面确定的职业目标和奋斗方向。它是人们自身理想和个人价值的核心因素。职业理想促进高职生形成正确的择业观,树立远大的职业目标,并激励高职生为实现职业理想,不断锻炼提升自己。

5. 职业意识

职业意识是人们对所从事岗位的认识、情感、态度和评价的总和。它由择业意识和就业意识两部分组成,是调节和支配职业行为的调节器,对于高职生而言,是学生在学习和实践中形成的与相关行业有关的职业态度和职业观念。高职生在学校要培养的意识主要有集体意识、责任意识、奉献意识和创新意识等。

二、职业素养的特征

1. 层次性

职业素养分两个层次:一般职业素养和特殊职业素养。

一般职业素养是从事任何工作的员工都应该具有的基础性的职业素养。比如对自己职场生涯的规划,爱岗敬业无私奉献的职业道德,自我反思勇于负责的职业行为习惯,责任意识和创新意识等。

特殊职业素养是针对不同的行业来说的。因专业属性和岗位职责不同,对员工所要求的职业素养也不同。这就是我们常说的行业所需要的核心职业素养。这就要求职业院校在培养学生职业素养的教学过程中要与市场对人才的实际需求相对接,每个专业要在形成一般职业素养的基础上,不断深化对行业有关的核心素养的认识和塑造。

2. 养成性

职业素养不是人生来就具备的,而是在人们长期的学习和工作中不断积累的综合的职业能力和思想品质,是后天学习锻炼养成的。职业教育对高职生职业素养的养成起着主导作用,高职生的主观能动性对高职生职业素养的提高具有决定作用。因此学校必须发挥自身的主导作用并激起学生自我修养的自觉性。

对于高职生的职业素养养成来说,一方面要依靠学生在日常学习生活中的自觉性,另一方面需要学校通过模拟的职业环境、实训体验以及教师的言传身教等方式,实现高职生的职业素养从无到有,从低到高地逐渐提高。

3. 情境性

职业素养并不是停留在脑袋里的知识储备,它是在职场中动态生成的。具备良好职业素养的人能够在不同的职场情景中随机应变地处理问题,保证工作顺利进行。因此,高职院校在对学生进行职业素养的培育过程中要改变仅靠老师在课堂上灌输职业素养的基本理论的单一模式,要将职业素养渗透到实践训练中,使学生的职业素养在真实的工作情景和企业环境中养成。

4. 时代性

职业素养教育的内容在不同的社会经济发展阶段是不一样的,具有一定的历史性。但是从时代发展的需要来说,它又是一个动态的,内涵不断丰富的过程。当今社会所倡导的"工匠精神"正是职业素养高度发展的体现。在经济新常态下,要将高职院校对学生职业素养的培养与弘扬培育工匠精神相结合,赋予职业素养新的时代内涵。学校也要更新职业素养要素,紧跟时代精神的方向,站在工匠精神的思想高度来培养学生的职业素养,以促进自身的内涵式发展,在社会经济发展道路上做出自己的贡献。

 小贴士

职业素养的修炼七道关

印象关——初入职场形象管理;
心态关——学生向社会人转变;
道德关——职场安身立命之本;
沟通关——打造职场"人气王";
专业关——"菜鸟"变"大虾";
诚信关——取得职场长期居住证;
忠诚关——走进高层核心圈。

通过七道关的修炼,能够帮助个人获得良好的职业素养,快速融入职场,实现人生价值。

三、新时代对劳动者的职业素质要求

新时代的劳动形态处在进一步向智能劳动迭代的进程之中,呈现出新旧交融、多元并存的状态。

1. 具备在专业领域从事智慧劳动的能力

当前生产劳动逐渐转变为科学劳动,复杂脑力劳动日渐增多,科技劳动、管理劳动等智慧性劳动处于中心地位,受过专业训练的技术型工人和与生产直接相关的科技人员及负责成果转化的工程人员、生产管理者占比逐渐增大,从事知识生产和传播的劳动者占比加大,这要求劳动者具备在专业领域从事智慧劳动的能力。

2. 具有自主学习的能力

当前科学技术的发展速度加快,科学技术上的新发现和发明推广运用到生产中的周期

缩短,因此新时代多元劳动形态下的工作内容是弹性的,工作性质和领域随着越来越多的领域实现了自动化而发生改变,特别是当前人工智能仍处在发展进程中,这要求劳动者不断学习和接受系统的训练以掌握智能劳动的新技术、智能机器的新控制方法,实现熟练操作和使用。因此,终身学习显得尤为重要,劳动者要不断提升自主学习的能力。

3. 具有创新意识和能力

智能劳动是由一系列重大技术创新构成的通用技术集群推动的,包括新一代互联网技术、新一代信息技术、先进制造技术、生命科学技术、新材料技术以及可再生能源技术等。

这些技术无不以创新为核心特征。创新构成核心驱动力量,创新是动力基础,人才是创新劳动的灵魂。未来劳动者必须提升思维能力、科研能力、设计创作能力、技术转化能力等。而且从人工智能的发展来看,人所从事的开发工程与基于系统整体的复杂情况的决策,是机器替代不了的,而且会越来越重要,因此劳动者需要具有创新意识并提升创造力。

4. 具有良好的审美能力

当前多元劳动形态并存,机器劳动、智能劳动使人从体力劳动、脑力劳动中部分地解放出来,人们获得了更多休闲的机会,有余力从事精神劳动、休闲劳动,劳动的内容转向基于信息化手段的探索性劳动、艺术性劳动,这就要求劳动者具备审美力。新时代的产品质量观也发生了变化,除了耐用性,美观和艺术化、个性化也是衡量产品质量的重要方面,这也要求劳动者具备审美力。

5. 劳动者仍然要掌握从事实体劳动的基本劳动能力

在手工劳动时代,人依赖从自然界直接获得的资料,劳动对象以可再生资源为主;在机器劳动时代,劳动对象向不可再生资源拓展,对自然过度入侵,导致自然界趋向"非自然化";到了智能劳动时代,劳动对象不仅包括实体资源,还拓展到信息和数据资源,劳动者对自然资源的依赖度降低,部分人为了获取更高的资本回报,将虚拟经济作为劳动对象,通过互联网金融、智能财富管理来赢取物质资源,满足生活需要。

然而基于实体资源的手工劳动、机器劳动和智能劳动,始终要为经济社会发展提供物质基础。因此,劳动者应掌握现场生产实际产品的能力。

6. 劳动者要具备跨界整合、沟通协作的能力

劳动是社会性的活动,是人与人联系的媒介。在多元劳动形态下,由于传统车间的智能化改造和工作岗位的重组,人所从事的单纯作业总体会减少,生产系统的全系统运行维护和调整工作等兼容性业务会增加,劳动者不仅需要掌握专门的劳动技能,而且需要全面提升劳动项目管理与经营能力、合作能力、产品推广能力等。因此,未来的劳动力市场更青睐对某个领域有深入认识且在其他相关领域有相当知识,具备跨界整合能力的"一专多能"型专业人员。

四、职业素养提升的途径

1. 确立意识,树立目标

职业发展是连续的学习,是自我导向的、是关系式的,在具有挑战性的工作中进行。劳

动者主动进行职业素养培养活动也是贯彻职业社会化过程始终不可或缺的一环。劳动者可通过自身的观察,确定自身需要培养的职业素养的重点,有的放矢地在系统化职业素养培养之外,利用组织内部及外部的网络资源、社会教育培训资源、获取职业认证资格证书等方式来进行有针对性的职业素养自我培养,促进自身全方位发展。

2. 热爱本职工作,培养职业兴趣

热爱本职工作,安于工作岗位是学生角色向职业角色转换的基础。刚刚走上工作岗位的大学生,应当尽快地从学生生活的模式中解脱出来,全身心地投入工作岗位中去。如果"身在曹营心在汉",经过几个月甚至一年的适应还静不下心来,那么,不仅对角色转换不利,而且会影响职业兴趣的培养和工作成绩的取得。甘于吃苦是角色转换的重要条件。只有甘于吃苦,才能实事求是地分析和对待角色转换中遇到的种种困难,并自觉地加以克服。

3. 虚心学习知识,提高工作能力

虚心学习知识,提高工作能力是角色转换的重要手段。由于专业课程设置的相对狭窄和大学生活的短暂,一个人在校期间学习到的东西毕竟是有限的,尤其是随着科学的发展和技术的进步,新的知识和技能不断出现,很多知识和能力需要在工作实践中去学习、锻炼和提高。

大学毕业生在学校期间虽然学到了不少知识和技能,但面对全新的职业,还需要像小学生那样从头学起,虚心向有经验的技术人员、领导、师傅和同事学习,学习他们观察问题、分析问题和解决问题的方法,不断丰富自己的专业知识,提高自己的专业技能,最终达到自我完善。

4. 勤于观察思考,善于发现问题

勤于观察思考,善于发现问题是角色转换的有力保障。大学毕业生进入职业角色,只有善于观察问题,才能发现问题;只有运用自身掌握的知识去努力解决问题,才能掌握大量的第一手资料;只有分析研究职业对象的内部规律,才能培养自己的独立见解,逐步具备独立开展工作的能力,更好地承担角色责任。

5. 勇挑工作重担,乐于无私奉献

勇挑重担、乐于奉献是完成角色转换的重要标志。大学毕业生走上工作岗位以后,应当从一开始就严格要求自己,树立主人翁意识,增强社会责任感,培养无私奉献的精神,任劳任怨,不计较个人的得失,努力承担岗位责任,主动适应工作环境,促使自己更好、更快地完成角色转换。

结尾案例

胡兴盛:技能"后浪"摘金的秘诀

2021年,年仅22岁的高职毕业生胡兴盛获得第七届全国职工职业技能大赛"数控机床装调工"赛项全国冠军,成为中国航天科工二院二八三厂最年轻的全国技术能手。同年,他又被授予全国五一劳动奖章,并与其他9人一起被评为"最美职工"。

胡兴盛出生在山西介休,父母都是普通职工。18岁那年,中专毕业的胡兴盛在一个小工厂里打工,和一个老师傅一起干活,师傅用他自己的经历劝他回学校上学。胡兴盛听了师傅的建议,进入山西机电职业技术学院,主修电子电气应用与维修和数控技术专业。

学校光荣墙上贴着好多学长的光荣事迹,里面有全国劳模、大国工匠、全国技术能手。"榜样的力量是无穷的。"胡兴盛说,在技校注重实践的浓厚氛围里,他的心态发生了转变,"以前是被动学习,不知道为什么而学,后来'开窍了',想通过主动学习证明自己。"

在校期间,胡兴盛努力提升技术锤炼自己,并多次参与各类技能大赛,取得多项优异成绩:2018年10月,参加山西省技能大赛,获得三等奖;2019年6月,代表山西省参加全国职业学校技能大赛,获得全国一等奖;2019年11月,参加中国技能大赛,获得全国二等奖。

在一次次竞赛中,胡兴盛不断充实和完善自己。父母也欣喜地看到胡兴盛身上的变化:变得越来越自信、开朗、爱笑。胡兴盛也成了"别人家的孩子",越来越优秀。

操作要领"长"进骨头里。2020年从技校毕业后,胡兴盛放弃高薪的私企,毅然选择了航天事业,就职于航天科工二院。那年5月,刚入职不久的他参加了航天科工集团数控机床装调维修工的比赛,但并没有取得好成绩。"这给了我当头一棒,说明我的技术还不够娴熟。"胡兴盛很快找到了自己的不足。

喜欢挑战,不喜欢乏味;敢于面对挑战,善于攻克难题;享受解决问题的过程,遇到问题反而更有斗志,这就是胡兴盛不断进步的原因。

"身边优秀的'技能大咖'时刻影响着我。"胡兴盛所在的二八三厂有一支高技能人才队伍,他们中有的获得过全国五一劳动奖章,有的已是"大国工匠"。这让胡兴盛羡慕不已,更增添了技能成才、航天报国的动力。

2021年8月,经过一年的沉淀后,胡兴盛参加了第七届全国职工职业技能大赛"数控机床装调工"赛项。赛前他和教练对每一个赛点进行详细分析、参考历届理论试题整理几千题的题库、定制训练计划利用好每一分钟……白天,在教练辅导下训练实操项目;晚上,他常常自我加压,学习理论知识到凌晨。

两个月集训,历经成百上千次的练习,操作要领已经"长"进了胡兴盛的骨头里。最终在大赛数控机床装调维修工实操试题第二部分,胡兴盛得到了裁判"全场最规范"的高度评价,一举夺冠。

在二八三厂第一个智能化生产车间,自动装配的机械臂、自动识别的测量仪、可按轨迹运行的传送机器人以及20米高的存储运输库,都听凭胡兴盛所在的8人小组指挥。不同于传统意义上的班组和工作室,这个小组被命名为"创客"团队,除了点检、排除机器运行故障,他们更重要的任务是迭代更新智能化产线,根据实际需求发明创造。

胡兴盛在繁忙的工作之余,仍利用碎片时间,加强学习努力提升,迎接新的挑战。

(资料来源:《工人日报》,有删改)

【思考题】

1. 胡兴盛作为"90后"高职毕业生为什么能够成为最美职工?
2. 你作为一名高职生,阅读该案例有什么样的收获和感受?

课后练习

一、选择题

1.【单选题】纪律责任是指劳动者在履行职业职责的过程中,因违反职业规范、(　　)而应当受到的纪律处分,纪律处分一般有警告、记过、记大过、降级、降职、撤职、开除等。
  A. 职业意识　　　　B. 职业精神　　　　C. 职业纪律　　　　D. 职业素养

2.【单选题】(　　)是影响劳动者职业责任实现的最为关键的主观因素。
  A. 职业责任认知　　B. 职业责任意识　　C. 职业认同感　　　D. 道德责任

3.【单选题】职业素养是指劳动者通过学习和实践所获得的,在工作过程中表现出来并发挥作用的内在品质和外在的(　　)。
  A. 劳动方式　　　　B. 劳动实践　　　　C. 行为方式　　　　D. 行动方式

4.【单选题】职业精神是各行业从业人员在职业活动中激发出来的(　　)的体现。
  A. 活力和技能　　　B. 活力和精力　　　C. 意志和精力　　　D. 活力和意志

5.【多选题】职业意识的影响因素有哪些(　　)。
  A. 职业方向　　　　　　　　　　　　B. 职业能力和兴趣
  C. 家庭环境　　　　　　　　　　　　D. 学校环境和社会环境

二、判断题(请判断对错,正确的打√,错误的打×)

1. 职业素养不是人生来就具备的,而是在人们长期的学习和工作中不断积累的综合的职业能力和思想品质。(　　)

2. 培养职业精神,在高度上需要学习劳模精神,在广度上需要弘扬劳动精神,在深度上需要践行工匠精神。(　　)

3. 掌握职业技能是劳动者承担特定职业角色的前提。(　　)

4. 劳动者对职业责任的认知和对自我的分析,决定着自己未来的发展方向,以及用什么样的态度来面对未来从事的工作。(　　)

5. 新时代只有脑力劳动和复杂劳动,是为我国社会主义现代化建设作出贡献的劳动,应该得到承认和尊重。(　　)

三、实践场景

体验目标职业岗位

1. 实践目的

(1) 了解目标职业岗位的工作职责和职业素养要求,掌握岗位工作劳动技巧。

(2) 掌握劳动业务流程,为学生将来走向社会,从事相关岗位工作奠定良好的基础。

(3) 有效提升职业素养及职业技能,缩短岗位适应期,为将来岗位就业及岗位劳动打下坚实的基础。

2. 实践准备

(1) 资料收集工作,了解目标职业岗位对职业技能和职业素质的要求。

(2) 学校联系或自行联系目标职业岗位的企业,以专业对口为基本原则进行对接,让课堂知识学习能在岗位实习中得到有效应用和锻炼实践。

3. 实践流程

（1）体验与适应岗位职业工作。

（2）体验目标岗位工作角色。

（3）掌握企业对人才与技术的需求。

（4）掌握实习岗位技术技能。

（5）撰写目标职业岗位实习报告及评价。

4. 实践要求

按照目标职业岗位安全生产工作规范开展劳动，时刻将安全放于心中。

第八章 尊重劳动成果

（1）了解劳动成果的分类，培养尊重劳动成果的意识并能在实际行动中落实。

（2）通过劳动教育成果评价，促进劳动教育高质量开展，使学生学会尊重劳动成果、尊重劳动者。

人生最大快乐，是自己的劳动得到了成果。——谢觉哉（"延安五老"之一，新中国司法制度的奠基者之一，著名的法学家和教育家、人民司法制度的奠基者）

劳动成果是指人类通过创造物质或精神财富的活动而形成的工作或事业上的收获。

导入案例

寻找最美劳动者，传承劳模精神

劳动模范是劳动者中的优秀人物，是各行各业劳动者的杰出代表。传承劳模精神，一个劳模就是一面旗帜，一个劳模就是一盏明灯。"幸福都是奋斗出来的。"劳模是奋斗路上的"时代先锋"，学习劳模就要传承弘扬劳模精神，以劳模和先进典型为榜样。

毛相林：当代"愚公"，43年坚守偏远山村，坚持苦干实干，带领村民用最原始的方式在悬崖峭壁上凿石修道，历时7年铺就一条8公里的"绝壁天路"。他培育"三色"经济，发展乡村旅游，推进移风易俗，提振信心志气，把绿水青山变成了金山银山，让乡亲们改变了贫困落后的面貌，过上了富裕文明的生活。

【案例分析】2021年2月25日，全国脱贫攻坚总结表彰大会在北京隆重举行，习近平总书记庄严宣告我国脱贫攻坚战取得全面胜利，创造了又一个彪炳史册的人间奇迹。在总结表彰大会上，重庆市巫山县竹贤乡下庄村党支部书记毛相林被党中央、国务院授予"全国脱贫攻坚楷模"荣誉称号，第一个上台接受习近平总书记颁奖并合影留念。毛相林身上展现出来的敢作敢当、吃苦耐劳、勇于挑战的精神，值得我们每一个人学习。

从劳动人民中间走出来的习近平总书记对于劳动者一直十分关心支持。党的十八大以来，他多次与劳动群众一起出席活动，同代表谈心，给劳模回信，为劳动者鼓劲，展现了人民领袖同劳动群众面对面、心贴心、实打实的深情厚谊。他强调,全社会都要贯彻尊重劳动、尊重知识、尊重人才、尊重创造的重大方针,维护和发展劳动者的利益,保障劳动者的权利。

劳动模范和先进工作者、先进人物不仅自己要做好工作,而且要身体力行向全社会传播劳动精神和劳动观念,让勤奋做事、勤勉为人、勤劳致富在全社会蔚然成风。习近平总书记指出,劳动模范是劳动群众的杰出代表,是最美的劳动者。劳动模范身上体现的"爱岗敬业、争创一流,艰苦奋斗、勇于创新,淡泊名利、甘于奉献"的劳模精神,是伟大时代精神的生动体现。

第一节 劳动成果的形式和分类

一、脑力劳动成果与体力劳动成果

脑力劳动成果即智力成果,主要是指依靠人类脑力劳动所创造的劳动成果,表现为科学技术成就、发明创造以及文学艺术作品等。

体力劳动成果是靠人力制造劳动成果的过程,可以将除了脑力劳动成果以外的都认为是体力劳动成果。

值得注意的是,脑力劳动成果和体力劳动成果没有非常明确的区分界线,很多劳动成果是脑力劳动和体力劳动共同获得的。如艺术家们完成的大型雕塑或壁画,既有艺术创作的过程,属于脑力劳动,也有用双手雕刻或绘画的过程,属于体力劳动。又如教师授课的一堂课也是结合了脑力劳动和体力劳动的劳动成果。

党的二十大报告提出,我们要深入实施"创新驱动发展战略",坚持把科技创新摆在国家发展全局的核心位置,这是基于对人类社会发展规律的深刻把握而作出的科学论断和重大抉择。科技创新即是在大量知识积累的基础上进行的复杂严谨脑力劳动,这样的劳动成果对于推动社会生产力的发展具有非常重要的意义。

案例品读

张连钢:他带领团队给自动化码头装上了"中国芯"

2022年10月22日,北京人民大会堂。中国共产党第二十次全国代表大会胜利闭幕。会后第二场党代表通道开启,来自青岛的二十大代表——山东省港口集团高级别专家张连钢,亮相媒体接受采访。他说:"我们依靠自主创新,建成了目前世界上装卸速度最快的自动化码头。这个码头上一个工人都没有,所有的设备都是自动运行,更酷的是,到了晚上一盏灯也不用开,所有的设备哪怕是在伸手不见五指的情况下,也能行云流水,热火朝天地干,真是别有一番景致。欢迎大家来看看。"

顺着张连钢的介绍,人们再次把目光投向胶州湾畔的山东港口青岛港。这座中国北方的深水大港,因率先建成自动化集装箱码头,被国家交通部确定为中国智慧港口的示范港。

码头建设水平国际领先,是目前亚洲唯一一个真正意义的全自动化码头。项目的负责人张连钢和他的创新团队,靠自主创新,研发掌握了一系列自动化码头建设的关键技术,填补了世界集装箱码头建设的技术空白,被誉为"挺起了中国智慧港口的脊梁"。

正如张连钢在开头所言,今日的前湾集装箱自动化码头现场空无一人。在强大的信息系统控制下,依托智慧化的运输设备,船舶靠港后的信息传输,货物的装卸、运输、堆放、配载全部实现了自动化作业。

今年6月28日,山东港口青岛港全自动化集装箱码头在"德翔许明"轮作业中,桥吊平均单机作业效率达到60.18自然箱/小时,效率高出同行平均水平近1倍。这已经是码头投产5年来,第九次刷新自动化码头作业世界纪录。这标志着在连钢团队自主开发的智能码头软件"中国芯"等关键技术支撑下,中国港口的智慧化水平已经国际领先。

(案例来源:学习强国网站)

二、实物劳动成果与非实物劳动成果

实物劳动成果是以实物形式存在的劳动成果。通常第一产业(指通过人类劳动直接从自然界取得产品的部门,如农林牧渔业)、第二产业(指对第一产业和本产业提供的产品或原料进行加工的部门,如矿业、制造业、建筑业等)所生产出的产品大部分属于实物劳动成果。我们日常生活中的家务劳动成果也有许多是实物劳动成果,如烹制的饭菜,清洗干净的衣服、收拾好的房间等。

非实物劳动成果是指不以实物形式存在的劳动成果。它们具有不可触摸、无静止质量、无体积、无基本粒子等非实物属性,一般第三产业所提供的许多产品和服务都属于非物质劳动成果,如导游、演员、教师、司机等从业人员所提供的服务都有这些特征,它们虽然都是被人们感知的客观存在,但不像实物劳动成果那样具有人们可以触摸的形体。

随着人类社会的发展,产业结构不断优化,第三产业在经济生活中的占比越来越高,三百六十行,行行出状元,许多从事服务业、提供非实物劳动成果的劳动者都在自己的岗位上践行着"爱岗敬业、争创一流、艰苦奋斗、勇于创新、淡泊名利、甘于奉献"的劳模精神,成了劳动模范。

"90后"劳模杜欣蓉:扎根一线真情服务 彰显新一代青年责任感

杜欣蓉说,从2016年来到交运集团青岛长途汽车站工作到现在,是她成长最快的5年。山东省优秀共青团员、青岛市劳动模范、工人先锋、最美志愿者、城运集团劳动模范……一路走来,她身上的标签越来越多,但这位"90后"依然淡定从容,"我们的工作,没有豪言壮语,没有轰轰烈烈,只有点滴的行动和实实在在的真情"。

她在旅客心中是一块"金字招牌"。

1992年出生的杜欣蓉,初到青岛长途汽车站时,从事的是迎门服务工作。她所在的迎门安检班先后涌现了以全国劳模苏学芬为代表的20多名先进人物,被称作"劳模的摇篮"。

杜欣蓉说:"之前我在机场VIP贵宾室,有接待服务的实习经历,但大多都是被动提供服务,一般不会主动打扰客人,而在车站则需要主动询问旅客,最开始确实很不适应。"

"不能总等着旅客找你,你要主动问问旅客需要什么?"在一次发车前,全国劳模、时任青岛长途汽车站站长的苏学芬对杜欣蓉说,被点醒的杜欣蓉恍然大悟,迅速调整状态,投入车站亲情化服务当中,仅用了不到半年时间,就从投诉大户变成了星级员工,表扬信、表扬电话纷至沓来。

"主要是前辈们太优秀了,也让我自己有了目标。"杜欣蓉说。看到每当旅客来问询车次等问题时,前辈们张口就来,自己却需要查询计算机,杜欣蓉也暗下决心,在一次次的服务中积累经验,现在,她也是长途汽车站的"活地图"了,对于旅客的咨询"来者不拒"。

杜欣蓉根据自己的工作经验,在全国劳模苏学芬的"苏学芬工作法"与山东省劳模陈美佳"四心"工作法的基础上总结出了"360"服务标准:"3"是三个服务环节,即进站购票、室内候车、检票乘车环节。"6"是六心服务工作法,即为旅客服务做到爱心、热心、细心、耐心、诚心、舒心。"0"是服务全程"零瑕疵",即为旅客服务做到零距离、零缺陷、零投诉。她将这种标准在全车站推广开来,迅速得到了广大旅客的认可,也让车站服务水平迈向更高一阶。

在工作过程中,杜欣蓉提行李、抱孩子、倒水、安排上车……候车厅里哪里有需要,哪里就有杜欣蓉甜美的微笑和忙碌的身影。正是这种用心周到的服务,让很多旅客都记住了这个爱笑热情的姑娘,不少被她照顾过的老人旅客都会亲切地叫她"小闺女",慢慢地,"特需旅客候车室"成了她在旅客心中的一块"金字招牌"。也正是因为这样细致周到"情满旅途"式的服务,杜欣蓉2021年被评为青岛市劳动模范。

她是孩子们心中的"小度小度"。

2019年,杜欣蓉凭借扎实的业务能力、优秀的服务意识,被选入车站"致远学堂"研学游劳模讲师团队,带领前来车站参加研学活动的学生开展岗位体验、学习交通安全知识。全新的岗位,全心地挑战,不变的是杜欣蓉对工作的一腔热血和执着信念。

"研学讲师算是我的'副业',但面对一群可爱的孩子们,还是需要用心准备。"杜欣蓉说,除了现成的讲解词外,她还利用下班之后的时间,查资料,改稿子,精心备课,反复试讲,希望能带给孩子们一个全新的研学体验。

"研学过程中,经常有同学提问,孩子们亲切地叫我'小杜老师',不是有个软件叫'小度'吗,我也希望能做孩子们的'小度',有什么问题我都可以回答。"杜欣蓉说,这个研学讲师的岗位,也让她有所成长,不断地学习,不断地磨炼自己的耐心。"这是一个很有充实感和自豪感的岗位,每每看到孩子们兴致勃勃地望着你,听你的讲解,你就会觉得自己正在做一份很有意义的工作。"杜欣蓉说。

记者了解到,2021年杜欣蓉光荣地成为一名中国共产党预备党员,而从她递交入党申请书的第一天开始,就已经以一名中共党员的标准严格要求自己了,作为入党积极分子,她积极参加各项党员活动,不论是文体活动还是主题党日活动,她总是冲在最前面,无私奉献。

(资料来源:《人民资讯》,有删减)

三、有效劳动成果与无效劳动成果

有效劳动成果是指其价值和使用价值能够实现,凝结在其中的劳动量能得到社会承认的劳动成果。在经济生产中若要产品属于有效劳动成果,需要满足以下条件:质量合格,性能、规格等符合需求,成本和价格合理。能被市场和消费者接纳,方可售出实现盈利。

与有效劳动成果相对的是无效劳动成果。在经济生产中通常是指质量不合格的产品、不合乎标准的劳务、供给过剩的产品和高亏损的产品等。

由此,企业做好市场调研尤为重要,包括消费者的实际需求、市场容量等,这样才能做出科学准确的决策,提供有效的劳动成果,实现盈利。在日常生活中,我们经常能见到许多网红产品从风靡一时到无人问津,成了不被消费者接受的无效劳动成果。

四、建设性劳动成果与破坏性劳动成果

从社会效益、环境效益和社会公共利益上看,劳动成果的二重性表现为它的建设性和破坏性。就是说,不仅无效劳动成果对社会生产力具有破坏性,在有效劳动成果之中也有一部分是具有破坏性的。

建设性劳动成果是指既能满足社会需要和市场需求,又能实现经济效益、社会效益、环境效益相统一的劳动成果,它们符合社会公共利益和可持续发展的要求,是真正能够造福于人类的劳动成果。

破坏性劳动成果虽然能满足一部分人的消费需求或实现部分人的盈利目的,但却对自然资源、生态环境和社会公共利益造成了严重的破坏。如对自然资源掠夺式过度开采得到的产品,通过地下市场交易的毒品、非法枪支、淫秽书刊,以及进行色情、聚赌等堕落型的经营活动等,这些破坏性的劳动成果污染了生态环境、扰乱了社会治安、损害了社会公共利益,违背了公序良俗,是我们要共同抵制和消除的对象。

我们在日常生活中较多见到的破坏性劳动成果是假冒伪劣商品,它严重扰乱了正常的市场经济秩序,给消费者身心带来巨大危害。作为大学生,我们要勇敢维护自己的消费者权益,在遇到以假乱真、以次充好的消费骗局时,一定要用合理的方式维权,成为合格的"打假青年"。

第二节 尊重劳动成果

劳动成果凝结着劳动者的勤劳和智慧,尊重劳动成果,珍惜劳动成果,也是尊重劳动、尊重劳动者的具体表现。

一、尊重劳动成果就是要取之有度,用之有节

在日常生活中,我们随处可见各种浪费现象,如没吃完的食物、"长明灯""长流水""无人空调"等,这是对他人劳动成果、对宝贵资源莫大的浪费。针对浪费粮食的问题,我们国家近几年发起了"光盘行动"。

2020年8月,习近平总书记对制止餐饮浪费行为作出重要指示,强调要加强立法,强化

监管,采取有效措施,建立长效机制,坚决制止餐饮浪费行为;要进一步加强宣传教育,切实培养节约习惯,在全社会营造浪费可耻、节约为荣的氛围。作为当代大学生,我们要积极响应号召,珍惜粮食,爱惜资源,让校园内形成"消费不浪费"的良好风气。

 小贴士

立法制止"舌尖上的浪费"

吃自助餐,不管能吃多少,先取了再说;请客吃饭,"剩一点说明主人大方好客";吃不完也不打包……随着人们生活水平不断提高,"舌尖上的浪费"现象也越来越引起社会关注。对于这些错误的做法和观念,以往,除了道德谴责外,没有更多"硬"办法。

2020年12月22日,《中华人民共和国反食品浪费法(草案)》提请十三届全国人大常委会第二十四次会议审议,治理食品浪费的行为将实现有法可依。"制定反食品浪费法,将近年来我国实践中行之有效的政策措施上升为法律规定,明确各相关主体的责任,有利于建立长效机制,发挥法律的引领和规范作用,为全社会确立餐饮消费、日常食品消费的基本行为准则。"全国人大常委会法工委副主任许安标说。

误导消费者超量点餐,可能被罚款。

"一粥一饭,当思来之不易;半丝半缕,恒念物力维艰"。走进河北省宁晋县第五中学食堂,墙上贴着的海报标语格外醒目。

2020年8月,习近平总书记对制止餐饮浪费行为作出重要指示,强调要加强立法,强化监管,采取有效措施,建立长效机制,坚决制止餐饮浪费行为。

反食品浪费迅速成为社会各界热议的焦点。各地采取多种措施,加大反食品浪费的宣传。

"制定反食品浪费法,传承和弘扬中华民族传统美德,培育和践行社会主义核心价值观,为保障国家粮食安全,在全社会营造浪费可耻、节约为荣的氛围提供法制保障。"许安标说,草案构建了政府领导、部门协作、行业引导、媒体监督、公众参与的反食品浪费社会共治机制。

翻开反食品浪费法草案,记者看到,各类主体责任清楚明了,比如:

餐饮服务提供者,应当"主动对消费者进行防止食品浪费提示提醒,在醒目位置张贴或者摆放反食品浪费标识或者由服务人员提示说明,引导消费者按需适量点餐";

设有食堂的单位,应当"加强用餐期间巡查,对有浪费行为的,及时予以纠正";

餐饮外卖平台,应当"以显著方式提示消费者适量点餐";

旅游经营者,应当"引导旅游者文明、健康用餐。旅行社及导游在安排团队用餐时,应当提醒旅游者适量点餐、取餐"。

草案还规定,餐饮服务提供者可以对造成明显浪费的消费者收取处理厨余垃圾的相应费用。对于违反本法规定,餐饮服务提供者诱导、误导消费者超量点餐造成明显浪费的,由县级以上地方人民政府市场监督管理部门或者商务主管部门责令改正,给予警告;拒不改正的,处一千元以上一万元以下罚款。

米粒虽小,尤见礼义廉耻;节约事微,可助兴国安邦。反食品浪费法坚持约束与倡导相

结合,约束公务用餐,规范餐饮服务提供者和餐饮外卖平台的餐饮服务行为,加强单位食堂、学校食堂、校外供餐单位管理,明确旅游经营者、食品经营者责任,倡导个人和家庭形成科学健康、物尽其用、防止浪费的良好习惯和生活方式,要求婚丧嫁娶、朋友聚会、家庭聚会等活动的组织者、参加者科学适度点餐,文明、健康用餐。

制作"大胃王吃播",或被追究法律责任。

一个人吃下堆成山的炸鸡,喝下用桶装的奶茶……近年来,所谓"大胃王吃播"在社交媒体兴起。匪夷所思的短视频背后是一条利益链。通过博眼球的短视频、直播走红后,美食博主可能接到某些餐饮商的广告代言邀请。这类"吃播"很多是剪辑的,或者吃完后催吐,宣扬了量大多吃、暴饮暴食,也造成了食品浪费。

2020年9月,国家网信办发布公告介绍,在近一个月开展的"三项整治"行动中,各地网信部门依法处置违法违规直播平台338款,关闭主播直播间7.4万个,封禁违规主播账号10.5万个,处置违规"吃播"账号1.36万个。

反食品浪费法草案明确规定,禁止制作、播出、传播宣扬量大多吃、暴饮暴食等浪费粮食的节目或者音视频信息。网络音视频信息服务提供者发现有违反前款规定行为的,应当及时制止、停止传播相关内容;情节严重的,立即停止提供信息服务。

为了加强监管、完善约束措施,草案还规定,广播电台、电视台、网络音视频信息服务提供者违反本法规定,制作、播出、传播宣扬量大多吃、暴饮暴食等浪费食品的节目或者音视频信息的,由广播电视主管部门、网信部门按照各自职责责令改正,给予警告;拒不改正或者情节严重的,处一万元以上十万元以下罚款,并可以责令暂停相关业务、停业整顿,对直接负责的主管人员和其他直接责任人员依法追究法律责任。

为鼓励全社会参与监督反食品浪费法的实施,草案还规定,任何单位和个人发现食品生产经营者有食品浪费行为的,有权向有关主管部门和有关机关投诉举报。接到投诉举报的部门和机关应当及时依法处理。

把节约落实到粮食存储、运输、加工全过程。

餐饮浪费表现形式多样,涉及食用、销售、加工、储运、收获等多个环节,涉及整个食品链条的各个主体。

"需要找准法律的切入点,避免大而全、小而全,着力解决制止餐饮浪费的突出问题,增强立法的针对性、适用性、可操作性。"全国人大常委会法工委发言人岳仲明说,草案坚持问题导向,主要针对实践中人民群众反映强烈的突出问题,以餐饮环节为切入点,聚焦食品消费、销售环节,兼顾其他重点环节设置规范,着力解决"舌尖上的浪费"。

反食品浪费法草案规定,国家粮食和物资储备部门应当加强粮食仓储管理,会同国务院有关部门组织实施粮食存储、运输、加工标准。餐饮服务提供者可以运用大数据等技术分析研判消费者用餐需求,通过建设或者共享中央厨房、配送中心等措施,对食品采购、运输、储存等进行科学管理,防止和减少浪费。国家完善粮食存储、运输、加工标准,推广使用粮食加工新技术、新工艺、新设备,引导粮食适度加工和副产品综合利用,降低粮食损耗。

近年来,各地贯彻落实习近平总书记重要指示精神,就反食品浪费出台了不少有针对性的政策措施,积累了丰富的实践经验。目前,河北、广东等地出台了制止餐饮浪费行为的专门规定,还有一些地方正在积极开展相关立法工作。

"我们国家幅员辽阔,饮食文化源远流长,由于地理位置、物产分布以及风俗习惯的不同,南方北方、东中西部饮食有很大差异,不同地方餐饮浪费的表现和突出问题也不尽相同。"岳仲明说,国家层面立法主要是对共性、原则性、普遍性的问题作出规定,各地方可以紧密结合地方实际,突出地方立法特色,根据具体情况和实际需要,制定本地反食品浪费的具体办法,进一步细化法律规定的制度措施。

(资料来源:《人民日报》,有删减)

二、尊重劳动成果就是要维护好他人的劳动成果

劳动者是人类物质财富和精神财富的创造者,是我们幸福生活的缔造者,是社会进步和发展的推动者。各行各业的劳动者都为社会发展做出了贡献,他们的劳动不分贵贱,劳动成果都应该收到尊重。在日常生活中,我们应该尊重教师的劳动,课上认真参与教学活动,提高学习效率;在公共环境中维护好卫生,尊重保洁人员的劳动成果;在图书馆、实训室等场所爱护公共设备,使用完各项设施后归还原位,尊重管理人员的劳动成果,等等。

三、尊重劳动成果就是要注意保护知识产权

知识产权保护一般是指人类智力劳动产生的智力劳动成果所有权。它是依照各国法律赋予符合条件的著作者、发明者或成果拥有者在一定期限内享有的独占权利,一般认为它包括版权(著作权)和工业产权。

版权(著作权)是指创作文学、艺术和科学作品的作者及其他著作权人依法对其作品所享有的人身权利和财产权利的总称;工业产权则是指包括发明专利、实用新型专利、外观设计专利、商标、服务标记、厂商名称、货源名称或原产地名称等在内的权利人享有的独占性权利。

保护知识产权,能有效地打击侵犯知识产权行为,有效地调动知识创新者的积极性,促进知识产权发展,促进社会主义文化和科学事业的发展与繁荣。

作为在校大学生,我们首先要做一名保护知识产权的践行者,自觉遵守知识产权法律法规的相关规定,尊重别人的劳动成果,不侵犯他人的知识产权。同时我们要做一名保护知识产权的宣传者,积极参与宣传保护知识产权的社会活动,呼吁、号召社会各界共同致力于对知识产权的保护,积极倡导以"尊重知识产权促进创新发展"为核心的知识产权文化,共同营造尊重劳动、尊重知识、尊重人才、尊重创造的良好社会氛围。

此外,我们还要做一名保护知识产权的监督者,坚决与侵犯他人知识产权的不法行为做斗争,积极举报涉及知识产权的违法行为,主动配合政府及相关部门做好对知识产权违法行为的遏制、查处和打击工作。

小贴士

湖北武汉大学生创业专利维权案件

一件大学生创业公司的专利维权案,登上了 2016 年武汉市保护知识产权十大典型案例

的榜单。这家被侵权的公司名为武汉矗雨环保科技有限责任公司,核心技术是由武汉大学生李恒在 2012 年研发出的一种"高空喷淋降尘系统"。但武汉某环保公司却制造了模仿该专利技术的塔吊喷淋装置,之后,矗雨公司以涉嫌侵犯其专利权为由,向当地科技局(知识产权局)申请立案。最终,侵权企业一次性赔偿矗雨公司 2.8 万元。但考虑到给环境带来的不利影响,原施工现场继续使用已安装的塔吊喷淋装置。

第三节 劳动教育成果评价

本节导读

劳动教育成果评价是劳动教育课程的重要环节。为了确保劳动教育的落地,切实保证劳动教育提质增效。本章以为什么评价、怎么评价、评价什么为思路,阐述劳动教育成果评价的作用,探索劳动教育成果评价的内容及要求措施。

一、劳动教育成果评价的作用

劳动教育成果的评价是对劳动教育成果做出价值判断的过程。对劳动教育成果进行评价,有助于增强职业荣誉感和责任感,提高职业劳动技能水平,培育积极向上的劳动精神和认真负责的劳动态度。劳动教育评价对新时期树立正确的劳动观、破解劳动教育实践困境和建立健全劳动教育制度以及提升劳动教育的地位具有价值导向作用。

(一)有利于促进学生劳动素养的提升

劳动教育是促进学生劳动素养提升的教育,应将劳动素养纳入学生综合素质评价体系。以劳动教育目标、内容要求为依据,将过程性评价和结果性评价结合起来,健全和完善学生劳动素养评价标准、程序和方法,鼓励、支持各地利用大数据、云平台、物联网等现代信息技术手段,开展劳动教育过程监测与纪实评价,发挥评价的育人导向和反馈改进功能。

心理学家维克多·弗鲁姆期望理论认为:人们之所以采取某种行为,是因为他觉得这种行为可以有把握地达到某种结果,一个人对目标的把握越大,估计达到目标的概率越高,激发起的动力越强烈,积极性也就越大。所以说,科学有效的评价,可以让学生看到劳动所产生的价值,不断产生愉悦和动力,进一步促进劳动素养的提升。

小贴士

《意见》明确强调要"将劳动素养纳入学生综合素质评价体系,把学生劳动素养评价结果作为衡量学生全面发展情况的重要内容"。《深化新时代教育评价改革总体方案》提出,要加强过程性评价,将参加劳动教育课程学习的时间情况纳入学生综合素质档案。

（二）有利于提高劳动教育教学的质量

劳动教育成果评价有利于促进劳动课堂教学质量的提升。考核评价是高校教育发展效果的导向标，评价高校劳动教育应基于供给侧、投入和产出端考查，在理论和实践维度进行全员、全过程、全方位以及更长时段的效果评价，再通过评价改进劳动教育的内容设计和总体方案，以充分检验人才培养效果和"三全育人"工作格局下高校劳动教育建设的有效性。

（三）有利于激发劳动教育开展的持久动力

劳动教育成果评价不仅有利于发挥激励功能，还有利于引导学生对劳动过程开展积极的反思，从而更好地把握劳动技能，增进劳动情感，激发劳动开展的持久动力。

胡双钱，中国商飞上海飞机制造有限公司高级技师，数控机车间钳工组组长，被称为"航空手艺人"。胡双钱在36个春夏岁月里，加工过数十万的飞机零件，从没有出现过一个次品。胡双钱说："工匠精神是努力将99%提高到99.99%的极致。"

二、劳动教育成果的评价内容

学生对某些劳动知识和技能的了解掌握，还包括对劳动制度、管理规程、技术伦理、团结协作等的深入了解和体验，以及内在的劳动价值观、劳动精神、劳动习惯等的培育养成。教与学活动和考核评价方法是为了评价它们已经达到的程度而设计的。这些学习成果并非通过某一专门课程就能有效达成，而是要通过课程群来实现的。

以思想政治理论课为主渠道主阵地的德育类课程，有益于倡导劳动平等观、尊重劳动人民的劳动价值情感态度，和劳动过程中应遵守的规则意识、合作意识等学习成果的达成。此外，高职劳动教育还应突出强调培养"职业人"的特点，在专业课程教学中增加劳动价值观、劳动习惯养成、劳动法律规章制度、劳动社会责任感等方面的课程内容。

（一）对劳动教育成果教学目标的评价

高职劳动教育目标可概括为以下四个方面。

一是情感性和价值性目标，即正确健康的劳动价值观教育。培养学生树立热爱劳动、崇尚劳动，劳动改变世界、劳动创造价值的观念。

二是认知性和技能性目标，即掌握劳动制度、管理和协作的知识，以及具体的生产劳动技能，在这个过程中实现个人能力的发展和提升。

三是参与性和体验性目标，即参与和体验整体劳动规范流程和有关制度的设计，高职劳动教育学习成果评价的内容应包括对劳动价值观、劳动知识和技能、劳动情感等的评价。

四是创造性目标，在生产和劳动过程中培养团队协作能力、问题解决能力和终身学习能力等，平衡和弥补个人的片面发展，实现个人的全面发展。高职劳动教育学习成果评价的内容应包括对劳动价值观、劳动知识和技能、劳动情感等的评价。

 小贴士

在"影像工艺"的教学中,学生进行杯子图案的设计,把有交往和管理能力的学生任命为组长,然后根据小组成员的兴趣、爱好和特长,对小组成员进行明确分工。有的擅长收集资料,有的擅长画画,有的对色彩有较好的鉴别和欣赏能力,有的擅长计算机操作等。

根据学生的特点,进行学习任务的安排,既能充分发挥学生的个体特长,又能给他们充分展示自我的机会和空间,让学生确实在合作中做出一份贡献,获得成就感。合作的过程是科学研究的体验过程,是学生之间能力、情感和心理不断调整、补充和统一的过程。合作不仅通过相互启发、激励发展了认知能力,更培养了合作能力和团队精神,让学生学会用理解、尊重、赏识的方式与人合作和交往。

(资料来源:龚林娣.发挥合作学习在劳技教育中的功能[J].现代教学,2006(11))

(二)对劳动教育平时表现过程的评价

要在平时劳动教育实践活动中及时进行评价,以评价促进学生发展。要覆盖各类型劳动教育活动,明确学年劳动实践类型、次数、时间等考核要求。关注学生在劳动教育活动中的实际表现,注重从行为表现中分析把握劳动观念的形成情况。

以自我评价为主,辅以教师、同伴、家长、服务对象、用人单位等他评方式,指导学生进行反思改进。要指导学生如实记录劳动教育活动情况,收集整理相关制品、作品等,选择代表性的写实记录,纳入综合素质档案,作为学生学年评优评先的重要参考。

 小贴士

"全国劳动模范"白玉晶:清污排涝 服务万家

45岁的白玉晶,是吉林省辽源市水务集团供排水维护服务公司排水维护队队长,也是全国劳动模范、全国五一劳动奖章获得者。1998年,21岁的她开始下井,在城市各个角落,清掏淤泥、疏通管道。

井内的排水管道直径不足一米,长度却有几十米,无数条管道在地下将井与井、井与居民楼排水管等串联起来。当工人发现腿伸不进去时,意味着管道需要疏通。人钻进狭窄幽暗的管道,根本无法转身,铲起一锹淤泥,然后像蚯蚓一样蠕动倒退,将垃圾送出去,再爬再退。"铁锹一次最多装这么一点。"白玉晶用手比画着西瓜大小。彻底疏通管道,往往需要耗费半天时间。如今,辽源全市井口超过两万个。近3年,白玉晶和队友们累计清掏排水井9万次,疏通排水管线超3万米,全市排水畅通率保持在98%以上。"在大家看不见的地方,我们守护着这座城市。"白玉晶说。

临近中午,刚刚结束工作的白玉晶,拿出自带的饭盒,坐在清掏车上吃得很香,"现在和别人说我是'掏井的',我都站得特别直。虽然辛苦,但这份工作有意思、也有意义,值得认真对待、潜心钻研。"

(资料来源:《人民日报》,有删减)

（三）对劳动教育学段的综合评价

学段结束时，要依据学段目标和内容，结合综合素质档案分析，兼顾必修课学习和课外劳动实践，对劳动观念、劳动能力、劳动精神、劳动习惯和品质等劳动素养发展状况进行综合评定。建立诚信机制，实行写实记录抽查制度，对弄虚作假者在评优评先方面一票否决，性质严重的应依法依规严肃处理。在高中和大学开展志愿者星级认证。高中学校和高等学校要将考核结果作为毕业依据之一。推动学段综合评价结果成为学生升学、就业的重要参考。

> **小贴士**
>
> 结合"我们的节日"主题活动，让学生做香囊迎端午、包汤圆过元宵，边劳动边体验民俗，感受中国劳动人民的智慧，传承传统文化。劳动教育实施途经的情境化激发了学生的参与热情和主观能动性。
>
> 又如，为体现劳动教育的现代性、创新性、启发性，开设通用技术、信息技术等技能课程，指导学生制作花灯、蛋糕，学习3D打印，教给学生摄像、录制、编辑等信息加工方法，并以此为载体，开展设计、制作、体验等一系列实践活动，这个过程中学生的兴趣被充分激发，参与热情高涨，创新意识和动手能力也得到了培养和提升。

三、劳动教育成果的评价要求和标准

评价要求和措施集中体现了评价活动所依据的价值准则。劳动的频率、行为水平等个体差异都会影响劳动教育成果。实施"评价即学习"的评价理念，主张建立多元化的评量机制，让学生能以多种方式呈现自己所取得的学习成果。

（一）树立新时期正确的劳动教育价值观

劳动教育是新时代党对教育的新要求，是中国特色社会主义教育制度的重要内容，是全面发展体系的重要组成部分。新时期劳动教育价值观，应增强"劳动最光荣、劳动最崇高、劳动最伟大、劳动最美丽"的"四最"意识，把劳动当作幸福的创造载体与生活享受。劳动教育成果评价应促进劳动教育连通教育世界、生活世界和职业世界，健全劳动教育的经验性、先进性、前置性与教育全属性机制。

（二）形成系统、自觉、自洽的劳动观念

有效的劳动教育助人养成良好的劳动习惯，形成正确的劳动观以及终身发展和社会发展需要的必要品格。从而获得积极、愉悦的劳动情感体验。

> **小贴士**
>
> 桂林花海劳动教育基地，组织学生在基地餐厅开展劳动职业体验活动，运用世界咖啡法让学生分组围坐在餐桌周围，四人一桌，让学生讨论未来职业，畅谈工匠精神，树立未来的人生目

标。学生在餐厅、在基地当起了厨师和农夫,洗菜、择菜、炒菜、种菜。在实践中学生懂得了"一粥一饭,当思来之不易"的道理,感受到劳动最光荣、劳动最崇高、劳动最伟大、劳动最美丽。

四、劳动教育成果的评价方法

评价方法如下。

1. 坚持定性与定量相结合的多类型评价

多元化即评价主体多元、评价方式多元和结果呈现多元。主体多元是指参与评价的主体包括教师、家长、学生本人、同学、企业等;方式多元是指配合教学内容和目标,采用包括笔试、口试、谈话、实操、调研报告、实践项目等在内的多样化的检测方法;呈现多元是指评价结果采取"量化+质化"的呈现形式,展示学生在不同方面所具备的潜质。多层次评价就是将结果评价与过程评价、当前评价与长远评价、定期评价与非定期评价等相结合,以实现由量到质,从劳动知识、劳动技能到劳动情感、劳动价值观、劳动习惯等的全方位、立体化评价。如表8-1所示。

表8-1 多元化评价内容

评价项目		主要内容	多元评价	比例	占总成绩百分比
劳动理论知识(过程和结果)	课前	线上课程资源学习、课程学习进度、测验	平台自动评	20%	20%
	课中	考勤、课堂活动参与程度、测验、讨论等	教师评价、学生互评	40%	
	课后	学生独立作答并按指定方式提交,根据作业质量给出得分	教师评价、学生互评	40%	
劳动实践(过程和结果)	居家劳动	主要是家务劳动,如:洗衣、做饭、录制劳动过程上传平台进行评价	家长评、教师评价、学生互评	100%	20%
	校内劳动	主要是寝室卫生、绿化、结合专业制作手工等	教师评价、学生互评	100%	20%
	社会劳动	主要是志愿服务、垃圾分类等,如:志愿服务根据完成过程和效果进行评价	社会评、教师评价、学生互评	100%	20%
	实习劳动	主要是办公技能、结合专业的实习。如:企业导师根据完成情况进行评价	企业评、教师评价、学生互评	100%	20%

2. 坚持校内外相结合的多层次评价

打造学生的劳动教育第二课堂,从校园劳动、家庭劳动、社会劳动三个层面全方位培养学生的劳动习惯和劳动素养,引导学生会劳动。实现劳动教育常态化,用德智体美劳"五育并举"培育学生精益求精的工匠精神和爱岗敬业的劳动态度。

以促进学生德智体美劳全面发展为宗旨,把劳动素质、工匠精神、职业精神等融入学校人才培养目标、专业人才培养目标和课程目标,形成三个层面相统一的劳动教育目标,同时,将劳动教育要求贯穿整个专业培养规格,并由课程劳动教育内容支撑,形成由劳动价值观、劳动情感态度、劳动品德、劳动习惯、劳动知识与技能等部分构成的学校劳动教育目标体系。

五、劳动教育成果的评价措施

(一) 树立以立德树人为目标的劳动教育综合评价

1. 根据高校劳动教育的任务制订评价标准

新时代高校劳动教育的任务主要包括帮助学生树立正确的劳动观、掌握专业劳动技能、养成良好劳动品质等方面的内容;既有理论性知识也有实践性活动,既涉及价值理念也包括实践能力的目标要求;在劳动教育形式上,对于不同年级不同专业特点的学生也有所差别。

这就要求劳动教育的评价标准应当相应地包含学生劳动观的状况、劳动技能和劳动品质等内容,有层次、有针对性地实施培养方案,对相匹配的内容进行综合性的评价才能全方位反映学生的劳动素质。对于高校劳动教育的评价要有底线思维,要将正确劳动价值观的树立作为教育底线,在学生学习、工作和日常活动中,注重学生劳动价值观的检查,对于劳动观存在偏差的学生,评价不能给予合格,必须重修。同时,高校应当将学生的劳动记录和成果纳入评奖评先中,并且将劳动教育成绩放入学生综合成绩考核并记入档案。

2. 依据劳动教育形式的多样性设计多元化的评价方式

新时代的劳动教育不能仅仅局限于课堂,还包括学生日常的学习生活和社会活动,既有理论的灌输也有实践的要求,这就要求劳动教育评价主体的多元化,包括劳动教育教师、专业教师和社会聘请教师等多方主体。因此,学生劳动素养的考核应当将学生自评、同学互评与各科老师的综合评价结合起来,定期定项地从学校、社会、家庭、劳动组织和学生五方面进行劳动信息的收集整理,保证得出更客观真实全面的劳动素质评价。

此外,就劳动教育考核的方式来说,大学生学业的繁重压力、专业的激烈竞争和未来就业的焦虑让他们很少有时间和精力关注与核心学分绩点不太相关的劳动教育课程。

为此,高校要健全学生综合素质评价体系,结合学生成长和发展特点在其中融入劳动成果考核,对于学生劳动知识理论的掌握情况,可通过一般的书面考试进行考察,如期中和期末的总结性考核或者通过小论文的形式推动学生深入学习研究劳动理论知识,从而实现对学生劳动知识的检查。对于劳动实践活动方面,要求校内外教师记录学生劳动实践活动的出勤、过程和结果,建立劳动成果的公示和审核制度,保证记录数据的真实可靠性,以此作为最后评定的重要依据。

小贴士

湖北省武汉市金银潭医院56岁的党委副书记、院长张定宇,正在用有限的生命时间,与病毒抗争。他对自己的病痛淡然微笑,让人过目难忘;他对人民的生命关爱备至,令人由衷敬佩。必须跑得更快,才能跑赢时间;必须跑得更快,才能从病毒手里抢回更多病人。

作为疫情的主战场,医院收治病人超过800例,张定宇带领全院600名医护人员,奋战了30多天。没有节假日,不分白天黑夜,每天往往凌晨2时刚躺下,4时就得爬起来,接无数个电话,协调、处理各种突发事件。"雷厉风行",是同事们对他的评价。

张定宇微笑着为自己打圆场:"全院都晓得我性子急、嗓门大。性子急,是因为生命留给我的时间不多了。我是一个渐冻症患者,双腿已经开始萎缩,全身慢慢都会失去知觉。我必须跑得更快,才能跑赢时间,把重要的事情做完;我必须跑得更快,才能从病毒手里抢回更多病人。"

(资料来源:《人民日报》,有删减)

3. 举办劳动技能大赛和劳动成果展示等活动

通过活动检验劳动学习情况提高学生的荣誉感、获得感和幸福感,让他们以更加饱满的热情投入劳动实践活动中去。

中国矿业大学将劳动教育分为劳动实践特色课程、校园劳动与防护技能、专业劳动实践三种类型。其中,特色课程设置了一系列具有特色的劳动实践内容。特色劳动实践内容包括木工技艺、非遗手工艺与劳动创新、劳动与绿化、劳动与厨艺等。通过日常生活劳动锻炼,使学生做到生活独立、劳动自立。

(二)制订以学生全面健康发展为导向的劳动教育过程评价标准

1. 设置新时代劳动教育实践中心

通过建立实践中心,完善实践活动考核评价与激励机制,构建劳动教育实践长效化机制。与此同时,将劳动教育纳入人才培养计划,定期开展劳动教育典型推选活动,以"五一"国际劳动节主题活动、"劳动之星"评选活动为契机,组织开展团队劳动技能和劳动成果展示等评比活动,选树一批优秀典型,对劳动表现突出的学生和团队给予表扬,并作为评优评先的重要参考之一;结合创新创业比赛、学生志愿者活动、思政教育实践等,积极研究衍生活动项目,建立长效推进推广机制。

2021年,江西省东华理工大学长江学院将"大学生劳动教育"作为学院"十四五"开局重点项目,于3月试点运行,覆盖3个年级学生的劳动教育实践,成立"新时代劳动教育实践中心",建成4个校内外教育实践基地,启动不同形式的校内外劳动实践项目,并明确了劳动内容、周期、时长及具体要求。

2. 形成劳动教育理论知识和实践活动的双重考核标准

一方面,采用常见的课堂考试方式对劳动教育理论的知识进行系统检查,如每学期的期中和期末布置劳动教育课程的专题论文,教师根据学生的作业质量给予适当的评价和考核,或者采用演讲、辩论和座谈会的形式促使学生发表自己的见解,深化学生对于劳动教育知识的认识。

另一方面,对劳动教育实践活动的考核评价采用学生和教师双评的形式,即教师对学生劳动教育实践活动过程进行记录并作出点评,学生对教师在劳动教育活动中发挥的作用进行评价,双向互动来保证劳动教育效果的实现。如开展日常劳动教育活动或者专业性的实习教育活动,由专门教师通过日常观察,记录学生的劳动态度、劳动纪律、劳动考勤和劳动质量等情况,对每一项作出细化的评判,结合学生评价汇总得分。

同时,劳动活动结束后,学生需要提交关于劳动活动的心得体会,包括劳动过程、教师指导、个人收获和注意事项等。如此,教师可以通过这两方面的考核评价对学生进行细化打分,同时也可以了解到学生对于劳动教育活动和教学情况的反馈,从而不断优化劳动活动和教学方式,提升劳动教育实效。

南京工业职业技术大学从学生入校的第二学期开始,每学期会有2~3周的实训课程。在实训课程的设计中,要求专业教师必须融入学生劳动素养、职业素养的培养。比如,遵守劳动技能规范,实训场所环境的整理与维护等。在顶岗实习期间,采用校内指导教师与岗位指导教师的"双导师"制,结合岗位要求,进一步对接职业需要。

(三)形成以教育主管部门为保障的劳动教育指导性评价

教育主管部门要发挥中枢作用,宏观上强化对高校劳动教育的评价和指导,并把劳动教育结果与高校业绩考核挂钩。评价的重点在于"高校劳动教育资源""高校劳动教育实施过程"和"高校劳动教育效果"等方面。

1. 高校劳动教育资源

劳动教育资源主要包括:劳动教育师资力量、劳动教育课程体系和劳动教育实践活动等方面。劳动教育教师构成应当符合时代发展的客观需要,一方面健全专业劳动教育教师和劳动模范实践兼职教师,另一方面注重教师关于劳动教育理念的更新。

2. 劳动教育实施过程

劳动教育实施过程的开展要符合大学生成长规律和高校教学规律,既要体现专业学习的实践要求,也要符合专业特点并体现时代特征,贴合专业开设职业生涯规划。

3. 劳动实践效果

主要指学生劳动思想观念的形成、专业劳动技能和习惯的养成及内在潜能的挖掘,所实施的劳动教育要为学生今后的生存和发展储存资本。

行行出状元,技能也成才

陆建新,中建科工华南大区总工程师。其先后参与创造了国贸大厦"三天一层楼"、地王大厦"两天半一层楼"的世界高层建筑施工速度新纪录。1994年建设地王大厦时,他创新测量方法,将大楼整体垂直偏差控制在当时代表世界最高水准的美国标准允许偏差的1/3以内,该测量方法成为钢结构安装行业测量标准工艺并沿用至今。

38年来,他参与了44项大型工程,见证了中国超高层建筑从无到有、中国建筑高度不断攀升的全过程。2019年,陆建新当选为第七届全国道德模范。2020年,陆建新获评深圳经济特区建立40周年创新创业人物和先进模范人物。

中专毕业的陆建新从一名普通的测量员成长为大国工匠的事实,雄辩地说明劳动促进人的全面发展。实践出真知,实践长才干。陆建新的成功,得益于他38年始终坚守建筑施工第一线,在破解施工技术难题的劳动过程中也成就了他个人技术和能力的不断进步和发展。

目前,我国已经从制造业大国向制造业强国转变,希望大家把目光从重学历逐渐转变到重技能上,高技能人才的社会地位、待遇都在稳步提高。这批劳动者让我们看到,身为一名技术工人也是值得自豪的。人生中有许多条路通向成功,不单单是考大学这一条路;选择一门技术,其实更能激发学习兴趣,生成学习动力,也一定能够实现个人的人生梦想!

(资料来源:《南方都市报》)

【思考题】

1. 从陆建新身上我们学习到什么?
2. "干一行,爱一行,钻一行"与"技多不压身,艺多不害人"矛盾吗?

课后练习

一、选择题

1. 请对劳动成果进行分类,志愿者图书馆整理好的图书属于( )。
   A. 实物劳动成果   B. 非实物劳动成果
2. 请对劳动成果进行分类,志愿者在图书馆维护秩序属于( )。
   A. 实物劳动成果   B. 非实物劳动成果
3. 请对劳动成果进行分类,志愿者在图书馆为小朋友讲故事属于( )。
   A. 实物劳动成果   B. 非实物劳动成果
4. 以下描述正确的选项是( )。
   A. 可以通过劳动教育成果评价促进劳动课堂教学质量的提升
   B. 劳动教育成果评价不利于劳动教育持续开展
   C. 如将劳动教育成果劳动素养纳入学生综合素质评价体系,不能为衡量学生全面发展情况的重要内容
5. 以下不是劳动成果评价方式的是( )。
   A. 多元化评价   B. 单一评价   C. 多类型评价   D. 多参差评价

二、判断题(请判断对错,正确的打√,错误的打×)

1. 脑力劳动成果即智力成果,主要指依靠人类脑力劳动所创造的劳动成果,表现为科学技术成就、发明创造以及文学艺术作品等。( )
2. 脑力劳动成果和体力劳动成果没有非常明确的区分界限。( )

3. 有效劳动成果的对立物是无效劳动成果。　　　　　　　　　　　(　　)

4. 新时代的劳动教育仅局限于课堂教学。　　　　　　　　　　　　(　　)

5. 新时期劳动教育价值观,应增强"劳动最光荣、劳动最崇高、劳动最伟大、劳动最美丽"的"四最"意识。　　　　　　　　　　　　　　　　　　　　　　　(　　)

三、实践场景

"致敬劳动者"活动

1. 实践目的

(1) 通过实践体验劳动的欢乐,激发学生对劳动的兴趣,在实践中进行习惯的培养。

(2) 通过活动让学生认识到劳动的重要性,使学生懂得劳动是一种美德,增强劳动观念,尊重劳动成果。

以小组为单位访问、调查身边的劳动者,了解他们平时的工作情况,感受他们在平凡岗位中默默无闻的奉献精神。将调研果以小组为单位在班级内以PPT+视频的形式进行分享。通过身边的感人故事,学会尊重、关爱身边的普通劳动者,以积极的心态面对生活。

2. 实践准备

(1) 将班级同学分成若干小组,每组至少5人。

(2) 确定调研目标,形成调研计划,组内成员进行合理分工。

(3) 将访问、调查身边的劳动者事迹和自身感受制作成展示材料。

3. 实践流程

(1) 分组访问、调查身边的劳动者事迹,将调研情况与自身感受制作成展示材料。

(2) 课堂分享分享,每组成员一人主要汇报,其他组员可以进行补充发言。分享内容主要围绕普通岗位劳动者的事迹,围绕调研、访问和自身体会进行展开。

(3) 采取学生投票和教师投票两种评价方式。

4. 实践要求

必须在深入细致的调研基础上进行分享,挖掘普通劳动者的劳动精神,从日常工作的平凡岗位中发掘劳动的重要性,分享材料除了文字表述外,可运用表格、图形、数字等。

各章课后练习答案

参 考 文 献

[1] 谢良敏. 劳动合同全程指南：劳动合同签订、履行、解除、纠纷解决操作实务详解[M]. 北京：法律出版社，2011.
[2] 律晓鑫，陈凯，张凤. 常用清洁剂中的化学[J]. 化学教学，2012(6)：74-77.
[3] 万梦萍，匡仲潇. 养老护理员[M]. 北京：中国劳动社会保障出版社，2012.
[4] 陈丽伶，谢心雅，路鹏. 老年人助行器设计研究[J]. 工业设计，2019(1)：49-51.
[5] 杨文秀，杨根来，许世杰. 养老护理员：初级[M]. 北京：中国劳动社会保障出版社，中国人事出版社，2020.
[6] 崔发周. 职业院校劳动教育的基本功能与有效形式[J]. 职教论坛，2020(8).
[7] 商务部审定家政培训教材编辑委员会. 家庭保洁员[M]. 北京：中国商务出版社，2021.
[8] 宋佳. 基于职业学校会计专业顶岗实习的研究[J]. 营销界，2021.10.15.
[9] 马业程. 高职院校学生顶岗实习管理模式创新改革分析[J]. 大众标准化，2021(4).
[10] 孙磊. 高职院校学生顶岗实习中存在的问题与解决策略分析[J]. 大学，2021(30).
[11] 梅洪. 高职院校构建"四维四驱"新时代劳动教育模式的思考[J]. 高教论坛，2021(35).
[12] 党印，张新晨. 新时代职业院校劳动教育：现状、内容与实施路径[J]. 高等职业教育—天津职业大学学报，2021，30(3).
[13] 林福春. 职业院校学生顶岗实习管理路径探索[J]. 陕西青年职业学院学报，2021(2).
[14] 叶爱芬，吴敏. 高职劳动教育的实施路径与评价体系[J]. 高教学刊，2022(11).
[15] 潘书才. 产教融合视域下高职院校顶岗实习管理创新研究[J]. 常州信息职业技术学院学报，2022，21(2).
[16] 贾妍，辛磊. 高职流通类专业实践教育与劳动教育融合探索[J]. 经济师，2022(1).
[17] 王丽娜，刘云祥. 劳动教育在高职学生工匠精神培育中的价值与实践路径[J]. 黑龙江生态工程职业学院学报，2022，35(1).
[18] 郑雁. 新时代高职院校劳动教育路在何方[J]. 浙江教育报，2022.01.07.
[19] 栗国军. 行为科学管理理论视角下的高职院校顶岗实习过程管理[J]. 中国成人教育，2022(2).
[20] 李晓明. 高职院校顶岗实习的教学管理探索实践[J]. 公关世界，2022.02.25.

推荐网站

[1] 北京高校毕业生就业信息网，http://www.bjbys.net.cn/.
[2] 国家教育部，http://www.moe.gov.cn/.
[3] 国家人力资源与社会保障部，http://www.mohrss.gov.cn/.
[4] 劳动教育在线，http://www.chinaldjy.com/#/dashboard.
[5] 劳动教育公共服务平台，http://www.51laodong.com/#/web/index.
[6] 劳动教育云平台，http://www.laodongyun.net/.
[7] 职业院校劳动教育的基本功能与有效形式，https://yxjy.hamc.edu.cn/info/1006/1301.htm.
[8] 职业院校在实习实训教学中强化劳动教育的实施办法，http://news.cjxy.edu.cn/info/1006/6253.htm.
[9] 新时代劳动教育：职业教育发展新动能，http://www.zjzcj.com/show.php?id=49654.
[10] 国家中小学智慧教育平台，https://www.zxx.edu.cn/.
[11] 中国就业，http://www.lm.gov.cn/index.htm.
[12] 青年创业网，http://www.qncye.com/.